コミュニケーション

韓国語

読んで書こうⅡ

長谷川由起子　著

白帝社

本書の音声について

❖『コミュニケーション韓国語　読んで書こうⅡ』の音声ファイル（MP3）を無料でダウンロードすることができます。
「白帝社　コミュニケーション韓国語　読んで書こうⅡ」で検索、または下記サイトにアクセスしてください。
http://www.hakuteisha.co.jp/news/n42273.html

❖吹き込み：林恒秀・徐銀河

❖本文中の マークの箇所が音声ファイル（MP3）提供箇所です。PCやスマートフォン（別途解凍アプリが必要）などにダウンロードしてご利用ください。

＊ デジタルオーディオプレーヤーやスマートフォンに転送して聞く場合は、各製品の取り扱い説明書やヘルプによってください。

＊ 各機器と再生ソフトに関する技術的なご質問は、各メーカーにお願いいたします。

＊ 本テキストと音声は著作権法で保護されています。

はじめに

本書は『コミュニケーション韓国語 読んで書こうⅠ』（長谷川由起子著、白帝社）の続編で、同書と同様、主に大学生が教室で学ぶための教科書として執筆しました。本書を手にした皆さんは、韓国語の学習を始めて1～2年経ち、ハングルの読み書きができるようになって、自分自身や身近なものごとを表す単語や表現を使って簡単な文章を書いたり、それを音読したりできるようになっていることでしょう。また、それらを通じて、韓国語のベーシックな文法のしくみを理解し、日本語とよく似ているところと異なるところにも気づいたことでしょう。

本書では、Ⅰで学んだことをベースに、もう少し長く詳しい文章を書けるよう、さらなる表現を学習し、書いた文章を人前で発表したり、あるいは面接試験などで自己アピールする素材として活用できるようになることを目指します。

各課では、日本の大学で韓国語を学ぶ皆さんが表現する機会が多そうな、あるいは表現したくなりそうなテーマ、例えば韓国語を学ぶようになったきっかけや将来の目標、日韓の文化の違いなどを巡って、それらを表すのに必要な文法や表現を学んでいけるよう構成しました。

また、韓国語の文法表現の中には、用法の区分けが日本語とかなり異なるものがあって、日本語を母語とする学習者の多くが苦労するのですが、本書ではそのあたりを整理するコーナーを設けました。短い説明なのですべて解決できるわけではありませんが、使い分けのヒントにしてもらえたらと思います。

第1課から順番に進めたほうが文法の理解などはよりスムーズだと思いますが、順番を飛び越えて、扱いたいテーマを中心に掘り下げてもいいでしょう。とにかく表現したいことを表現できるようになり、書いたものを発表できるようになり、また他の人の発表にも耳を傾けて、お互いの考えを共有できるようになることを目指しましょう。

そのためには音読が重要です。本文だけでなく各課末の「読んでみよう」も、モデル音声をよく聞き、なめらかに読めるよう練習しましょう。

口頭での簡単なやりとりはなんとかできるけれど、まとまった意見を綴ったり説明したりするのは難しいと思っている人は、ぜひ本書にじっくり取り組んでみてください。

2021年7月　筆者

目次

記号の説明

【新しい語句】【用言と語尾】および巻末の「単語リスト」では以下のような記号を使用しています。

［　］：発音する際、注意すべき場合に表記。－は表記通りに発音する部分。

〈　〉：漢字表記または外来語の言語標記。－はハングルでしか標記できない部分。

　　＊〈　〉の表記がほぼそのまま日本語訳になる場合は、訳語を省略。

～：体言（名詞・代名詞・数詞など）。ただし、用言の連体修飾を受ける用言は○○。

－：用言（動詞・形容詞・存在詞・指定詞）の語幹、または語尾。

…：文または文の一部。

（　）：省略・入れ替え可能な部分、補足説明など。

｛　｝：語尾や表現の意味・機能を簡略化して｛　｝に表示。

☞：参照個所

/：語幹のタイプによって入れ替わる語尾形を併記する場合に使用。

・：意味上の必要によって入れ替えるべき語句を併記する場合に使用。

／：類似表現・入替可能な表現を併記する場合に使用。

◆ 品詞など

名：名詞（訳語のみでは十分な理解・使用が困難な場合を除き省略）

代名：代名詞　　漢数 (漢)：漢字語数詞　　固数 (固)：固有語数詞

連体：連体詞（専ら名詞を修飾するもの）　　単名：単位名詞　　依名：依存名詞

接辞：接尾辞　　助：助詞　　副：副詞　　接：接続詞　　間：間投詞

動 (動)：動詞　　形 (形)：形容詞　　存 (存)：存在詞　　指 (指)：指定詞

ㅂ動：ㅂ変則動詞　　ㅂ形：ㅂ変則形容詞　　ㄷ動：ㄷ変則動詞

ㅎ形：ㅎ変則形容詞　　르動：르変則動詞　　르形：르変則形容詞

ㅅ動：ㅅ変則動詞　　ㅅ形：ㅅ変則形容詞　　ㅓ動：ㅓ変則動詞

補幹：補助語幹　　尾：語尾（用言の語幹に付くもの）

※(漢)(固)は、見出しの単位名詞に先行する数詞の種類、(動)(形)(存)(指)は、先行する用言の種類によって語尾の意味・機能が変わる場合に、先行する用言語幹の種類を表示。

※用言の活用タイプ：単純型／パッチム有無型／陰陽型については p.7 参照。

※2つ以上の要素が結びついた場合、後続要素との連結に必要な、末尾要素の品詞情報を優先的に表示。補助用言の場合も後続要素との連結に必要な情報として動形存のみ表示。

『コミュニケーション韓国語 読んで書こうⅠ』〈学習のポイント〉のまとめ

※学習項目として扱った課を［Ⅰ-〇課］で示しました。

1. 語彙と表現

（1）人称代名詞　［Ⅰ-11課］

目上の人の前で	저 わたくし	제 わたくしの	제가 わたくしが
同年輩・年下の前で	나 僕/わたし	내 僕/わたしの	내가 僕/わたしが

（2）否定表現と不可能表現

Ⅰ. 反対語による否定表現

～입니다 ～です ⇔ ～가/이 아닙니다 ～ではありません

있습니다 あります・います ⇔ 없습니다 ありません・いません

압니다(알다) 知っています・分かります

⇔ 모릅니다(모르다) 知りません・分かりません

Ⅱ. 動詞・形容詞の否定表現　［Ⅰ-16課, 18課］

갑니다 行きます ⇔ 안 갑니다 = 가지 않습니다 行きません

춥습니다 寒いです ⇔ 안 춥습니다 = 춥지 않습니다 寒くありません

Ⅲ. 動詞の不可能表現　［Ⅰ-19課］

갑니다 行きます → 못 갑니다 行けません

먹습니다 食べます → 못 먹습니다 食べられません

공부합니다 勉強します → 공부 못 합니다 勉強できません

（3）数詞と単位名詞

Ⅰ. 漢字語数詞:小数点、マイナスから膨大な数まで様々な数値に用いられます。［Ⅰ-12課］

一	二	三	四	五	六	七	八	九	十	百	千	万	億	兆	零・ゼロ		点
일	이	삼	사	오	육	칠	팔	구	십	백	천	만	억	조	영	공	점

※漢字語数詞とともに用いられる主な単位名詞

金額　百ウォン：백 원　2千円：이천 엔　1万ドル：만 달러

年月日　1945年8月15日：천구백사십오년 팔월 십오일

分·秒　2分30秒：이분 삼십초

学年　1年生：일학년　2年生：이학년　3年生：삼학년　4年生：사학년

番号　090-1234-5678：공구공 일이삼사 오육칠팔　68番：육십팔 번

305号室：삼백오호실　20年入学：이공학번

数量　3kg：삼 킬로그램　5.5km：오 점 오 킬로미터　28度：이십팔 도

点数　0点：영 점　75点：칠십오 점　100点：백 점

✎数詞をハングルで表記する際は単位名詞との間を分ち書きにすることを原則としますが、時間や学年など順序を表す場合は付けて書いてもよいことになっています。

Ⅱ. 固有語数詞：身の回りの比較的小さな整数を数える際に用いられます。　［Ⅰ-13課］

一つ	二つ	三つ	四つ	五つ	六つ	七つ	八つ	九つ	十
하나	둘	셋	넷	다섯	여섯	일곱	여덟	아홉	열
〈한〉	〈두〉	〈세〉	〈네〉						

※〈　〉内は単位名詞の直前で使う形。

二十	三十	四十	五十	六十	七十	八十	九十
스물	서른	마흔	쉰	예순	일흔	여든	아흔
〈스무〉							

※固有語数詞とともに用いられる主な単位名詞

年齢　1歳：한 살　15歳：열다섯 살　20歳：스무 살　22歳：스물두 살

人数　1人：한 명　3人：세 명　10人：열 명　25人：스물다섯 명

個数　1つ：한 개, 하나　2つ：두 개　7つ：일곱 개　20個：스무 개

匹数　1匹：한 마리　4匹：네 마리　9匹：아홉 마리　101匹：백 한 마리

時　1時：한시　6時：여섯시　11時：열한시　24時：스물네시

※同じ種類の数でも、数十以上の大きな数は漢字語数詞を使うことが多くなります。

18歳：십팔 세　50人：오십 명　24時：이십사시

※固有語数詞に付くその他の単位名詞

紙·布：～ 장〈張〉　コップ·杯：～ 잔〈盞〉　瓶：～ 병〈瓶〉　機械類：～ 대〈臺〉

箱：～ 박스　列·筋：～ 줄　歌·曲：～ 곡〈曲〉　映画·ドラマ：～ 편〈編〉

✐時間について：「～時」は固有語数詞で、「～分」は漢字語数詞で表します。

1時10分　한시 십분　3時30分　세시 삼십분　5時5分　다섯시 오분

2. 文法

(1) 助詞

機能		語末のパッチム			意味	シリーズ第1巻の出現課
		無	ㄹ	有		
①	主題	～는	～은		～は	Ⅰ-11 課
②	引用	～라고	～이라고		～と	Ⅰ-12 課
③	主語	～가	～이		～が	Ⅰ-13 課
④	場所・時	～에			～に	Ⅰ-13 課
⑤	追加	～도			～も	Ⅰ-13 課
⑥	対象	～를	～을		～を	Ⅰ-15 課
⑦	場所	～에서			～で	Ⅰ-15 課
⑧	手段・方法	～로		～으로	～で	Ⅰ-15 課
⑨	限定	～만			～だけ	Ⅰ-15 課
⑩	羅列	～와	～과		～と	Ⅰ-16 課
⑪	比較の基準	～보다			～より	Ⅰ-16 課
⑫	時間始点	～부터			～から	Ⅰ-18 課
⑬	期限・範囲	～까지			～まで	Ⅰ-18 課
⑭	予想以下	～밖에			～しか	Ⅰ-18 課
⑮	関連付け	～의			～の	Ⅰ-20 課

✎上の意味が該当しない例

～를/을 좋아하다　～が好きだ（～を好む）　［Ⅰ-16 課］

～가/이 되다　～になる　［Ⅰ-20 課］

～를/을 만나다　～に会う

～를/을 타다　～に乗る

（2）用言と語尾

Ⅰ. 韓国語の「用言」とは？

用言の分類が日韓で少し違います。

<table>
<tr><th colspan="2">韓国語</th><th colspan="2">日本語</th></tr>
<tr><td>動詞</td><td>가다　먹다　하다</td><td rowspan="2">行く　食べる　する
ある</td><td rowspan="2">動詞</td></tr>
<tr><td rowspan="2">存在詞</td><td rowspan="2">있다
없다　맛있다</td></tr>
<tr><td rowspan="2">ない　おいしい
かわいい　難しい</td><td rowspan="2">形容詞</td></tr>
<tr><td rowspan="2">形容詞</td><td rowspan="2">예쁘다　어렵다
유명하다</td></tr>
<tr><td>有名だ</td><td>形容動詞</td></tr>
<tr><td rowspan="2">指定詞</td><td>아니다</td><td>(～では) ない　違う</td><td>形容詞・動詞</td></tr>
<tr><td>～이다</td><td>～だ</td><td>助動詞</td></tr>
</table>

Ⅱ. 基本形・活用形・語幹・語尾　［Ⅰ-14課］

韓国語の用言の「基本形」はすべて「-다」という「語尾」で終わります。

「-다」を除いた部分を「語幹」と呼び、「-다」を「-ㅂ니다/습니다」「-고」「-지만」など他の語尾に付け替えたものを「活用形」と呼びます。

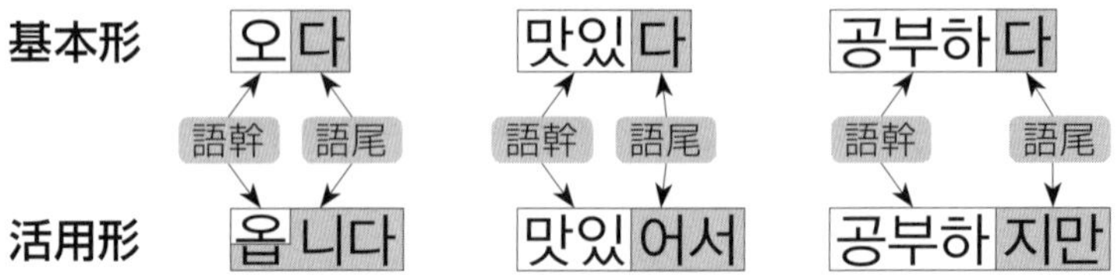

✐用言は必ず語幹と語尾を備えなければならないため、語幹または語尾だけを表示する際に「-」という印を使って、その左には語幹が、右には語尾が必要であることを表しています。

Ⅲ. 語尾活用の3タイプ　［Ⅰ-14課, 17課］

パッチム有無型　語幹末にパッチムがあるかないかで語尾の形が変わる活用のタイプ。

陰陽型　語幹最後の母音が陽母音（ㅏとㅗ）か陰母音（ㅏ・ㅗ以外）か、「(～)하다」かで語尾の形が変わる活用のタイプ。

単純型　語巻末のパッチムの有無や母音の陰陽によって語尾の形が変わらない。

Ⅳ. 語尾と表現

① 丁寧形（합니다形）の語尾　（し）ます、です　받침有無型〈ㄹ脱落〉　［Ⅰ-14 課］

母音語幹	＋ －ㅂ니다	보다 見る	→ 봅니다 見ます
ㄹ語幹 ㄹ	＋ －ㅂ니다	만들다 作る ㄹ	→ 만듭니다 作ります
子音語幹	＋ －습니다	먹다 食べる	→ 먹습니다 食べます

② 並列の接続語尾 －고　（く）て、（する）し　単純型　［Ⅰ-14 課］

全語幹 ＋ －고	보다 見る	→ 보고 見て
	먹다 食べる	→ 먹고 食べるし

③ 逆接の接続語尾 －지만　（する）が、（い）けれど　単純型　［Ⅰ-14 課］

全語幹 ＋ －지만	보다 見る	→ 보지만 見るけれど
	먹다 食べる	→ 먹지만 食べるけれど

④ 過去の補助語幹 －였/았/었－　陰陽型　［Ⅰ-17 課］

하다 → 했습니다	하다 する	→ 했습니다 しました
陽語幹＋ －았습니다	보다 見る	→〈보았습니다〉→ 봤습니다 見ました
陰語幹＋ －었습니다	먹다 食べる	→ 먹었습니다 食べました

⑤ 否定表現 －지 않다　（し）ない、（く）ない　単純型　［Ⅰ-16 課］

全語幹 ＋ －지 않다	보다 見る	→ 보지 않다 見ない
	먹다 食べる	→ 먹지 않다 食べるない

⑥ 行き来の目的を表す接続語尾 －러/으러　（し）に　받침有無型　［Ⅰ-17 課］

母音語幹	＋ －러	사다 買う	→ 사러 가다 買いに行く
ㄹ語幹	＋ －러	놀다 遊ぶ	→ 놀러 오다 遊びに来る
子音語幹	＋ －으러	먹다 食べる	→ 먹으러 가다 食べに行く

⑦ 現在連体形

A. 動詞・存在詞の現在連体形語尾　単純型〈ㄹ脱落〉　[Ⅰ-18 課]

母音語幹　＋ -는	보다 見る	→ 보는 사람 見る人
ㄹ語幹 ㄹ↓ ＋ -는	살다 住む ㄹ↓	→ 사는 사람 住んでいる人
子音語幹　＋ -는	먹다 食べる	→ 먹는 사람 食べる人

B. 形容詞・指定詞の現在連体形語尾　받침有無型〈ㄹ脱落〉　[Ⅰ-18 課]

母音語幹　＋ -ㄴ	예쁘다 かわいい	→ 예쁜 방 かわいい部屋
ㄹ語幹 ㄹ↓ ＋ -ㄴ	멀다 遠い ㄹ↓	→ 먼 곳 遠い所
子音語幹　＋ -은	젊다 若い	→ 젊은 사람 若い人

⑧ 原因・先行動作を表す語尾

-여서/아서/어서　(し)て、(し)たので　陰陽型　[Ⅰ-19 課]

하다 → 해서	하다 する	→ 해서 して
陽語幹＋ -아서	많다 多い	→ 많아서 多くて
陰語幹＋ -어서	마시다 飲む	→〈마시어서〉→ 마셔서 飲んだので

⑨ 希望表現 -고 싶다　(し)たい　単純型　[Ⅰ-20 課]

全語幹 ＋ -고 싶다	보다 見る	→ 보고 싶다 見たい
	먹다 食べる	→ 먹고 싶다 食べたい

⑩ 進行中表現 -고 있다　(し)ている　単純型　[Ⅰ-20 課]

全語幹 ＋ -고 있다	보다 見る	→ 보고 있다 見ている
	먹다 食べる	→ 먹고 있다 食べている

⑪ 条件を表す接続語尾 -면/으면　(す)れば、(し)たら　받침有無型　[Ⅰ-20 課]

母音語幹　＋ -면	보다 見る	→ 보면 見れば
ㄹ語幹　＋ -면	만들다 作る	→ 만들면 作れば
子音語幹　＋ -으면	먹다 食べる	→ 먹으면 食べれば

特別な活用のタイプ

※ここではシリーズ第１巻で学習していないものもまとめて整理します。

1. ㄹ脱落

語幹末にㄹパッチムがある場合、받침有無型の語尾は母音語幹と同じ形になりますが、語幹末の**ㄹが脱落する場合**と**しない場合**があります。単純型の語尾でも「ㄴ」で始まる語尾の場合は語幹末のㄹが脱落します。

◇ 語幹末のㄹが脱落する語尾・補助語幹

합니다形「−ㅂ니다/습니다」［Ⅰ−14 課］　現在連体形「−는, −ㄴ/은」［Ⅰ−18 課］
尊敬「−시/으시−」［Ⅱ−１課］　根拠・きっかけ「−니까/으니까」［Ⅱ−４課］
未来連体形とその関連表現「−ㄹ/을」［Ⅱ−２〜４課］など

◇ 語幹末のㄹが脱落しない語尾

行き来の目的を表す「−러/으러」［Ⅰ−17 課］　条件を表す「−면/으면」［Ⅰ−20 課］
動作並行「−면서/으면서」［Ⅱ−２課］　意図「−려고/으려고」［Ⅱ−５課］

2. 変則用言

語幹末が同じ形をしていても、活用規則どおりに活用する用言とそうでない用言があります。前者を規則用言、後者を変則用言と呼びます。

① ㄷ変則用言

陰陽型と받침有無型で「ㄷ」パッチムが「ㄹ」パッチムに変わる　［Ⅱ−７課］

듣다 聞く　듣 ＋ 어요　→ 들어요 聞きます
듣 ＋ 었습니다　→ 들었습니다 聞きました
듣 ＋ 으면　→ 들으면 聞けば

ㄷ変則用言：걷다 ㄷ動 歩く　묻다 ㄷ動 尋ねる　싣다 ㄷ動 載せる

規則用言　：받다 動 受け取る　→ 받아요 受け取ります　받으면 受け取れば
닫다 動 閉める　→ 닫아요 閉めます　닫으면 閉めれば
믿다 動 信じる　→ 믿어요 信じます　믿으면 信じれば

② ㅂ変則用言：陰陽型 と 받침有無型 で「ㅂ」パッチムが「우」に変わる　　［Ⅰ-19 課］

어렵다 難しい

어렵 ＋ 었습니다 → 어려웠습니다 難しかったです

어렵 ＋ 면 → 어려우면 難しければ

고맙다 ありがたい

고맙 ＋ 어서 → 고마워서 ありがたくて

ㅂ変則用言：맵다 ㅂ形 辛い	싱겁다 ㅂ形 味気ない	쉽다 ㅂ形 易しい
가깝다 ㅂ形 近い	가볍다 ㅂ形 軽い	무겁다 ㅂ形 重い
더럽다 ㅂ形 汚い	귀엽다 ㅂ形 かわいらしい	밉다 ㅂ形 憎い

※「곱다 美しい」「돕다 手伝う」もㅂ変則用言ですが、陰陽型語尾が付く場合、「고와」「도와」となります。「고왔다 美しかった」「도와 드립니다 お手伝いします」

規則用言　：입다 動 着る → 입어서 着たので　　입으면 着れば

③ 르変則用言：陰陽型 で「ㄹ」が1つ増える　　［Ⅱ-3 課］

모르다 知らない

모르 ＋ 아서 → 몰라서 知らなかったので

모르 ＋ 았습니다 → 몰랐습니다 知りませんでした

부르다 呼ぶ

부르 ＋ 어서 → 불러서 呼んで

부르 ＋ 었습니다 → 불렀습니다 呼びました

르変則用言：다르다 르形 違う	빠르다 르形 速い	서투르다 르形 拙い
이르다 르形 早い	고르다 르動 選ぶ	마르다 르動 乾く
머무르다 르動 留まる	자르다 르動 切る	흐르다 르動 流れる

規則用言（으語幹用言）：따르다 動 従う → 따라서 従って　따랐다 従った

들르다 動 寄る → 들러서 寄って　들렀다 寄った

※「이르다 至る」は陰陽型語尾が付く場合、「이르러서 至って」「이르렀다 至った」のようになります。これを러変則用言と呼びます。

④ ㅎ変則用言

陰陽型 と 받침有無型 で「ㅎ」が落ち、陰陽型で語幹末母音が「ㅐ」　［Ⅱ-9課］

그렇다 そうだ	그렇 + 어서	→ 그래서 それで
	그렇 + 으면	→ 그러면 それでは

ㅎ変則用言：이렇다 [ㅎ形] こうだ　저렇다 [ㅎ形] ああだ　어떻다 [ㅎ形] どうだ
빨갛다 [ㅎ形] 赤い　노랗다 [ㅎ形] 黄色い　파랗다 [ㅎ形] 青い
까맣다 [ㅎ形] 黒い　하얗다 [ㅎ形] 白い　아무렇다 [ㅎ形] どうでもだ

規則用言　：좋다 [形] 良い　→ 좋아서 良くて　좋으면 良ければ
놓다 [動] 置く　→ 놓아서 置いて　놓으면 置けば
넣다 [動] 入れる　→ 넣어서 入れて　넣으면 入れれば

⑤ ㅓ変則用言：陰陽型 で語幹末母音が「ㅐ」になる　［Ⅱ-4課, 9課］

그러다 そうする	그러 + 어서	→ 그래서 そうして
	그러 + 었습니다	→ 그랬습니다 そうしました

ㅓ変則用言：이러다 [ㅓ動] こうする　저러다 [ㅓ動] ああする　어쩌다 [ㅓ動] どうする

規則用言　：서다 [動] 立つ → 서서 立って　섰습니다 立ちました

⑥ ㅅ変則用言

陰陽型 と 받침有無型 で「ㄷ」パッチムが「ㄹ」パッチムに変わる　［Ⅱ-10課］

짓다 作る	짓 + 어서	→ 지어서 作って
	짓 + 었습니다	→ 지었습니다 作りました
	짓 + 으면	→ 지으면 作れば

ㅅ変則用言：낫다 [ㅅ形] より良い　낫다 [ㅅ動]（病気が）治る　잇다 [ㅅ動] 繋ぐ

規則用言　：씻다 [動] 洗う → 씻어서 洗ったので　씻으면 洗えば

第1課

자기소개

自己紹介

同シリーズⅠではごく簡単な自己紹介の表現を学びましたが、ここでは自分について知ってもらいたいことを、もう少し詳しく表現し、みんなの前で発表できるようになりましょう。

01-01 안녕하세요? 지금부터 자기소개를 하겠습니다.

01-02 저는 후쿠오카에서 온 마쓰모토 유리라고 합니다. 한국어를 공부한 지 1년이 됩니다. 아직 한국어를 잘 못하지만 예쁘게 봐 주세요.

전공은 사회학인데 특히 SNS가 청소년에게 끼치는 영향에 관심이 있어서 주로 사회심리에 대해 열심히 공부하고 있습니다.

부모님은 구마모토에 사시고 저는 학교 근처에 있는 자취방에서 대학원생인 언니와 둘이서 삽니다.

여러분과 친하게 지내고 싶습니다.

はじめまして。今から自己紹介をいたします。

私は福岡から来た松本ユリと申します。韓国語を勉強して1年になります。まだ韓国語がうまくありませんが、あたたかく見守っていただければ嬉しいです。

専攻は社会学ですが、特にSNSが青少年に及ぼす影響に関心があって、主に社会心理について一生懸命勉強しています。

両親は熊本に住んでいて、私は学校の近くにあるアパートで、大学院生の姉と二人で暮らしています。

皆さんと仲良くしたいです。

▶新しい語句◀

〈　〉内は漢字表記または外来語の原語表記。—は한글でしか表記できない部分。
[　] 内は表記と発音にズレがある場合の発音表記。—は表記通りに発音する部分。

자기소개 〈自己紹介〉
지금 〈只今〉 副 今
-겠습니다 いたします {宣言}
-ㄴ ○○ 尾 (し) た○○ {動過去連体形}
-ㄴ 지 (し) てから
아직 副 まだ
잘 못하다 [—모타—] 動 下手だ、上手くない
예쁘게 봐 주다 あたたかく見守る、やさしく見守る
-아 수세요 (し) てください
전공 〈専攻〉
사회학 〈社會學〉
～인데 ～なんですが
특히 〈特—〉 [트키] 副 特に
SNS (에스엔에스)
청소년 〈青少年〉
～에게 助 {人} に
끼치다 動 及ぼす
영향 〈影響〉
관심 〈關心〉 関心
주로 〈主—〉 副 主として、主に
사회심리 〈社會心理〉 [—니]
～에 대해 ～について
공부하다 〈工夫—〉 動 勉強する
부모님 〈父母—〉 両親
사시다 動 살다 (住む) の尊敬形
근처 〈近處〉 近く
자취방 〈自炊房〉 [—빵] アパート
대학원생 〈大學院生〉
～인 ○○ ～である○○
～이서 ～人で
여러분 皆さん
친하게 〈親—〉 副 親しく、仲良く
지내다 動 過ごす

※혼자서 一人で　둘이서 二人で　셋이서 三人で　넷이서 四人で
※家族のことを語る際の尊敬語についてはp.19を参照

▶用言と語尾◀

하겠습니다←하(다) 動 +-겠- {意思} +-습니다 尾 {丁寧}
온←오(다) 動 +-ㄴ 尾 (し) た {動過去連体形}
배운 지←배우(다) 動 +-ㄴ 지 (し) てから {動期間}
못하지만←못하(다) 動 +-지만 尾 {逆接}
예쁘게←예쁘(다) 形 +-게 尾 {副詞化}
봐 주세요←보(다) 動 +-아 주세요 動 (し) てください {依頼}
～인데←～이(다) 指 ～だ+-ㄴ데 尾 -んだけれど {指背景説明}
끼치는←끼치(다) 動 +-는 尾 {動現在連体形}
있어서←있(다) +-어서 尾 {原因}
공부하고 있습니다←공부하(다) 動 +-고 있(다) {進行中} +-습니다 尾 {丁寧}
사시고←살(다) 動 +-시- {尊敬} +-고 尾 {並列}
～인 ○○←～이(다) 指 +-ㄴ 尾 {指現在連体形}
삽니다←살(다) 動 +-ㅂ니다 尾 {丁寧}
친하게←친하(다) 形 +-게 尾 {副詞化}
지내고 싶습니다←지내(다)+-고 싶(다) {希望} +-습니다 尾 {丁寧}

学習のポイント

01-03

1 宣言表現「−겠습니다　（し）ます、−いたします」

今まさに行おうとする動作について、「では始めます」「いただきます」のように宣言する場合などに使われ、かしこまった場面にふさわしい表現です。

그럼 시작하겠습니다.　では始めます。
이만 마치겠습니다.　これで終わります。
잘 먹겠습니다.　いただきます。
먼저 가 보겠습니다.　お先に失礼します。

01-04

2 同格表現「～인○○　～である○○、～の○○」

「AであるB」、つまりA＝Bを表す表現です。「A이다」の連体形ですが、日本語では「～の」と表現される場合があります。

제 친구인 태수를 소개하겠습니다.　私の友人のテスをご紹介します。

일본 사람인 저도 흥미로웠습니다.　日本人である私も興味深かったです。

練習1 上の例と次のAとBを使って「私のAであるBを／Bについて紹介します」と言ってみましょう。

① A：동생　B：신지　② A：고향　B：구마모토

③ A：취미　B：유화　④ A：우상　B：송빈 씨

고향〈故鄕〉出身地　유화〈油畵〉油絵　우상〈寓像〉憧れの人　송빈 人名　~씨〈氏〉~さん
~에 대해 ~について

3 背景説明表現「～인데　～なんだけれど、～なんですが」

01-05

最終的に言いたいことに向けて、その背景や前提を説明する場合に用いる表現です。この課では背景を説明する部分の末尾が指定詞「～이다」である場合を学習し、先行部分の末尾が動詞である場合は第２課で学習します。

민호는 오랜 친구입니다. ＋ 요즘 연락이 없습니다.
⇒ 민호는 오랜 친구인데 요즘 연락이 없습니다.
ミノは昔からの友人なんだけれど、最近連絡がありません。

은아 씨는 유학생입니다. ＋ 일본어를 정말 잘합니다.
⇒ 은아 씨는 유학생인데 일본어를 정말 잘합니다.
ウナさんは留学生なんですが、日本語が本当に上手です。

練習2 次のAとBを「～인데」でつなぎ、意味を考えながら言ってみましょう。

① A：저 사람은 제 누나입니다.　　B：이번에 올림픽에 출전합니다.

② A：오늘은 일요일입니다.　　B：사람이 별로 많지 않습니다.

③ A：이 노래는 신곡입니다.　　B：정말 좋은 노래입니다.

이번에 今度　출전하다〈出戰―〉動 出場する　오늘 今日　별로〈別―〉動 さほど（→ない）
신곡〈新曲〉

4 副詞化語尾「－게　－く、－いように」

単純型

01-06

形容詞・存在詞語幹に付いて、これらを副詞（後ろに続く用言を修飾することば）にします。

크다 大きい ⇒ 크게 大きく　입을 크게 벌리세요.　口を大きく開けてください。
가볍다 軽い ⇒ 가볍게 軽く　가볍게 보면 안 돼요.　軽く見てはいけません。

すべての形容詞・存在詞に付けることはできますが、特定の副詞が存在する場合はそちらが優先的に用いられます。

많다 多い　⇒ ○ 많이　△ 많게
조용하다 静かだ ⇒ ○ 조용히　△ 조용하게

01-07

5 尊敬の補助語幹「−시/으시−」

받침有無型〈ㄹ脱落〉

目上の人のことを尊敬語で表す場合、まず用言（動詞や形容詞）の語幹に補助語幹「−시/으시−」を付けて尊敬形にしてから、語尾を付けます。

母音語幹 ＋ 시 ＋ 다	하다 する		⇒ 하시다 なさる
ㄹ語幹 ㄹ ＋ 시 ＋ 다	알다 知る	ㄹ	⇒ 아시다 ご存じだ
子音語幹 ＋ 으시 ＋ 다	입다 着る		⇒ 입으시다 お召になる

아버지는 회사에 근무하시고 어머니는 간호사이십니다.
父は会社に勤め（←お勤めで）、母は看護師です（←でいらっしゃいます）。

선생님이 아시는 분을 소개해 주셨습니다.
先生がご存知の方を紹介してくださいました。

練習3 次の用言を尊敬形にしてみましょう。

① 보다 見る　② 살다 住む　③ 받다 受け取る

④ 가르치다 教える　⑤ 찾다 捜す　⑥ 만들다 作る

練習4 次の用言を尊敬形にしてから、示された語尾を付け、意味を考えながら言ってみましょう。

① 다니다 通う ＋ −지만（する）けれど

② 찾다 捜す ＋ −았습니다（し）ました

③ 힘들다 大変だ ＋ −면（す）れば

④ 기다리다 待つ ＋ −는 동안（する）間

⑤ 읽다 読む ＋ −고（し）て

⑥ 알다 知る ＋ −ㅂ니다（し）ます

▶特別な敬語形

一部の用言は「-시/으시-」を付けた形ではなく特別な尊敬形を使います。

먹다 食べる、마시다 飲む ⇒ 드시다、잡수시다 召し上がる
자다 寝る ⇒ 주무시다 お休みになる
있다 いる ⇒ 계시다 いらっしゃる
없다 いない ⇒ 안 계시다 いらっしゃらない

어머니는 약을 드시고 일찍 주무셨습니다.
母は薬を飲んで（お飲みになって）早く休みました（お休みになりました）。

선생님, 오후에 연구실에 계십니까?
先生、午後は研究室にいらっしゃいますか。

※目上の人の持ち物などについて表現する場合は「있으시다 おありだ」「없으시다 おありでない」を使います。
내일 시간 있으십니까? 明日、お時間おありですか。

日韓の尊敬表現の違い

祖父母や父母、自社の上司など、身内の上位者について語る場合、日本語では尊敬語を使いませんが、韓国語では尊敬語で表現します。また、「社長」「課長」などの職位を敬称として用いる場合は「님（様）」を加えます。

父は公務員ですが、趣味でフルマラソンに出ています。
아버지는 공무원이신데 취미로 풀마라톤에 출전하십니다.
（直訳：お父さんは公務員でいらっしゃいますが、趣味でフルマラソンに出場されます）

〈顧客に〉部長は会議中、課長は外出中でございます。
부장님은 회의 중이시고 과장님은 외출 중이십니다.
（直訳：部長様は会議中でいらっしゃり、課長様は外出中でいらっしゃいます）

01-08

6 動詞過去連体形語尾「-ㄴ/은○○　(し)た○○」

받침有無型〈ㄹ脱落〉

「매일 만나는 사람　毎日会う人」の「-는」は動詞の現在で名詞を修飾する際の形ですが、動詞の過去で名詞を修飾する場合は「어제 만난 사람　昨日会った人」のように「-ㄴ/은」を用います。

母音語幹 + ㄴ	끝나다 終わる	⇒ 끝난 뒤	終わった後
ㄹ語幹 ㄹ + ㄴ	만들다 作る ㄹ	⇒ 만든 곡	作った曲
子音語幹 + 은	먹다 食べる	⇒ 먹은 빵	食べたパン

수업이 끝난 뒤에 행사 준비를 했습니다.　授業が終わった後、行事の準備をしました。
그 사람이 만든 곡은 정말 멋집니다.　彼が作った曲は本当に素敵です。
어제 먹은 반찬은 입에 안 맞았습니다.　昨日食べたおかずは口に合いませんでした。

練習5 次のAを、Bの波線の名詞を修飾する連体形にしてつなぎ、文末を丁寧形にして、意味を考えながら言ってみましょう。

① A：도쿄에서 만나다　　B：사람과 연락처를 교환했다
② A：어제 입다　　B：티셔츠를 빨았다
③ A：마음에 들다　　B：액세서리를 사 줬다
④ A：매점에서 사다　　B：도시락을 먹었다
⑤ A：주말에 보다　　B：드라마가 재미있었다

연락처〈連絡處〉[열ー] 連絡先		교환하다〈交換ー〉	어제 昨日
빨다 動 洗濯する	마음에 들다 動 気に入る	액세서리〈accessory〉	
사 주다 動 買ってくれる	매점〈賣店〉	도시락 弁当	주말〈週末〉

7 期間表現「-ㄴ/은 지〈期間〉(가/이) 되다　(し)て〈期間〉になる」 받침有無型〈ㄹ脱落〉

01-09

「…して〈1年／3カ月／5時間〉になる」のように、何か事がらが起きてからの期間を表す表現です。「-ㄴ/은」は動詞の過去連体形語尾です。

母音語幹 + ㄴ 지	졸업하다 卒業する	⇒ 졸업한 지 卒業して
ㄹ語幹 ㄹ + ㄴ 지	만들다 作る ㄹ	⇒ 만든 지 作って
子音語幹 + 은 지	먹다 食べる	⇒ 먹은 지 食べて

고등학교를 졸업한 지 3년이 됩니다.　高校を卒業して3年になります。

이 도시락은 만든 지 10시간 됐습니다.　この弁当は作ってから10時間経ちました。

과자를 안 먹은 지 꽤 됩니다.　お菓子を食べなくなってかなりになります。

練習6 次のAとBを使って「AしてからBになります」と言ってみましょう。

① A：여기 이사 오다　B：2년

② A：메일을 받다　B：3일

③ A：유리가 귀국하다　B：6개월

④ A：감기가 들다　B：1주일

⑤ A：남자 친구와 사귀다　B：100일

이사〈移徙〉引っ越し	받다 動 受け取る	귀국하다 動 帰国する
감기가 들다 動 風邪をひく	사귀다 動 付き合う	

01-10

01-11

読んでみよう

저는 히가시큐슈대학교에 다니는 바바 쇼타입니다. 건축학과 3학년인데 건물보다 도시 디자인 쪽에 관심이 많습니다.

동아리는 댄스 동호회인데 댄스는 생각보다 어렵습니다. 저는 댄스는 잘 못하지만 친구들과 어울리는 것이 좋아서 동아리 활동에 푹 빠져 있습니다.

집은 다자이후이고 가족은 부모님과 여동생 그리고 저, 이렇게 네 식구입니다. 어머니가 한국 드라마를 좋아하셔서 우리 가족 모두 한국 드라마를 자주 봅니다.

僕は東九州大学に通っている馬場翔太です。建築学科3年生ですが、建物より都市デザインのほうに関心があります。

サークルはダンス同好会ですが、ダンスは思ったより難しいです。僕はダンスはあまり上手くないけれど、友人たちとワイワイやるのが楽しくて、サークル活動に夢中になっています。

家は大宰府で、家族は両親と妹と僕の4人家族です。母が韓国ドラマが好きなので、家族みんな韓国ドラマをよく見ます。

다니는 ～← 다니(다) 動 通う ＋-는 尾 {動現在連体形}　　건축〈建築〉
건물〈建物〉　～보다 助 ～より　도시〈都市〉　～ 쪽 ～の方
동아리 サークル　생각 思い、考え　어렵다 ㅂ形 難しい
어울리다 動 仲良く過ごす　푹 빠지다 動 はまる　固 식구〈食口〉～人家族
좋아하셔서← 좋아하(다) 動 ＋ -시- {尊敬} ＋ -어서 尾　　자주 副 よく (頻繁に)

書いてみよう

◆本課本文や 読んでみよう を参考に、次の文型を活用して、詳しい自己紹介を書き、発表してみましょう。

（1）私は［　　　　］から来た［　　　　］と申します。

저는 [　　　　　　]에서 온 [　　　　　　]라고/이라고 합니다.

（2）私は［　　　　］に通っている［　　　　］です。

저는 [　　　　　　]대학교에 다니는 [　　　　　　]입니다.

（3）専攻は［　　　　］ですが、主に［　　　　］に関心があります。

전공은 [　　　　　　]인데 주로 [　　　　　　]에 관심이 많습니다.

（4）特に［　　　　］について［　　　　］ので、［　　　　］ています。

특히 [　　　　　　]에 대해 [　　　　　　]여서/아서/어서 [　　　　　　]고 있습니다.

（5）両親は［　　　　］に暮らしており、私は［　　　　］に住んでいます。

부모님은 [　　　　　　]에 사시고 저는 [　　　　　　]에 삽니다.

（6）家は［　　　　］で、［　　　　］と一緒に住んでいます。

집은 [　　　　　　]이고 [　　　　　　]와/과 같이 삽니다.

第2課

나의 일상

私の日常

自分の日常生活について、時間や回数、場合に応じたパターンを含め、詳しく表現できるようになりましょう。

02-01 오늘은 저의 평소 생활에 대해 이야기하겠습니다.

02-02 이번 학기는 일주일에 두 번 1교시에 수업이 있는데 그날에는 아침 일찍 일어나서 밥도 안 먹고 바로 집을 나옵니다. 1교시에 수업이 없을 때는 늦게 일어나서 티브이를 보면서 아침을 천천히 먹고 10시 10분쯤에 집을 나옵니다.

점심은 보통 학교 식당에 가서 먹는데 점심시간에는 사람들이 너무 많기 때문에 시간이 없을 때는 매점에서 삼각김밥이나 빵을 사 먹습니다.

저녁 식사는 아르바이트하는 날에는 거기서 주는 밥을 먹고 아르바이트하지 않는 날에는 편의점에서 도시락을 사거나 집에서 직접 해서 먹습니다.

今日は私の普段の生活についてお話しします。

今学期は一週間に2回、1時限目に授業があるんですが、その日は朝早く起きてご飯も食べずにすぐ家を出ます。1時限目に授業がないときは遅く起きて、テレビを見ながら朝食をゆっくり食べ、10時10分ごろ家を出ます。

昼食はたいてい学校の食堂に行って食べるんですが、昼休みは人がすごく多いので、時間がないときは売店で三角おにぎりやパンを買って食べます。

夕食は、アルバイトに行く日はそこで出してくれるご飯を食べ、アルバイトに行かない日はコンビニで弁当を買うか家で自分で作って食べます。

▶新しい語句◀ ※(漢)は漢字語数詞、(固)は固有語数詞を表します。

일상〈日常〉
오늘 今日
평소〈平素〉普段
이번〈一番〉今回
학기〈學期〉学期
(漢)주일〈週日〉単名 ～週間
(固) 번〈番〉単名 ～回
(漢) 교시〈校時〉単名 ～時限目
-는데 尾 (する)んだけれど
그날 その日
일찍 副 早く
바로 副 すぐに
나오다 動 出てくる

늦게 副 遅く
티브이〈TV〉テレビ
-면서 尾 (し)ながら
천천히 副 ゆっくり
(固) 시〈時〉単名 ～時
(漢) 분〈分〉単名 ～分
～쯤 接辞 ～くらい、～ごろ
점심〈點心〉昼ご飯
보통〈普通〉副 たいてい
점심시간〈點心時間〉昼休み
-기 때문에 (する)ので
매점〈賣店〉売店
삼각김밥〈三角―〉
三角おにぎり

～이나 助 ～や
사 먹다 動 買って食べる
저녁 식사〈―食事〉夕食
주다 動 くれる
편의점〈便宜店〉[펴니―]
コンビニエンスストア
도시락 弁当
-거나 尾 (する)か、(し)たり
직접〈直接〉副 自分で
하다 (食事を)作る

▶用言と語尾◀

있는데 ← 있(다) 存 + -는데 尾 (する)んだけれど {(動)背景説明}
일어나서 ← 일어나(다) 動 起きる + -아서 尾 (し)て {先行動作}
없을 때 ← 없(다) 存 + -을 때 (する)時 {時点}
보면서 ← 보(다) 動 + -면서 尾 (し)ながら {動作並行}
가서 ← 가(다) 動 + -아서 尾 (し)て {先行動作}
먹는데 ← 먹(다) 動 + -는데 尾 (する)んだけれど {(動)背景説明}
많기 때문에 ← 많(다) 形 + -기 때문에 (する)ので {理由}

▶類似表現の整理◀

※タイミングの副詞

일찍 早く ⇔ 늦게 遅く　　바로 すぐに ⇔ 나중에 後で
빨리 速く ⇔ 천천히 ゆっくり　　보통 たいてい ⇔ 가끔 時々

※時間に関する表現

(固) 시〈時〉　(漢) 분〈分〉　반〈半〉　～쯤 ～ごろ

※食事に関する表現

아침(밥) 朝食　점심 昼食　저녁(밥) 夕食
사(서) 먹다 買って食べる・外食する ⇔ 해(서) 먹다 作って食べる

順接表現の使い分け

「-고」と「-여서/아서/어서」

02-03

日本語で「AしてB」と表現することがらを韓国語で表そうとする時、「A고 B」「A여서/아서/어서 B」のような類似表現のどちらを使えばいいでしょうか。迷った場合は、次のようなポイントを基準として使い分けてみましょう。

◇ **AがBに直接的な影響を及ぼしていない場合** ⇒「A고 B」

아침에는 빵을 먹고 점심에는 우동을 먹습니다.

朝はパンを食べて（＝食べ）、昼ご飯にはうどんを食べます。

어제는 숙제를 다 하고 티브이를 봤습니다.

昨日は宿題を全部終えて（＝終えてから）テレビを見ました。

◇ **AがBに直接的な影響を及ぼしている場合** ⇒「A여서/아서/어서 B」

열심히 공부해서 좋은 성적을 거두었습니다.

一生懸命勉強して（＝したため）良い成績を収めました。

여름은 더워서 싫고 겨울은 추워서 싫습니다.

夏は暑くて（＝暑いので）嫌いだし、冬は寒くて（寒いので）嫌いです。

기간 내에 리포트를 써서 제출했습니다.

期間内にレポートを書いて（＝書いて、それを）提出しました。

ただし、次の動詞はそれぞれ特定の語尾と結びつく傾向があります。

◇「가다 行く, 오다 来る, 일어나다 起きる, 걷다 ㄷ動 歩く」など

人の体の動きを表す自動詞 ⇒「A여서/아서/어서 B」

◇「보다 見る, 듣다 聞く, 알다 知る」などの**知覚動詞**、「입다 着る, 신다 履く, 화장하다 化粧する」など衣服や装飾品を**身に着ける動作を表す動詞**、「타다 乗る」⇒「A고 B」

아침에 일어나서 신문을 보고 깜짝 놀랐습니다.

朝起きて、新聞を読んでびっくりしました。

역까지 버스를 타고 와서 역에서는 걸어서 왔습니다.

駅までバスに乗ってきて、駅からは歩いてきました。

学習のポイント

1 回数と時刻「한 번, 두 번… 1回、2回…」「~시 ~분 ~時~分」

02-04

◇ **回数**を表す場合、固有語数詞に「번〈番〉」をつけて表します。

한 번　　두 번　　세 번　　네 번　　다섯 번…

練習1 1週間当たりの1時間目の授業の回数、学校に来る回数、アルバイトの回数などを言い表してみましょう。

① 일주일에 ________ 번 1교시에 수업이 있습니다.

② 일주일에 ________ 번 아르바이트를 합니다.

※「~回目」「~番目」は固有語数詞に「번째」をつけて表します。ただし、「1回目」「1番目」は異なった表現を用います。

첫 번째　　두 번째　　세 번째　　네 번째　　다섯 번째…

◇ **時刻**を表す場合、固有語数詞に「시〈時〉」をつけ、分を表す場合、漢字語数詞に「분〈分〉」をつけて表します。(分ち書きについては p.9 を参照してください。)

1時5分:한시 오분　　5時10分:다섯시 십분

練習2 現在の時刻、授業の開始時刻と終了時刻などいろいろな時刻を言い表してみましょう。

① 지금 ______시 ______분입니다.

② 한국어 수업은 ______시 ______분부터 ______시 ______분까지입니다.

※「오전 午前」「오후 午後」「반 半」「전 前」などを加えれば様々な時刻の表現が可能です。

午前7時半　오전 일곱시 반　　午後3時10分前　오후 세시 십분 전

02-05

2 例示の助詞「~나/이나　~や、~か」

2つ以上のものを例示的に示す場合に用います。

메뉴에는 커피나 주스도 있습니다.　メニューにはコーヒーやジュースもあります。

점심은 우동이나 라면이 좋습니다.　昼食はうどんかラーメンがいいです。

練習3 次の語を使って「AやBがあります」と言ってみましょう。

① A：우유　B：요구르트

② A：삼각김밥　B：도시락

③ A：옷　B：액세서리

④ A：과자　B：과일

도시락 弁当
과자〈菓子〉
과일 果物

02-06

3 動作例示の語尾「−거나　(し)たり、(する)か」

単純型

複数の動作を並べて例示する場合に用いられる語尾です。「(し)たり」の意味になるか「(する)か」の意味になるかは文脈次第で、どちらともとれる場合もあります。

全語幹+ −거나

가다 ⇒ 가거나	먹다 ⇒ 먹거나	놀다 ⇒ 놀거나
行く　行ったり	食べる　食べたり	遊ぶ　遊んだり

물건이 마음에 안 들 때는 교환하거나 환불하면 됩니다.
商品が気に入らない時は、交換するか払い戻しを受ければいいです。

주말에는 친구를 만나거나 영화를 보러 갑니다.
週末には友達に会ったり映画を見に行ったりします。

※ 日本語の場合、「A(し)たりB(し)たりする」のように最後に「たりする」と表現しますが、韓国語の場合、最後に「−거나 하다」とする必要はありません。

4 背景説明の語尾（動詞・存在詞）「−는데　（する）んだけれど」 単純型〈ㄹ脱落〉

02-07

最終的に言いたいことに向けて、その背景や前提を説明する場合に用いる接続語尾で、「−는데」は動詞・存在詞と過去形などに付きます。文末で使うと、最後まで言い切らず言葉を濁す表現となります。

母音語幹 + 는데	오다 来る	⇒ 오는데	来るんだけれど
ㄹ語幹 ㄹ + 는데	살다 住む ㄹ	⇒ 사는데	住んでるんだけれど
子音語幹 + 는데	먹다 食べる	⇒ 먹는데	食べるんだけれど

※過去形にも付けられます。

語幹 + 였/았/었 + 는데　만났다 会った　⇒ 만났는데 会ったんだけれど

토요일에는 보통 안 옵니다. + 오늘은 일이 있어서 나왔습니다.

⇒ 토요일에는 보통 안 오는데 오늘은 일이 있어서 나왔습니다.

土曜日は普通、来ないんだけれど、今日は用事があって出てきました。

매운 것은 못 먹습니다. + 순두부찌개는 잘 먹습니다.

⇒ 매운 것은 못 먹는데 순두부찌개는 잘 먹습니다.

辛い物は苦手なんですが、純豆腐チゲは好きです。

※形容詞の現在の場合は「−ㄴ데/은데」を用います。

색깔은 좋은데 디자인이 마음에 안 듭니다.

色は良いんだけどデザインが気に入りません。

練習4 次のAとBを「−는데」でつなぎ、意味を考えながら言ってみましょう。

① A：얼굴은 알다　　B：이름이 기억 나지 안다

② A：드라마는 좋아하다　　B：영화는 잘 안 보다

③ A：원래 케이팝을 잘 듣다　　B：요즘은 제이팝도 듣다

④ A：열심히 공부했다　　B：생각보다 어려웠다

⑤ A：기대하지 않았다　　B：결과는 좋았다

얼굴 顔	알다 動 知る	기억 나다〈記憶—〉動 思い出される	
케이팝〈K-POP〉	듣다 ㄷ動 聞く	요즘 副 最近	제이팝〈J-POP〉
어렵다 ㅂ形 難しい	기대하다〈期待—〉動	결과〈結果〉	

02-08

5 時点の表現「−ㄹ/을 때 （する）時」

받침有無型〈ㄹ脱落〉

「…する時」のように、用言で「때 時」を修飾する場合、連体形語尾は「−ㄹ/을」を使います。

母音語幹 ＋ ㄹ 때	오다 来る	⇒ 올 때 来る時
ㄹ語幹 ㄹ ＋ ㄹ 때	만들다 作る ㄹ	⇒ 만들 때 作る時
子音語幹＋을 때	먹다 食べる	⇒ 먹을 때 食べる時

※過去形にも付けられます。

語幹 ＋ 였/았/었 ＋ 을 때	만났다 会った	⇒ 만났을 때 会った時

학교에 올 때는 버스를 타고 집에 갈 때는 걸어서 갑니다.
学校に来る時はバスに乗り、家に帰る時は歩いて行きます。

스타를 직접 만났을 때는 정말 감격했습니다.
スターに直接会った時は、本当に感激しました。

練習5 次の語句を使って「Aする時はBします」という意味の文を作り、意味を考えながら言ってみましょう。

① A：아침을 먹다　　B：TV를 보다

② A：수업이 늦게 끝나다　　B：학교에서 저녁을 먹다

③ A：원정 시합이 있다　　B：결석 신고서를 내다

④ A：전철을 타다　　B：음악을 듣다

⑤ A：작년에 한국에 갔다　　B：엔고였다

늦게 副 遅く	끝나다 [끈−] 動 終わる	원정〈遠征〉	시합〈試合〉
결석〈缺席〉[−썩] 欠席	신고서〈申告書〉届け出	내다 動 出す	전철〈電鐵〉電車
음악〈音樂〉	작년〈昨年〉[장−]	엔고〈−高〉円高	

6 動作並行の語尾「－면서/으면서　（し）ながら」

받침有無型

02-09

ある動作と別の動作を並行して行うことを表す語尾です。

母音語幹 ＋ 면서	기다리다 待つ	⇒ 기다리면서 待ちながら
ㄹ語幹　＋ 면서	살다 暮らす	⇒ 살면서 暮らしながら
子音語幹 ＋ 으면서	먹다 食べる	⇒ 먹으면서 食べながら

친구를 기다리면서 맛집을 검색했습니다.

友達を待ちながら美味しい店を検索しました。

혼자 살면서 제일 힘든 일이 무엇입니까?

一人暮らししながら一番大変なことは何ですか。

練習6 次の語句を使って「A（し）ながらBします」という意味の文を作り、意味を考えながら言ってみましょう。

① A：커피를 마시다　　B：신문을 보다

② A：전화를 받다　　B：메모를 하다

③ A：한국 친구와 놀다　　B：한국어를 배우다

④ A：아르바이트하다　　B：많은 경험을 쌓다

⑤ A：옷을 갈아입다　　B：메일을 체크하다

신문〈新聞〉	전화〈電話〉	메모〈memo〉	놀다 動 遊ぶ	배우다 動 学ぶ
많다 形 多い	경험〈經驗〉	쌓다 動 積む	옷 服	갈아입다 動 着替える

02-10

7 理由・原因表現「−기 때문에　(する)ので、(する)ため」　単純型

理由や原因を明示する場合に用います。文によっては理由以外の意味も表す語尾「−여서/아서/어서」に比べ、「−기 때문에」は明確に理由・原因のみを表し、説明文などに適した表現です。

全語幹 ＋ 기 때문에

좋아하다 好きだ　⇒ 좋아하기 때문에 好きなので

알다 知る　⇒ 알기 때문에 知っているので

먹다 食べる　⇒ 먹기 때문에 食べるので

※過去形にも付けられます。

했다 した　⇒ 했기 때문에 したので

정말 좋아하기 때문에 축구 연습만은 빠지지 않습니다.
本当に好きなので、サッカーの練習だけはサボりません。

친구가 매운 것을 못 먹기 때문에 일식집에 갔습니다.
友達が辛い物が食べられないので、日本料理店に行きました。

열심히 했기 때문에 좋은 결과가 나온 것입니다.
一生懸命やったから、良い結果が出たのです。

練習７ 次のAとBを「−기 때문에」でつなぎ、意味を考えながら言ってみましょう。

① A：지하철보다 버스가 더 편하다　B：버스를 자주 이용하다
② A：현지 사정을 잘 알다　B：제가 담당하겠다
③ A：어머니가 드라마를 보시다　B：저도 같이 보게 되었다
④ A：저번에 양보받았다　B：이번에는 제가 양보했다
⑤ A：그 영화는 한 번 봤다　B：다른 것을 봤다

편하다〈便−〉形 楽だ　자주 副 よく　이용하다〈利用−〉動　현지〈現地〉
사정〈事情〉　담당하다〈擔當−〉動 担当する　보시다 ← 보다の尊敬形　저번에 前回
양보받다〈讓步−〉動 譲ってもらう　이번에 今回　그 ～ 連体 その～
다른 것 他のもの

理由・原因表現の使い分け

「-여서/아서/어서」「-기 때문에」「-니까/으니까」

02-11

日本語で「AのでB」と表現することがらを韓国語で表そうとする時、「A여서/아서/어서 B」「A기 때문에 B」「A니까/으니까 B」などの類似表現のうち、どれを使えばいいでしょうか。迷った場合は、次のようなポイントを基準として使い分けてみましょう。

◇ 原因Aと結果Bを事実・自然の成り行きとして描く場合 ⇒「A여서/아서/어서 B」

※特に感情を表す場合は「A여서/아서/어서」がよく合います。

만나서 반갑습니다.　お会いできて嬉しいです。

늦어서 죄송합니다.　遅れて申し訳ありません。

※文末が過去形なら、原因の部分に過去形を使わなくても自動的に過去の意味になります。

지난 주말에는 시간이 없어서 숙제를 못 했습니다.

先週末は時間がなかったので宿題ができませんでした。

◇ 原因Aと結果Bの因果関係を論理的に述べる場合 ⇒「A기 때문에 B」

주중에는 시간이 없기 때문에 주말에 만나야 할 겁니다.

平日は時間がないので、週末に会わなければならないでしょう。

사람이 별로 없었기 때문에 대형 사고를 면할 수 있었습니다.

人があまりいなかったため大事故にならずに済みました。

◇ Aを根拠（理由）にBという考えを述べる場合 ⇒「A니까/으니까 B」

주중에는 시간이 없으니까 주말에 만나요.

平日は時間がないので、週末に会いましょう。

시간이 없었으니까 숙제를 못 한 거예요.(≒게을러서가 아니에요.)

時間がないから宿題できなかったんです。（≒怠けていたんじゃありません）

※「-니까/으니까」は会話文で命令、勧め、誘いかけ、判断などの根拠としての理由を表すため、文章の中で理由を表すのにはあまり向いていません。文脈によっては、これを使うことでと、原因は自分の責任ではないと主張するニュアンスとなる場合があります。

読んでみよう

02-12

02-13

저는 매일 아침 7시에 일어납니다. 일어나면 바로 이를 닦고 신문을 보면서 커피와 빵을 먹습니다. 7시 45분쯤에 옷을 갈아입고 화장을 하고 8시에 집을 나옵니다. 집에서 학교까지는 버스와 전철을 갈아타고 40분 정도 걸립니다.

일주일에 네 번 1교시에 수업이 있기 때문에 학교에는 매일 9시까지 옵니다. 1교시에 수업이 없을 때는 도서관에서 책을 보거나 수업 과제를 합니다.

일주일에 두세 번 정도 저녁에 음식점에서 아르바이트를 합니다. 아르바이트하지 않는 날에는 집에서 유튜브를 보거나 친구들과 라인 하면서 느긋하게 지냅니다.

私は毎朝7時に起きます。起きたらすぐ歯を磨き、新聞を読みながらコーヒーとパンを摂ります。7時45分ごろ服を着替えて化粧をし、8時に家を出ます。家から学校までは、バスと電車を乗り継いで40分ぐらいかかります。

1週間に4回、1限目の授業があるため、学校には毎日9時までに行きます。1時限目の授業がない時は図書館で本を読んだり、授業の課題をします。

1週間に2、3回ぐらい晩に飲食店でアルバイトをします。アルバイトがない日は、家でYouTubeを見たり、友達とLINEしながらゆっくり過ごします。

이 歯　닦다 動 磨く　신문〈新聞〉　옷 服　갈아입다 動 着替える
화장〈化粧〉　갈아타다 動 乗り換える　걸리다 動 かかる　~까지 助 ~までに
도서관〈圖書館〉　책〈冊〉本　보다 (本を) 読む　과제〈課題〉
두세 ~2、3~　정도〈程度〉　음식점〈飲食店〉　느긋하게 [−그타−] ゆったり

書いてみよう

◆本課本文や 読んでみよう を参考に、次の文型を活用して、自分の日常について、少し詳しく書き、発表してみましょう。

（1）1週間に［　　　］回、［　　　　］があるんですが、その日は［　　　　］。

일주일에 [　　　　] 번 [　　　　　　　]가/이 있는데

그 날에는 [　　　　　　　　　　　].

（2）［　　　］がある時は［　　　］て、［　　　］がない時は［　　　］。

[　　　　　　]가/이 있을 때는 [　　　　　　]고

[　　　　　　]가/이 없을 때는 [　　　　　　].

（3）［　　　］はたいてい［　　　　］なんですが、［　　　］には［　　　　］。

[　　　　]는/은 보통 [　　　　　　　　　　　]는데

[　　　　　]에는 [　　　　　　　　　　　].

（4）［　　　］する時は［　　　　］なので［　　　　］。

[　　　　　　]ㄹ/을 때는 [　　　　　　]기 때문에

[　　　　　　　　　　].

（5）［　　　］な時は［　　　　］したり、［　　　　］したりします。

[　　　　　　]ㄹ/을 때는 [　　　　　　]거나

[　　　　　　　　　　].

第3課

한국어를 배우게 된 계기

韓国語を学ぶようになったきっかけ

韓国語を学ぶきっかけとなったエピソードや経緯を書いてみましょう。また、本課からは、文章に最もよく使われる「文章体」で書きましょう。

03-01 03-02

내가 한국에 관심을 가지게 된 것은 중학교 때 한국에서 전학 온 준호라는 아이와 친해진 것이 계기였다. 준호는 처음에는 일본말이 서툴렀는데 6개월이 지나니까 놀랄 정도로 일본어 실력이 늘었다. 그 모습을 보고 나도 한국어를 잘해 보고 싶은 생각이 들었다. 하지만 그때는 배울 기회가 없었다.

중학교를 졸업하기 전에 준호는 한국으로 돌아갔고 나는 고등학교에 들어가서 한국어를 공부하기 시작했다.

지금도 가끔 서로 연락을 하는데 아직 일본말로 대화할 때가 많다. 앞으로 내가 더 열심히 공부해서 언젠가 한국어만으로도 이야기할 수 있는 날이 왔으면 좋겠다.

僕が韓国に関心を持つようになったのは、中学の時、韓国から転校してきたジュノという子と親しくなったことがきっかけだった。ジュノは、はじめは日本語が拙かったが、6カ月が過ぎると驚くほど日本語が上達した。その姿を見て、僕も韓国語をうまく話せるようになってみたい気がした。けれども、その時は習う機会がなかった。

中学を卒業する前に、ジュノは韓国に帰り、僕は高校に入って韓国語を勉強し始めた。

今もときどき連絡を取りあっているが、まだ日本語で話すことが多い。今後、僕がもっと勉強を頑張って、いつか韓国語だけでも話せる日が来たらいいなと思う。

▶新しい語句◀

-게 되다 動 (する)ようになる
계기 〈契機〉 きっかけ
가지다 動 持つ
것 こと、の
중학교 〈中學校〉
전학 오다 〈轉學—〉 動
転校してくる
~라는 ~という
아이 子
친해지다 〈親—〉 動 親しくなる
처음에는 はじめは
서투르다 르形 拙い
漢 개월 〈個月〉 ~ヵ月
지나다 動 過ぎる
-니까 尾 (する)と

놀라다 動 驚く
-ㄹ 정도로 〈—程度—〉
(する)ほど
실력 〈實力〉 実力
늘다 動 伸びる
모습 姿
잘하다 動 うまく話す
-어 보다 動 (し)てみる
생각이 들다 動 気がする
-ㄹ 기회 〈機會〉 (する)機会
졸업하다 〈卒業—〉 動
-기 전에 〈—前—〉 動 (する)前に
~으로 助 ~へ {方向}
돌아가다 動 戻っていく、帰る
고등학교 〈高等學校〉 高校

들어가다 動 入る
-기 시작하다 〈—始作—〉 動
(し)始める
가끔 副 たまに
서로 副 互いに
연락 〈連絡〉 [열—]
대화하다 〈對話—〉 動 対話する
앞으로 副 今後
더 副 さらに
언젠가 副 いつか
-ㄹ 수 있다 存
(する)ことができる
-았으면 좋겠다
(し)たらいいなと思う

※「~라는/이라는 ○○　~という○○」
준호라는 이름 ジュノという名前　　한국이라는 나라 韓国という国

▶用言と語尾◀

가지게 된 ← 가지(다) 動 + -게 되(다) 動 (する)ようになる + -ㄴ 尾 {動過去連体形}
친해진 ← 친하(다) 〈親—〉 形 +-어지(다) 動 —くなる + -ㄴ 尾 {動去連体形}
계기였다 ← 계기 〈契機〉 + ~이(다) 指 + -었- {過去} + -다 尾 {文章体平叙}
서툴렀는데 ← 서투르(다) 르形 +-었- {過去} + -는데 {背景説明}
지나니까 ← 지나(다) 動 + -니까 尾 (する)と {きっかけ}
놀랄 정도로 ← 놀라(다) 動 + -ㄹ 尾 {未来連体形} (☞p.58) + 정도로 (する)ほど
배우고 싶은 생각 ← 배우(다) 動 + -고 싶(다) 形 {希望} + -은 尾 {形現在連体形} +생각
배울 기회 ← 배우(다) 動 + -ㄹ 尾 {未来連体形} (☞p.58) +기회 (する)機会
할 수 있는 날 ← 하(다) 動 + -ㄹ 수 있(다) 存 {可能} + -는 尾 {存現在連体形} + 날
왔으면 좋겠다 ← 오(다) 動 + -았으면 좋겠다 {婉曲希望}

学習のポイント

03-03

1 助詞のいろいろⅠ

一部の助詞には日本語とは違った細かい使い分けがあります。

a.「～に」に当たる助詞

（1）時・場所・コト：～에　　2년 전에 부산에 간 적이 있다.
（2）人：～에게, ～한테　　그 소문은 친구에게 들었다.
（3）目上の人：～께　　선생님께 인사를 드렸다. ［Ⅱ−7課］

집에 가서 친구에게 메일을 쓰고 저녁에 선생님께 전화를 드렸다.
家に帰って友達にメールを書き、晩に先生に電話を差し上げた。

b.「～で」：〈場所〉에서　〈手段・方法・材料〉로/으로　〈人数〉이서

c.「～から」：〈時〉부터　〈場所〉에서　〈人〉에게서　〈人〉한테서

逆に、同じ意味の助詞が複数ある場合もあります。

d.「～と」（羅列）：～와/과（書き言葉）、～하고、～랑/이랑（話し言葉）

✐ 引用の「～と ～라고 / 이라고」と混同しないように！

一部の助詞は幅広い意味を持ち、様々な日本語の助詞と対応します。

e.「～로/으로」

（1）手段・方法・材料「～で」　밥을 숟가락으로 먹는다.
（2）方向・選択・「～に」　오른쪽으로 꺾어지세요.
（3）資格「～として」　반 대표로 나왔습니다.

f.「～나/이나」

（1）例示「～や」　빵이나 커피를 팝니다.
（2）選択肢「～か」　우동이나 라면 중에서 고르세요.
（3）消極的選択「～でも」　이거나 가져가세요.
（4）予想超過「～も」　3만 엔이나 받았다.

g.「～까지」

（1）終着点「～まで」　전시는 토요일까지 합니다.
（2）期限「～までに」　숙제는 토요일까지 내세요.

소문〈所聞〉うわさ
인사〈人事〉あいさつ
드리다 動 差し上げる
오른쪽 右
꺾어지다 動 曲がる
-면 되다（す）ればよい
반〈班〉クラス
대표〈代表〉
나오다 動 出てくる
팔다 動 売る
고르다 ㄹ動 選ぶ
가져가다 動 持っていく
전시〈展示〉

2 書き言葉と한다体（文章体）平叙形語尾

03-04

初対面の挨拶や大勢の人の前での発表では、文末にかしこまった丁寧な話し言葉である「합니다形」を使いますが、報告文、論説文などでは、丁寧ではない「한다形」という文末語尾を使います。「합니다形」を使う文体を「합니다体」と呼び、「한다形」を使う文体を「한다体」または「文章体」と呼びます。

文章体では自分のことを「저，제」ではなく「나，내」で表します。また、話し言葉では助詞を省略することが多いのに対し、書き言葉では助詞をあまり省略しません。

a．動詞現在の平叙形　－ㄴ다/는다　받침有無型〈ㄹ脱落〉

母音語幹＋ㄴ다	가다 行く		⇒ 간다 行く		매일 학교에 간다.
ㄹ語幹 ㄹ ＋ㄴ다	살다 暮らす	ㄹ	⇒ 산다 暮らす		학교 근처에 산다.
子音語幹＋는다	먹다 食べる		⇒ 먹는다 食べる		집에서 점심을 먹는다.

b．動詞現在以外の平叙形　－다　単純型

도시는 물가가 비싸다.	都市は物価が高い。
일요일에는 관광객이 많다.	日曜日は観光客が多い。
내 고향은 대전이다.	僕の故郷はテジョンだ。
어제 고등학교 때 친구를 만났다.	昨日高校の時の友達に会った。
겨울 방학에 한국에 가고 싶다.	冬休みに韓国に行きたい。
기말시험 준비를 하고 있다.	期末テストの準備をしている。

練習 1 次の합니다形の文を한다形の文に変えてみましょう。

① 아침 일찍 일어납니다.　② 오늘은 치마를 입습니다.

③ 동생은 부모님과 같이 삽니다.　④ 요즘 날씨가 덥습니다.

⑤ 한 시간이나 기다렸습니다.　⑥ 저는 학생입니다.

일찍 副 早く	일어나다 動 起きる	치마 スカート	요즘 副 最近
날씨 気候	덥다 ㅂ形 暑い	～이나 助 ～も	기다리다 動 待つ

03-05

3 なる

日本の「なる」にあたる表現を韓国語でする際、注意点がいくつかあります。

a.［名詞］になる 「~가/이 되다」：助詞が日本語とは違う

유학생과 친구가 되고 싶다.	留学生と友達になりたい。
한류 스타 팬이 되었습니다.	韓流スターのファンになりました。

b.［形容詞・存在詞］くなる 「-여지다/아지다/어지다」：되다を使わない

요즘 갑자기 일이 바빠졌습니다.	最近、急に仕事が忙しくなりました。
2000 년대 이후 교류가 활발해졌다.	2000 年代以降交流が活発になった。
다음 달에는 날씨가 더워질 것입니다.	来月は暑くなるでしょう。

c.［動詞］ようになる 「-게 되다」：意図せず／自然とそうなることを表す

작년부터 자주 만나게 되었다.	去年から頻繁に会うようになった。
집에서도 김치를 먹게 되었습니다.	家でもキムチを食べるようになりました。

練習2 Bの品詞に注意しながら「AがB（に／く／するように）なりました」と表現してみましょう。

① A：우리 오빠　B：학교 대표

② A：얼굴　B：밝다

③ A：시민들　B：교류하다

④ A：방　B：깨끗하다

⑤ A：친구　B：비밀을 알다

⑥ A：그 섬　B：마음의 고향

대표〈代表〉
얼굴 顔
밝다 形 明るい
시민〈市民〉
교류하다〈交流―〉動
방〈房〉部屋
깨끗하다 形［-끄타-］きれいだ
비밀〈秘密〉
섬〈島〉
마음〈心〉
고향〈故郷〉

4 名詞化の語尾「−기　(する) こと」

単純型

03-06

動詞語幹 ＋「기」で動作の始まりに視点のある動詞の名詞形となります。

a.「−기 전에　(する) 前に」

출발하기 전에 연락드리겠습니다.　出発する前にご連絡いたします。
밥을 먹기 전에 손을 씻으세요.　ご飯を食べる前に手を洗ってください。

b.「−기 시작하다　(し) 始める」

지난달부터 학원에 다니기 시작했다.　先月から塾に通い始めた。
아이들이 어울려 놀기 시작했다.　子供たちが仲良く遊び始めた。

このほかにも「−기　어렵다・쉽다　(し) にくい・(し) やすい」「−기　싫다　(する) のは嫌だ、(し) たくない」「−기　바라다　(する) よう願う」など、動詞語幹＋「기」はいろいろな慣用表現に用いられます。

원격 수업은 공부하기 어렵다・쉽다.　遠隔授業は勉強しづらい・しやすい。
혼자 가기 싫어. 같이 가고 싶어.　一人で行くのは嫌だ。一緒に行きたい。
탑승구에서 기다려 주시기 바랍니다.　搭乗口でお待ちくださるようお願いします。

5 르変則用言

03-07

語幹末が「르」である用言の一部は、陰陽型の語尾が付く場合に、「ㅡ」が脱落したうえで「ㄹ」が1つ追加されます。これを「르変則用言」といいます。

모르다 知らない	모르 ＋ 아서	⇒ 몰라서	知らなくて
부르다 歌う	부르 ＋ 었다	⇒ 불렀다	歌った

르変則用言には次のようなものがあります。「−아서/어서」や過去形の語尾を付けてみましょう。

다르다 違う	빠르다 速い	오르다 上がる	고르다 選ぶ
자르다 切る	마르다 乾く	기르다 育てる	흐르다 流れる
누르다 圧す	머무르다 留まる	서투르다 拙い	서두르다 急ぐ

※「따르다 従う」「들르다 寄る」「이르다 至る」は르変則用言ではありません。☞ p.12

03-08

6 きっかけの接続語尾「-니까/으니까（する）と、（し）たら」

받침有無型〈ㄹ脱落〉

ある動作がきっかけで予想や意図していなかったことに気づくという状況で、そのきっかけとなる「（する）と」「（し）たら」の部分に用います。

母音語幹 + 니까	보다 見る	⇒ 보니까 見たら
ㄹ語幹 ㄹ + 니까	살다 暮らす ㄹ	⇒ 사니까 暮らしたら
子音語幹 + 으니까	입다 着る	⇒ 입으니까 着たら

약속 장소에 가 보니까 차가 한 대 서 있었다.
待ち合わせ場所に行ってみると、車が一台止まっていた。

혼자 사니까 독립심이 강해졌다.　一人暮らししたら、独立心が強くなった。

여름옷을 입으니까 역시 시원합니다.　夏服を着たら、やっぱり涼しいです。

練習3 次のAとBを「-니까/으니까」でつなぎ、意味を考えながら言ってみましょう。

① A：TV를 켜다
　B：아는 사람이 나왔다

② A：커피를 마시다
　B：잠이 깼다

③ A：오랜만에 책을 읽다
　B：눈이 아프다

④ A：친구 사진을 보다
　B：그 친구가 보고 싶다

⑤ A：다 같이 먹다
　B：더 맛있게 느껴진다

켜다 動（電源を）つける
아는 ← 알다 動 知る+는
잠이 깨다 動 眠気が覚める
오랜만 久しぶり
눈 目
아프다 形 痛い
사진〈寫眞〉写真
보다 動 見る、会う
다 みんな
더 もっと
느껴지다 動 感じられる

※ 接続語尾「-니까/으니까」には理由を表す用法もありますが、命令、勧め、自己主張などの話し言葉で、根拠を表す場合に使われることが多く、書き言葉で理由を表す場合は「-기 때문에（する）ので」や「-여서/아서/어서（した）ので」を使ったほうが無難です。（☞ p.33）

条件表現の使い分け

「-면/으면」「-니까/으니까」「-였더니/았더니/었더니」

03-09

日本語にも「AしたらB」「AすればB」「AするとB」のように類似の表現がありますが、韓国語にも「A면/으면 B［I-20 課］」「A니까/느니까 B［II-3課］」「-였더니/았더니/었더니［II-9課］」のように類似のものがあります。これらの使い分けのポイントは次の通りです。

◇「AしたらBしてほしい／Bになる」のように、

Aという行為・状況が起きた場合を仮定する場合

（文全体の事態がまだ起こっていないか一般論である）⇒「A면/으면 B」

일정이 정해지면 알려 주세요.　日程が決まったら知らせてください。

비가 오면 행사는 취소됩니다.　雨が降ったら行事は中止になります。

◇「Aすると／Aしたところ、Bだった」のように、

Aという行為や状況をきっかけにBという状況であることがわかった場合

（文全体が過去か現在すでに起こっている）⇒「A니까/으니까 B」

※過去のことがらであっても「-니까」の前に「-였/았/었-」は使いません。

교실에 가 보니까 아이들이 모여서 뭔가 이야기하고 있었다.

　教室に行ってみると、みんな集まって何か話していた。

비가 오니까 왠지 기분이 우울하다.　雨が降るとなぜか気分も憂鬱だ。

◇「Aしたら（その結果、予想外にも）Bとなった」のように、

自分がAという行為をした結果を表現する場合 ⇒「A였더니/았더니/었더니 B」

장거리를 운전했더니 너무 피곤하다.　長距離を運転したらとても疲れた。

친구한테 전화했더니 오늘 모임에 왜 안 왔냐고 질책을 받았다.

　友達に電話したら、今日の集まりになぜ来なかったのかと責められた。

03-10

7 可能・不可能表現「−ㄹ/을 수 있다・없다　(する) ことができる・できない」

받침有無型〈ㄹ脱落〉

ある状況や条件のもとでの可能・不可能、能力的な可能・不可能を表します。

母音語幹 ＋ ㄹ 수 있다	가다 行く	⇒ 갈 수 있다	行くことができる
ㄹ語幹 ㄹ⇩ ＋ ㄹ 수 있다	알다 知る ㄹ⇩	⇒ 알 수 있다	知ることができる
子音語幹 ＋을 수 있다	먹다 食べる	⇒ 먹을 수 없다	食べられない

후쿠오카에서 한국으로는 비행기로도 갈 수 있고 배로도 갈 수 있습니다.
福岡から韓国へは飛行機でも行けるし船でも行けます。

이 그림을 보면 잘 알 수 있어요.　この図を見ればよく分かります。

너무 매운 것은 먹을 수 없다.　あまりに辛いものは食べられない。

練習4 次の語句を可能または不可能表現にし、意味を考えながら言ってみましょう。

① 한국어로 메일을 보내다

② 그 열쇠로 문을 열다

③ 전철 안에서 전화를 받다

④ 이 비밀번호로 로그인하다

⑤ 그룹을 3개 만들다

⑥ 공항에서 돈을 찾다

메일〈mail〉　열쇠 鍵
문〈門〉ドア　열다 動 開ける
받다 動 (電話に) 出る
비밀번호〈秘密番號〉パスワード
그룹〈group〉　만들다 動 作る
공항〈空港〉
돈을 찾다 動 お金をおろす

※「먹을 수 없어요」「할 수 없어요」のような不可能表現は、不可能の副詞「못」を使った「못 먹어요 食べられません」「못해요 できません」のような表現に言い替えられます。

8 婉曲希望表現「−였으면/았으면/었으면 좋겠다 (し)たら／できたらいいなと思う」

03-11

「−고 싶다」は自分の希望をストレートに表しますが、「−였으면/았으면/었으면 좋겠다」は自分の希望を遠回しに表現したり、自分以外の人や物事にしてほしい、なってほしいことを表現することができます。「좋겠다 いいなと思う」を「하다 思う」に置き換えるとさらに抑制された希望表現となります。

陰陽型

하다 ⇒ 했으면 좋겠다

교류하다 交流する ⇒ 교류했으면 좋겠다　交流できたらいいなと思う

陽語幹 ＋ 았으면 좋겠다

오다 行く ⇒ 왔으면 좋겠다　来たら／来れたらいいなと思う

陰語幹 ＋ 었으면 좋겠다

먹다 食べる ⇒ 먹었으면 하다　食べられたらなと思う

다른 나라 학생들과도 교류했으면 좋겠습니다.

他の国の学生たちとも交流できればいいなと思います。

크리스마스에 눈이 왔으면 좋겠다.　クリスマスに雪が降ったらいいなと思う。

아직 못 먹어 본 음식도 먹어 봤으면 합니다.

まだ食べたことのない料理も食べてみれたらなと思います。

練習5 次の文を使って婉曲希望表現にし、意味を考えながら言ってみましょう。

① 어제 본 시험에 붙다

② 좋은 친구들을 많이 만나다

③ 음식이 입에 맞다

④ 주말에 비가 안 오다

⑤ 병이 빨리 회복되다

⑥ 꿈이 이뤄지다

보다 動 (試験を) 受ける
붙다 動 (試験に)うかる
입에 맞다 動 口に合う
주말〈週末〉
비가 오다 動 雨が降る
병〈病〉病気
회복되다〈回復―〉動
꿈이 이뤄지다 動 夢がかなう

読んでみよう

03-12

03-13

내가 한국어를 공부하게 된 이유는 고등학교 때 한 케이팝 아이돌 매력에 푹 빠졌기 때문이다. 특히 그룹 리더에게 한눈에 반했는데 그때부터 내게는 목표가 생겼다.

첫째 목표는 그 리더가 팬미팅 때 하는 이야기를 통역 없이 알아듣는 것이다. 물론 그들 노래를 한국어로 완벽하게 부르는 것과 그 리더에게 한국어로 팬레터를 쓰는 것도 꼭 이루고 싶은 목표다. 그런데 최종 목표는 리더와 한국말로 직접 대화하는 것이다. 그것이 실현되면 얼마나 좋을까! 이런 목표를 위해 나는 매일 노력을 아끼지 않는다.

私が韓国語を勉強するようになった理由は、高校の時、あるK-POPアイドルの魅力にはまったからだ。特にグループのリーダーに一目惚れしたのだが、それ以来私には目標ができた。

第一の目標は、彼がファンの集いの時に話すことを通訳なしで理解できることだ。もちろん彼らの歌を韓国語で完璧に歌うことや、そのリーダーに韓国語でファンレターを書くことも是非かなえたい目標だ。しかし最終的な目標は彼と韓国語で直接対話することだ。それが実現すればどんなに良いだろうか！このような目標のために私は日々努力を惜しまない。

이유〈理由〉　한 ～ ある～　매력〈魅力〉　푹 빠지다 動 はまる、夢中になる
–기 때문이다 (する) からだ　～에게 助〈人〉に　한눈에 반하다 動 一目ぼれする
내게 ← 나에게　목표〈目標〉　생기다 動 できる　첫째 一番目　통역〈通譯〉通訳
～ 없이 副 ～なしで　알아듣다 ㄷ動 聞いて分かる　물론〈勿論〉副 もちろん
완벽하게〈完璧—〉副 完璧に　부르다 르動 歌う　쓰다 動 書く　최종〈最終〉
직접〈直接〉　실현되다〈實現—〉動 実現する　얼마나 副 どんなに
–을까 尾 –だろうか　이런 ～ このような～　～를 위해 ～のため　매일〈每日〉
노력〈努力–〉　아끼다 動 惜しむ

書いてみよう

◆本課本文や 読んでみよう を参考に、次の文型を活用して、韓国語を学ぶようになった経緯や理由、または自分が熱中していることとその経緯や理由について、書いて発表してみましょう。

（1）私が [　　] ようになったのは [　　] たことがきっかけだった。

내가 [　　　　　　　　]게 된 것은

[　　　　　　　　]ㄴ/은 것이 계기였다.

（2）私が [　　] ようになった理由は [　　] からである。

내가 [　　　　　　　　]게 된 이유는

[　　　　　　　　]기 때문이다.

（3）[　　] を見て、私も [　　] したいという気になった。

[　　　　　　　　]를/을 보고 나도

[　　　　　　　　]고 싶은 생각이 들었다.

（4）最初は [　　] たけれど、[　　] が過ぎると [　　] ようになった。

처음에는 [　　　　　　　　]는데 [　　　　　　　　]가/이

지나니까 [　　　　　　　　]게 되었다.

（5）まだ [　　] することが多いけど、今後 [　　] して、

いつか [　　] できる日がくればなあと思う。

아직 [　　　　　　　　]ㄹ/을 때가 많지만

앞으로 [　　　　　　　　]여서/아서/어서

언젠가 [　　　　　　　　]ㄹ/을 수 있는 날이 왔으면 좋겠다.

逆接表現の使い分け

「-지만」と「-는데, -ㄴ데/은데」

03-14

日本語で「Aするけれど B」「AだがB」と表現することがらを韓国語で表そうとする時、「A지만 B」「A는데 B、Aㄴ데/은데 B」のような類似表現のどちらを使えばいいでしょうか。迷った場合は、次のようなポイントを基準に使い分けてみましょう。

◇ AとBが正反対のことであることをシンプルに述べる場合 ⇒「A지만 B」

관심은 있지만 시간이 없습니다.　　関心はあるけれど時間がありません。

경기에는 이겼지만 후회가 남는다.　　競技には勝ったが後悔が残る。

가격은 비싸지만 품질이 좋다.　　値段は高いが、品質が良い。

◇ Bを述べるために予めAを背景として説明しておく場合や、Aから予想される状況に対してBが意外だったり残念である場合 ⇒「A는데 B, Aㄴ데/은데 B」

의논할 일이 있는데 시간 좀 내 주시겠습니까?

相談したいことがあるんですが、ちょっと時間作っていただけませんか。

약속 시간에 갔는데 이미 아무도 없었다.

待ち合わせの時間に行ったのに、すでに誰もいなかった。

품질은 좋은데 가격이 너무 비싸다.

品質は良いのだが、値段が高すぎる。

※誘いかけや提案の前提として「-는데, -ㄴ데/은데」が使われることがありますが、その場合、日本語にすると必ずしも逆接的な表現になりません。

시간도 있는데 어디 가서 식사라도 하지요.

時間もあることだし、どこかで食事でもしましょうよ。

得意·不得意、上手·下手を表す表現

~를/을 잘하다 · 못하다	～が得意だ・苦手だ、～が上手い・下手だ
~를/을 잘할 수 있다 · 없다	～が上手だ、～をうまくできる・できない
~를/을 잘하는 편이다	～が得意な方だ
~에 자신이 있다 · 없다	～に自信がある・ない
~에 소질이 있다 · 없다	～に素質がある・ない
-ㄹ/을 줄 알다 · 모르다	(する) ことができる・できない、 (し) 方を知っている・知らない

※動詞との組み合わせに注意！

공부／운동／운전／요리
勉強／運動／運転／料理

야구／축구／농구／배구／수영
野球／サッカー／バスケ／バレー/水泳

} 하다　する

테니스／탁구／골프／볼링
テニス／卓球／ゴルフ／ボーリング

기타／피아노／드럼
ギター／ピアノ／ドラム

} 치다　する
弾く、叩く

춤／댄스 ── 추다
踊り／ダンス　踊る

노래 ── 하다／부르다
歌　歌う

그림／만화／일러스트 ── 그리다
絵／漫画／イラスト　描く

문장／글 ── 쓰다
文章／文字　書く

말 ── 하다
言葉　話す

第4課

나의 특기와 약점

私の得意なことと苦手なこと

あなたが得意とすること、または苦手なことについて、自己分析・自己アピールするつもりで書いてみましょう。

04-01 나는 운동을 잘하는 편이다. 운동이라면 축구, 농구, 달리기, 수
04-02 영 등 웬만한 것은 다 잘할 자신이 있다. 중학교 때는 육상경기로 전국 대회에 나간 적도 있다.

운동을 좋아해서 그런지 체력도 좋은 편이다. 가끔 자원봉사로 자연재해 피해 지역에 가서 주민들의 복구 작업을 도와드리곤 하는데 그럴 때마다 체력이 좋아서 정말 다행이라고 생각한다. 만약에 체력이 없으면 큰 도움이 되지 못할 것이다.

그런데 아쉽게도 나는 음악에는 소질이 없는 것 같다. 노래도 못하고 악기도 연주할 줄 모른다. 그래서 기타나 피아노를 잘 치는 사람을 보면 부러울 때가 있다.

僕はスポーツが得意なほうだ。スポーツならサッカー、バスケ、競走、水泳など、たいていのものはいい線いく自信がある。中学の時には陸上競技で全国大会に出場したこともある。

スポーツが好きなせいか体力もあるほうだ。たまにボランティアで自然災害の被害地域に行って、住民の復旧作業をお手伝いしたりするのだが、そのたびに体力があって本当によかったと思う。体力がなければあまり役に立てないだろう。

ただ、残念なことに僕は音楽には素質がないようだ。歌も下手だし、楽器も演奏できない。だから、ギターやピアノが上手な人を見ると羨ましく思うことがある。

▶新しい語句◀

특기〈特技〉
약점〈弱點〉
운동〈運動〉
잘하다 動 うまくする、得意だ
-는 편이다〈―便―〉指 (な)ほうだ
～이라면 助 ～なら
달리기 かけっこ、競走
수영〈水泳〉
등〈等〉など
웬만한 ～ たいていの～
다 副 全部
-ㄹ 자신 (する)自信
육상경기〈陸上競技〉
전국 대회〈全國大會〉
나가다 動 出る
-ㄴ 적도 있다 存 (し)たこともある
-어서 그런지 (な)せいか
체력〈體力〉体力
자원봉사〈自願奉仕〉ボランティア
자연재해〈自然災害〉
피해〈被害〉
지역〈地域〉
주민〈住民〉
복구〈復舊〉復旧
작업〈作業〉
도와드리다 動 お手伝いする
-곤 하다 動 (し)たりする
그러다 ㅓ動 そうする
-ㄹ 때마다 (する)たびに
다행이다〈多幸―〉指 幸いだ
생각하다 動 考える、思う
만약에〈萬若―〉副 万一、もし
도움이 되다 動 役に立つ
-지 못하다 動 (する)ことができない
-ㄹ 것이다 指 ―だろう
아쉽게도 残念ながら
소질〈素質〉
-는 것 같다 形 (する)んじゃないかと思う
악기〈樂器〉
연주하다 動〈演奏―〉
-ㄹ 줄 모르다 르動 (する)すべを知らない、できない
기타〈guitar〉
피아노〈piano〉
치다 動 (打楽器を)弾く
부럽다 ㅂ形 羨ましい

▶用言と語尾◀

잘하는 편이다←잘하(다) 動 + -는 편이다 指 (な)ほうだ
잘할 자신←잘하(다) 動 + -ㄹ 자신 (する)自信
한 적도 있다←하(다) 動 + -ㄴ 적(이⇒도) 있(다) 存 (し)たこと(が⇒も)ある
그런지←그렇(다) ㅎ変 + -ㄴ지 尾 ☞p.101、p.88
도와드리곤 하는데←돕(다) ㅂ動 + -아 드리(다) 動 + –곤 하(다) 動 + -는데 尾 {(動)背景説明}
그럴 때마다←그러(다) ㅓ動 + -ㄹ 때 + ～마다 助 ～ごとに
다행이라고←다행이(다) + -라고 尾 (だ)と {(指)引用}
못할 것이다←못하(다) + -ㄹ 것이다 指 (する)だろう {推量}
없는 것 같다←없(다) 存 + -는 것 같다 形 (する)ようだ {(動)推察}
연주할 줄도 모른다←연주하(다) 動 + -ㄹ 줄(도) 모르(다) 動 (する)すべを(⇒も)知らない + -ㄴ다 尾 {(動)文章体}
부러울 때←부럽(다) ㅂ形 + -을 때 (する)時

※「-곤 하다 (し)たりする」:動詞を1つだけ例示し他に含みを持たせる表現です。

※「ㅓ変則動詞」:語幹末が「ㅓ」である用言のうち「이러다 こうする」「그러다 そうする」「저러다 ああする」「어쩌다 どうする」の4動詞は陰陽型語尾が付く際に「이래」「그래」「저래」「어째」のように変化します。

学習のポイント

1 助詞のいろいろⅡ

04-03

a.「～라면/이라면　～なら」

「～라고/이라고 하면　～と言えば」の縮約形です。

지우개라면 여기 있어요.　　消しゴムならここにあります。
계산이라면 저한테 맡기세요.　　計算なら私に任せて下さい。
한국 사람이라면 다 안다.　　韓国人なら皆知っている。

「～と言えば」という意味でも使われます。

부산이라면 자갈치시장이 유명하다.　　プサンと言えばチャガルチ市場が有名だ。
라면이라면 돈코츠라면이 최고다.　　ラーメンと言えば豚骨ラーメンが最高だ。

b.「～마다　～ごとに、～のたびに」

時にも場所やモノ、人にも使います。

여섯 시간마다 약을 먹는다.　　６時間ごとに薬を飲む。
일요일마다 놀러 온다.　　日曜日はいつも遊びに来る。
수업 때마다 쪽지 시험이 있다.　　授業のたびに小テストがある。
사람마다 생각이 다르다.　　人それぞれに考えが違う。
집집마다 불이 켜졌다.　　家々に明かりが灯った。
＊집마다とは言わない

動作に使う場合は「－ㄹ/을 때마다」を使います。

그 사진을 볼 때마다 옛날 생각이 난다.
その写真を見るたびに昔のことを思い出す。

운전석에 앉을 때마다 정신을 차린다.
運転席に座るたびに気を引き締める。

2 経験表現「-ㄴ/은 적이 있다・없다　(した) ことがある・ない」

받침有無型〈ㄹ脱落〉

04-04

経験の有無を表す表現です。

母音語幹 + ㄴ 적이 있다	보다 見る	⇒ 본 적이 있다 見たことがある
ㄹ語幹 ㄹ + ㄴ 적이 있다	살다 暮らす ㄹ	⇒ 산 적이 있다 暮らしたことがある
子音語幹 + 은 적이 있다	입다 着る	⇒ 입은 적이 있다 着たことがある

피카소 그림을 가까이에서 본 적이 있다.　ピカソの絵を間近で見たことがある。
기숙사에서 산 적도 있다.　寮で暮らしたこともある。
교복을 입은 적이 없다.　学校の制服を着たことがない。

練習1 次の事柄について「したことがあります」または「したことがありません」と表現してみましょう。

① 싸움에서 지다

② 대회에서 우승하다

③ 큰 상을 받다

④ 시험에 지각하다

⑤ 교통사고를 당하다

⑥ 여권을 잃어버리다

> 싸움 けんか
> 지다 動 負ける
> 우승하다〈優勝―〉動
> 상〈賞〉
> 지각하다〈遅刻―〉動
> 교통사고〈交通事故〉
> 당하다〈當―〉動 遭う
> 여권〈旅券〉[-꿘] パスポート
> 잃어버리다 動 失くす

※自分から経験しようと思って経験した場合は「-여/아/어 본 적이 있다」、経験したかったがしたことがない場合は「-여/아/어 본 적이 없다」と表現する傾向にあります。

경주에는 한 번 가 본 적이 있다.　キョンジュには一度行ったことがある。
삼계탕은 먹어 본 적이 없다.　サンゲタンは食べたことがありません。

04-05

3 技能表現「-ㄹ/을 줄 알다・모르다 (する) すべを知っている・知らない」

받침有無型〈ㄹ脱落〉

習い覚えた技術や習慣の有無を表す表現です。

母音語幹 ＋ ㄹ 줄 모르다	타다 乗る	⇒ 탈 줄 모르다 乗れない
ㄹ語幹 ㄹ ＋ ㄹ 줄 알다	만들다 作る ㄹ	⇒ 만들 줄 알다 作れる
子音語幹 ＋ 을 줄 알다	접다 折る	⇒ 접을 줄 알다 折れる

자전거를 탈 줄 모르는 사람도 많다. 自転車に乗れない人も多い。

저는 케이크도 만들 줄 압니다. 私はケーキも作れます。

색종이로 종이학을 접을 줄 알아요? 色紙で鶴を折れますか。

※「できる・できない」に当たる表現がいくつもあり、相互に言い換え可能な場合もありますが、本人の才能や出来栄えによる場合は「잘하다・못하다」、環境や条件による場合は「할 수 있다・없다」、習い覚えた技術や習慣を表したい場合は「할 줄 알다・모르다」というように使い分けられます。

練習2 次の事柄について「できますか」「できます・できません」と表現してみましょう。

① 차를 운전하다

② 피아노를 치다

③ 기모노를 입다

④ 컴퓨터를 만지다

⑤ 중국어를 하다

> 차〈車〉
> 운전하다〈運轉—〉動 運転する
> 만지다 動 触る

올림픽 선수들은 대개 어릴 때부터 운동을 잘했다.
オリンピック選手たちはたいてい幼い時から運動が得意だった。

한국 요리는 할 줄 아는데 좋은 재료가 없어서 잘 할 수 없습니다.
韓国料理は作れるんですが、よい材料がなくてうまくできません。

4 推測・意志表現「−ㄹ/을 것이다 (する) だろう、(する) つもりだ」 받침有無型〈ㄹ脱落〉

04-06

自分の考えとしての推測や心づもりを表明する表現です。「것이다」の합니다形は「것입니다」または「겁니다」、해요形は「거예요」となります。

母音語幹 ＋ ㄹ 것이다	되다 なる	⇒ 될 것이다 なるだろう
ㄹ語幹 〈ㄹ〉 ＋ ㄹ 것이다	알다 分かる 〈ㄹ〉	⇒ 알 것이다 わかるだろう
子音語幹 ＋ 을 것이다	입다 着る	⇒ 입을 것이다 着るつもりだ

자원봉사는 좋은 경험이 될 것이다.　ボランティアは良い経験になるだろう。

사전을 찾으면 뜻은 알 겁니다.　辞書を引けば意味は分かるはずです。

졸업식 때는 한복을 입을 거예요.　卒業式の時は韓服を着るつもりです。

練習3 次の文を使って「(する) でしょう」「(する) と思います」と表現してみましょう。

① 열심히 하면 시험에 합격하다

② 한국에서 사 온 김치라면 맛있다

③ 마음을 열면 친구가 많이 생기다

④ 8시에 출발하면 집합 시간에 늦다

⑤ 일주일 안에 그 책을 읽기는 힘들다

⑥ 서울은 여기보다 더 춥다

합격하다〈合格―〉 動 合格する
마음을 열다 動 心を開く
생기다 動 できる
출발〈出發〉
집합〈集合〉
늦다 動 遅れる
−기 힘들다 形 (する) のが困難だ
춥다 ㅂ形 寒い

※「−ㄹ/을 것입니다」を意志表現として使う場合「−겠습니다」と似ていますが、「−ㄹ/을 것이다」は自分の考えに基づく予定や心づもりを表し、「−겠다」は今まさに行おうとしている行動を宣言する場合などに使います。

방학 때 한국에 연수 갈 것입니다. 가서 열심히 공부할 것입니다.
休みに韓国に研修に行くつもりです。行って一生懸命勉強しようと思っています。

지금부터 발표를 시작하겠습니다. 잘 부탁드리겠습니다.
今から発表を始めます。よろしくお願いいたします。

04-07

5 推察表現「〈連体形〉것 같다
(する・した) ように思う、(する・した) みたいな気がする」

確かな根拠なく、何となくそうかなあと思う、そんな気がするという意味の表現です。

動詞・存在詞の現在　　単純型〈ㄹ脱落〉

母音語幹＋는 것 같다	오다 来る	⇒오는 것 같다	来るように思う
ㄹ語幹 ㄹ ＋는 것 같다	알다 知る ㄹ	⇒아는 것 같다	知っているように思う
子音語幹＋는 것 같다	있다 いる	⇒있는 것 같다	いるように思う

밖에 비가 오는 것 같다.　外で雨が降っているみたいな気がする。
나를 아는 것 같았다.　私のことを知っているような気がした。
옆 방에 누가 있는 것 같다.　隣の部屋に誰かいるんじゃないかと思う。

形容詞・指定詞の現在　　받침有無型〈ㄹ脱落〉

母音語幹＋ㄴ 것 같다	크다 大きい	⇒큰 것 같다	大きいように思う
ㄹ語幹 ㄹ ＋ㄴ 것 같다	길다 長い ㄹ	⇒긴 것 같다	長いように思う
子音語幹＋은 것 같다	좋다 良い	⇒좋은 것 같다	良いように思う

동생한테는 너무 큰 것 같아요.　妹には大きすぎるように思います。
그 사람이 머리가 더 긴 것 같다.　その人の方が髪が長いような気がする。
현미는 확실히 몸에 좋은 것 같다.　玄米は確かに体に良いように思う。

練習4 次の文を使って「(する) ように思います」と表現してみましょう。

① 이모도 요즘 한국어를 배우다
② 그 친구는 결혼해서 행복하게 살다
③ 영화보다 드라마가 더 재미있다
④ 윤아가 제일 예쁘다
⑤ 치마가 너무 짧다
⑥ 자각이 없는 것이 문제이다

이모〈姨母〉母方の叔母
결혼하다〈結婚—〉動
행복하게〈幸福—〉副
살다 動 暮らす　재미있다 存
예쁘다 形　짧다 [짤따] 形 短い
자각〈自覺〉　문제〈問題〉

用言の種類による連体形と文章体（現在平叙）一覧

<table>
<tr><th></th><th></th><th colspan="4">連体形</th><th>文章体平叙</th></tr>
<tr><th></th><th>語幹末 받침</th><th>未来
（☞ p.58）</th><th>現在
（☞ p.10）</th><th>過去
（☞ p.20）</th><th>回想/過去回想
（☞ p.86）</th><th>現在
（☞ p.39）</th></tr>
<tr><td rowspan="3">動詞</td><td>なし</td><td rowspan="2">-ㄹ
（ㄹ脱落）</td><td rowspan="4">-는
（ㄹ脱落）</td><td rowspan="2">-ㄴ
（ㄹ脱落）</td><td rowspan="3">-던</td><td rowspan="2">-ㄴ다
（ㄹ脱落）</td></tr>
<tr><td>ㄹ</td></tr>
<tr><td>ㄹ以外</td><td rowspan="2">-을</td><td>-은</td><td>-는다</td></tr>
<tr><td colspan="2">存在詞</td><td colspan="2" rowspan="5">하다 → 했던
陽 + 았던
陰 + 었던</td><td rowspan="5">-다</td></tr>
<tr><td colspan="2">指定詞</td><td rowspan="3">-ㄹ
（ㄹ脱落）</td><td rowspan="3">-ㄴ
（ㄹ脱落）</td></tr>
<tr><td rowspan="3">形容詞</td><td>なし</td></tr>
<tr><td>ㄹ</td></tr>
<tr><td>ㄹ以外</td><td>-을</td><td>-은</td></tr>
</table>

※ 推察表現「〈連体形〉것 같다（する・した）ように思う、（する・した）みたいな気がする」は推察内容が、これから起こることなのか、いま起きていることなのか、過去のことなのかによって連体形の未来、現在、過去、過去回想を使い分けます。

04-08

오후에 비가 올 것 같다.　午後、雨が降るんじゃないかと思う。
지금 비가 오는 것 같다.　今、雨が降っているように思う。
길이 젖어 있다. 비가 온 것 같다.　道が濡れている。雨が降ったようだ。
아침에 비가 왔던 것 같은데 지금은 개어 있다.　雨が降っていたように思うのだが、今は晴れている。

나도 할 수 있을 것 같았다.　私もできるような気がした。
오늘은 영업일이 아닌 것 같다.　今日は営業日ではないようだ。

다음 주에는 더 추울 것 같다.　来週はもっと寒いんじゃないかと思う。
이번 주보다 지난주가 더 추웠던 것 같다.　今週より先週の方が寒かったような気がする。

04-09

6 未来連体形語尾「−ㄹ/을 ○○ （する）○○」

받침有無型〈ㄹ脱落〉

計画や予定など、まだ実現していない事がらを動詞で修飾する場合、未来連体形語尾を用います。連体形語尾「−ㄹ/을」に続く「ㄱ, ㄷ, ㅂ, ㅅ, ㅈ」は濃音で発音します（＝有声音化しません）。

母音語幹 ＋ ㄹ	가다 行く	⇒ 갈 계획 行く計画
ㄹ語幹 ㄹ ＋ ㄹ	만들다 作る ㄹ	⇒ 만들 예정 作る予定
子音語幹 ＋ 을	먹다 食べる	⇒ 먹을 자신 食べる自信

가족과 여행을 갈 계획을 세웠다.　家族と旅行に行く計画を立てた。
오후에 발표 자료를 만들 예정입니다.　午後、発表資料を作る予定です。
떡을 그렇게 많이 먹을 자신이 없다.　餅をそんなたくさん食べる自信がない。

※ 未来連体形と現在連体形は日本語では区別されませんが、韓国語ではその動作などが既に実現しているかどうかによって未来連体形と現在連体形を区別します。

늘 먹는 빵　いつも食べるパン　　　내일 먹을 빵　明日食べるパン

練習5 次の語句を使って「AするBです」と表現してみましょう。

① A：내년에 졸업하다　B：예정
② A：졸업한 후에 유학하다　B：계획
③ A：이따가 갈아입다　B：옷
④ A：그 사람과 결혼하다　B：생각
⑤ A：집에 가야 하다　B：시간
⑥ A：아이돌과 만나다　B：귀한 기회

내년〈來年〉
졸업하다〈卒業−〉動
예정〈豫定〉　유학〈留學〉
계획〈計劃〉　이따가 副 あとで
갈아입다 動 着換える
결혼하다〈結婚−〉動
생각 つもり
귀하다〈貴−〉貴重だ
기회〈機會〉

7 考えを表す表現「…고 생각하다　…と考える、…と思う」

文章体語尾＋

04-10

用言の文章体平叙形語尾（☞ p.39）に「…고 생각하다　…と考える、…と思う」を加えれば、自分の考えを表すことができます。ただし、「…」の部分の末尾が「～이다」である場合は「～이라고 생각하다」とします。

노래는 유미가 제일 잘 한다고 생각한다.
歌はユミがいちばん上手いと思う。

한국 사람은 '낫토'를 못 먹는다고 생각했었다.
韓国人は納豆が食べられないと思っていた。

전철로 가는 것이 좋다고 생각해요.
電車で行くのがいいと思います。

가족의 행복이 나의 행복이라고 생각합니다.
家族の幸せが私の幸せだと思います。

노력만 하면 잘 될 것이라고 생각했다.
努力さえすれば、うまくいくだろうと思った。

※考えをそのまま伝える場合は「…고 생각하다」を使いますが、「－ㄹ/을 것이다」（☞ p.55）「〈連体形〉것 같다」（☞ p.56）「〈連体形〉줄 알다」（☞ p.98）などを使うと、より細かいニュアンスを伝えられます。

앞으로 상황은 더 악화될 것이다.
今後、状況はより悪化するだろう。（推測）

노래는 유미가 제일 잘하는 것 같다.
歌はユミがいちばん上手いように思う。（現在の推察）

전철로 가는 것이 좋을 것 같다.
電車で行ったほうがいいんじゃないかと思う。（未来の推察）

한국 사람은 '낫토'를 못 먹는 줄 알았다.
韓国人は納豆が苦手だと思っていた。（実は違った）

読んでみよう

04-11

04-12

나는 공부는 못하지만 요리에는 자신이 있다. 일식은 물론 양식, 한식 등 뭐든지 잘할 수 있다. 부모님께서 맞벌이로 일을 하셔서 동생들 식사를 내가 챙겨 주는 경우가 많았기 때문인지도 모르겠다. 하지만 요리하는 것을 힘들어하거나 싫어한 적은 없다. 나는 항상 요리가 즐겁기만 하다.

요즘은 인터넷을 검색하면 다양한 레시피가 나오기 때문에 새로운 요리를 얼마든지 만들 수 있다. 앞으로 맛있는 요리를 스스로 개발해서 많은 사람들에게 제공하는 일을 할 수 있었으면 좋겠다.

私は勉強は苦手だけれど料理には自信がある。和食はもちろん洋食、韓国料理などなんでもできる。両親が共働きで働いていたので、弟たちの食事の面倒を私が見てやることが多かったからかもしれない。でも、料理することをつらく思ったり嫌だと思ったことはない。私はいつも料理が楽しくて仕方ない。

最近はインターネットを検索すればいろいろなレシピが出てくるので、新しい料理をいくらでも作ることができる。将来、おいしい料理を自ら開発して、多くの人々に提供する仕事ができたらいいなと思う。

일식〈日食〉和食　양식〈洋食〉　한식〈韓食〉韓国料理　뭐든지 副 なんでも
~께서 助 ~가の尊敬形　맞벌이 共働き　일 仕事　챙기다 動 面倒を見る
경우〈境遇〉場合　힘들어하다 動 つらいと思う　싫어하다 動 嫌だと思う
항상〈恒常〉副 常に、いつも　즐겁다 ㅂ形 楽しい　-기만 하다（し）てばかりする
검색하다〈検索—〉動　다양하다〈多様—〉形 様々だ　얼마든지 副 いくらでも
새로운 ← 새롭다 ㅂ形 新しい ＋ -은｛形現在連体形｝　앞으로 副 将来
스스로 副 自ら　개발하다〈開發—〉動　제공하다〈提供—〉動

書いてみよう

◆本課本文や 読んでみよう を参考に、次の文型を活用して、あなたの幼い頃（または中学や高校の頃）の特徴や上手だったこと、熱中したこと、または出来なかったことについて、エピソードも含めて書き、発表してみましょう。

（1）私は [　　　] が得意なほうだ。

나는 [　　　　　　　　　　]를/을 잘하는 편이다.

（2）[　　　] ならたいていのことは自信がある。

[　　　　　　]라면/이라면 웬만한 것은 잘할 자신이 있다.

（3）[　　　　　　　　　　] したこともある。

[　　　　　　　　　　　　　　　　]ㄴ/은 적도 있다.

（4）もし [　　　　　　] れば [　　　　　　] できないだろう。

만약에 [　　　　　　　　　　]면/으면

못 [　　　　　　　　　　]ㄹ/을 것이다.

（5）[　　　　　　] するような気がする。

[　　　　　　　　　　　　　　　　]는/ㄴ/은 것 같다.

（6）でも [　　　　　　　] を [　　　　　　] できない。

그런데 [　　　　　　　　]를/을 [　　　　　　　　]ㄹ/을

줄은 모른다.

第5課

나의 장래 목표

私の将来の目標

あなたの卒業後の希望進路や将来の夢と、そのために頑張っていることについて書いてみましょう。

05-01

05-02

나는 앞으로 한국과 관련된 일을 하고 싶다. 여행도 좋아하기 때문에 관광 업계에 취직했으면 좋겠다. 그러기 위해서는 한국어 뿐만 아니라 영어도 잘해야 하기 때문에 요즘 영어 공부도 열심히 하고 있다.

그런데 실제로 관광지에 가 보면 중국인 관광객들이 눈에 많이 띈다. 그래서 얼마 전부터 중국어도 조금씩 공부하기 시작했다. 그리고 여행과 관련된 자격증도 될 수 있는 대로 따 두려고 한다.

졸업한 후에 후회하지 않도록 알찬 대학 생활을 보내려고 한다.

私は将来、韓国と関係する仕事に就きたいと思っている。旅行も好きなので、観光業界に就職できたらいいなと思う。そのためには韓国語だけでなく、英語もできないといけないので、最近、英語の勉強も頑張っている。

ただ、実際に観光地に行ってみると、中国人観光客が多く目につく。そのため、ちょっと前から中国語も少しずつ勉強し始めた。それに、旅行に関係する資格もできるだけ取得しておこうと思う。

卒業後に後悔しないように、充実した大学生活を送ろうと思う。

▶新しい語句◀

장래 〈將來〉 [ㅡ내]
앞으로 副 今後、将来
관련되다 〈關聯ㅡ〉 動 関連する
여행 〈旅行〉
관광 〈觀光〉
업계 〈業界〉
취직하다 〈就職ㅡ〉 動
-였으면 좋겠다
ーできればいいなと思う
그러다 ㅓ動 そうする
-기 위해서 〈ㅡ爲ㅡ〉
(する) ために
～ 뿐만 아니라 ～だけでなく、～のみならず
-여야 하다 動
(し) なければならない
그런데 副 ところが、ただ
실제로 〈實際ㅡ〉 [ㅡ쩨ㅡ] 実際に
관광지 〈觀光地〉
중국인 〈中國人〉
관광객 〈觀光客〉
눈에 띄다 [ㅡ띠ㅡ] 動
目につく
얼마 전 少し前
조금 副 少し
～씩 接辞 ～ずつ
그리고 副 そして
자격증 〈資格證〉 [ㅡ쯩] 資格
될 수 있는 대로 できるだけ
따다 動 採る、取る
-아 두다 動 (し) ておく
-려고 하다 動
(し) ようと思う
-ㄴ 후에 〈ㅡ後ㅡ〉 (し) た後
후회하다 〈後悔ㅡ〉 動
-도록 尾 (する) ように
알차다 形 充実している

▶用言と語尾◀

좋아하기 때문에 ← 좋아하(다) 動 + -기 때문에 {理由}
취직했으면 좋겠다 ← 취직하(다) 動 + -었으면 좋겠다 {婉曲希望}
그러기 위해서는 ← 그러(다) 動 + -기 위해서 + ～는 助
잘해야 하기 때문에 ← 잘하(다) 動 + -여야 하(다) 動 {義務} + -기 때문에 {理由}
가 보면 ← 가(다) 動 + -아 보(다) 動 + -면 尾 {条件}
공부하기 시작했다 ← 공부하(다) 動 + -기 시작하(다) 動 + -였- {過去} + -다 尾
따 두려고 한다 ← 따(다) 動 + -아 두(다) 動 + -려고 하(다) 動 [意図] + -ㄴ다 尾 {動文章体現在平叙}
졸업한 후에 ← 졸업하(다) 動 + -ㄴ 후에 (し) た後に
후회하지 않도록 ← 후회하(다) 動 + -지 않(다) {否定} + -도록 尾 {目標}
알찬 ← 알차(다) 形 + -ㄴ 尾 {形現在連体形}

学習のポイント

05-03

1 後続表現「-ㄴ/은 후에　(し) た後に、(し) てから」　받침有無型〈ㄹ脱落〉

動詞の過去連体形に「후〈後〉」を付けて、一つの動作や状況が終了した後を表す表現です。「후」の代わりに「뒤 後」や「다음 次」を使うこともできます。

母音語幹 + ㄴ 후에	만나다 会う	⇒ 만난 후에 会った後で
ㄹ語幹 ㄹ + ㄴ 후에	만들다 作る ㄹ	⇒ 만든 다음에 作った後で
子音語幹 + 은 후에	받다 受け取る	⇒ 받은 뒤에 受け取った後で

전철역에서 만난 후에 식사하러 갔다.　駅で会った後、食事しに行った。
모형을 만든 뒤에 작품 제작에 들어간다.　模型を作ってから作品制作に入る。
연락을 받은 다음에 친구들에게 알려 주었다.　連絡を受けた後で友達に知らせた。

練習 1　次の語句を使って「Aした後にBするつもりです・するでしょう（A-ㄴ/은 후에 B-ㄹ/을 것입니다)」のように表現してみましょう。

① A：졸업하다　B：취업 활동을 시작하다
② A：수업이 끝나다　B：전화하다
③ A：과일을 먹다　B：이를 닦다
④ A：헤어지다　B：소중함을 알다
⑤ A：시험을 보다　B：후회하다
⑥ A：메일을 받다　B：회신하다

취업 활동〈就業活動〉就職活動
과일 果物
헤어지다 動 別れる
소중함〈所重―〉大切さ
알다 動 知る
후회하다〈後悔―〉動
회신하다〈回信―〉動
（メールに）返事する

練習2 「-ㄴ/은 후에(뒤에, 다음에)（し）た後に」の反対表現は「-기 전에（する）前に」［Ⅱ－3課］です。あなたの経験の中で、次のBがAの前だったか後だったかを考えて、AとBを一つの文にしてみましょう。

① A：운동하다　　B：물을 마시다

② A：식사하다　　B：약을 먹다

③ A：대학교에 입학하다　　B：한국어를 공부하기 시작하다

④ A：K-POP을 좋아하게 되다　　B：한국에 처음으로 여행 가다

물 水　　약을 먹다〈藥―〉動 薬を飲む　　입학하다〈入學―〉動　　처음으로 副 初めて

2 目標の語尾「-도록　（する）ように」

単純型

05-04

ある状態が実現することを目指して努力したり、強く願ったりする場合に使われる表現です。類似の語尾に「-게」がありますが、「-게」はある状態が実現する方向に、といった意味で、より広範囲に用いられます。

혼자 잘할 수 있도록(≒있게) 옆에서 지켜봐 주세요.
一人でうまくできるように横で見守っていてください。

혼자 잘할 수 있게(≠도록) 되었어요.
一人でうまくできるようになりました。

練習3 次の語句を使って「A（する）ようにBしました」と表現してみましょう。

① A：시험에 합격할 수 있다　　B：온힘을 다하다

② A：약속 시간에 맞게 도착하다　　B：택시를 타다

③ A：리그전에서 우승할 수 있다　　B：이를 악물고 연습하다

시험〈試驗〉　　합격〈合格〉　　온힘 全力　　다하다 動 尽くす　　약속〈約束〉
시간에 맞다 動 間に合う　　도착〈到着〉　　리그전〈league戰〉　　우승〈優勝〉
이를 악물다 動 歯を食いしばる　　연습하다〈練習―〉動

05-05

3 目的表現「−기 위해(서) (する) ため(に)」「〜를/을 위해(서) 〜のため(に)」

動詞語幹には「−기 위해서」を、名詞には「−를/을 위해서」を付けます。書き言葉では「위해」「위하여」の形で使われることもあります。「위해서는 ためには」「위해서도 ためにも」のように助詞を加えることもできます。

単純型

全語幹 + 기 위해서	가다 行く	⇒ 가기 위해서	行くために
	먹다 食べる	⇒ 먹기 위해서	食べるために

유학 가기 위해서 열심히 돈을 모으고 있다.
留学するために一生懸命お金を貯めている。

맛있는 것을 먹기 위해서는 뭐든지 할 수 있습니다.
美味しいものを食べるためには何でもできます。

母音終わりの名詞 + 를 위해	보호 保護	⇒ 보호를 위해	保護のために
子音終わりの名詞 + 을 위하여	발전 発展	⇒ 발전을 위하여	発展のために

환경 보호를 위하여 각국이 협조해야 한다.
環境保護のため各国が協力しなければいけない。

지역 발전을 위해 주민들이 힘을 모으고 있다.
地域の発展のため住民が力を合わせている。

練習4 次の語句を使って「A(する/の)ためにBしています」と表現してみましょう。

① A:선생님이 되다　B:교직과정을 이수하다

② A:차를 사다　B:열심히 아르바이트하다

③ A:우호 촉진　B:교류 사업을 전개하다

④ A:다이어트　B:먹고 싶은 것을 참다

⑤ A:건강　B:아침마다 조깅하다

교직과정〈教職課程〉	이수하다〈履修—〉動	차〈車〉	우호〈友好〉
촉진〈促進〉	교류〈交流〉	사업〈事業〉	전개하다〈展開—〉動
다이어트〈diet〉	참다 動 我慢する	건강〈健康〉	조깅〈jogging〉

4 義務表現「－여야/아야/어야 하다・되다　(し) なければならない」 陰陽型

05-06

「－여야/아야/어야」は「(し) てこそ」という意味の語尾で、「(し) てこそする・なる ⇒ (し) なければできない ⇒ (し) なければならない」となります。「하다」と「되다」は入れ換え可能です。

하다 ⇒ 해야 하다	일하다 働く	⇒ 일해야 하다	働かなければならない
陽語幹 ＋ 아야 하다	가다 行く	⇒ 가야 하다	行かなければならない
陰語幹 ＋ 어야 하다	먹다 食べる	⇒ 먹어야 하다	食べなければならない

먹고 살기 위해서는 일해야 한다.　食べていくためには働かなければならない。
오늘은 일찍 집에 가야 돼요.　今日は早く家に帰らないといけません。
건강을 위해 잘 먹어야 한다.　健康のためしっかり食べなければならない。

練習5 次の語句を使って「AするためにはBしなければなりません」と表現してみましょう。(　　) 内は自由に考えましょう。

① A：운전면허를 따다　　B：운전 학원에 다니다
② A：교환 유학을 가다　　B：학내 전형을 통과하다
③ A：100만 엔을 모으다　　B：방학 내내 아르바이트하다
④ A：(〈科目名〉) 학점을 따다　　B：리포트를 (　　　) 장 이상 쓰다
⑤ A：(〈就職先名〉) 에 취직하다　　B：토익 (　　　) 점 이상을 따다
⑥ A：부모님께 효도하다　　B：(　　　　　　　　　)

운전면허〈運轉免許〉	따다 動 取る	운전 학원〈運轉學院〉自動車学校
교환 유학〈交換留學〉	학내〈學內〉	전형〈銓衡〉選考
통과하다〈通過—〉動 通る	모으다 動 貯める	내내 副 (期間中) ずっと
학점〈學點〉単位	～장〈張〉～枚	이상〈以上〉
점〈點〉点	부모님〈父母—〉両親	효도하다〈孝道—〉動 親孝行する

05-07

5 意図表現「－려고/으려고 하다　(し)ようと思う、(し)ようとする」 받침有無型

あることを実現しようとしていることを表します。

母音語幹 ＋ 려고 하다	보다	見る	⇒ 보려고 하다	見ようと思う
ㄹ語幹 ＋ 려고 하다	살다	暮らす	⇒ 살려고 하다	暮らそうと思う
子音語幹 ＋ 으려고 하다	입다	着る	⇒ 입으려고 하다	着ようと思う

오늘은 집에서 TV나 보려고 한다.　　今日は家でテレビでも見ようと思う。
앞으로 열심히 살려고 합니다.　　今後、一生懸命生きようと思います。
졸업식 때는 한복을 입으려고 해요.　　卒業式では韓服を着ようと思います。

練習6 次の文を使って「～しようと思う」と表現してみましょう。

① 올해 안으로 목표를 이루다
② 친구한테 책을 선물하다
③ 사진관에서 사진을 찍다
④ 여름까지 살을 빼다
⑤ 내일은 친구와 화해하다
⑥ 유능한 인재를 구하다

올해 今年
~안으로 ～内に(期限)
이루다 動 成し遂げる
선물하다〈膳物〉動 贈る
사진관〈寫眞館〉写真館
찍다 動 撮る
여름 夏
살을 빼다 動 痩せる
화해〈和解〉仲直り
유능하다〈有能―〉形
인재〈人材〉
구하다〈求―〉動 手に入れる

※「－려고/으려고 (し)ようと」は文中で「A려고/으려고 B」のように使うこともできます。

차를 사려고 돈을 모으고 있다.　　車を買おうとお金を貯めている。

6 補助用言のいろいろ

05-08

「〜してくれる」「〜してみる」の「くれる」「みる」のような、実質的な動作として、物をくれたり目で見たりするというのではなく、補助的な意味を表す用言を「補助用言」と言います。「〜して」の部分には「-여/아/어」がよく使われます。

恩恵：-여/아/어 주다　(し)くれる・あげる {相手のために}

외국인한테 길을 가르쳐 주었다.　　外国人に道を教えてあげた。

謙譲恩恵：-여/아/어 드리다　(し)てさしあげる、お〜する {目上の人に}

손님을 방으로 안내해 드렸습니다.　　お客様をお部屋にご案内しました。

試み：-여/아/어 보다　(し)てみる {試みに}

생일 선물을 열어 보았다.　　誕生プレゼントを開けてみた。

準備：-여/아/어 두다　(し)ておく {あらかじめ}

미리 발표 준비를 해 놓겠습니다.　　前もって発表準備をしておきます。

継続：-여/아/어 오다　(し)てくる {これまで}

지금까지 열심히 노력해 왔다.　　今まで一生懸命努力してきた。

推進：-여/아/어 나가다　(し)ていく {強い意志で続けて}

무슨 일이 있어도 끝까지 해 나갈 것이다.　　何があっても最後まで頑張るつもりだ。

残念：-여/아/어 버리다　(し)てしまう {残念ながら}

말도 없이 가 버렸다.　　何も言わずに行ってしまった。

読んでみよう

05-09

05-10

나의 꿈은 혼자 세계 일주 여행을 하는 것이다. 동아시아로부터 시작해서 아시아 각국과 중동, 아프리카, 유럽, 미대륙 그리고 오세아니아까지 1년 정도 걸쳐서 적어도 30개국 이상을 돌아보고 싶다.

그러려면 먼저 돈을 모아야 하고, 각 지역의 현지 사정과 역사에 대해서도 알아 두어야 할 것이다. 학교 수업도 소홀히 하고 싶지 않기 때문에 수업도 잘 들으면서 아르바이트와 여행 준비를 꾸준히 해 나갈 것이다. 그리고 될 수 있는 대로 유학생들을 많이 사귀어서 다른 나라 사람과 친해지는 연습도 해 두려고 한다.

私の夢は一人で世界一周旅行をすることだ。東アジアから始めてアジア各国、中東、アフリカ、ヨーロッパ、アメリカ大陸、そしてオセアニアまで、1年ぐらいかけて、少なくとも30カ国以上を回りたい。

それには、まずお金を貯めなければならないし、各地域の現地事情や歴史についても知っておかなければならないだろう。学校の授業もおろそかにしたくないので、授業もちゃんと受けながら、アルバイトと旅行準備を着実にやっていくつもりだ。それに、できるだけ留学生とたくさん付き合って、他の国の人と仲良くなる練習もしておこうと思う。

꿈 夢　혼자 副 ひとりで　세계 일주〈世界一周〉[-쭈]　동아시아〈東asia〉
~로부터 助 ~から　각국〈各國〉　중동〈中東〉　아프리카〈africa〉
유럽〈Europe〉　미대륙〈美大陸〉アメリカ大陸　오세아니아〈Oseania〉
걸치다 動 かける　적어도 副 少なくとも　~개국〈個國〉単名　이상〈以上〉
돌아보다 動 回ってみる　그러려면 ← 그러려고 하면 そうしようと思えば
먼저 副 まず　돈 お金　모으다 動 貯める　지역〈地域〉　현지〈現地〉
사정〈事情〉　역사〈歴史〉　소홀히〈疏忽―〉副 おろそかに
들으면서 ← 듣(다) ㄷ動（授業を）受ける + -으면서　꾸준히 副 着実に
사귀다 動 付き合う　연습〈練習〉

書いてみよう

◆本課本文や 読んでみよう を参考に、次の文型を活用して、あなたの希望する職業や将来の夢と、そのために準備や努力していることなどを書き、発表してみましょう。

（1）私の将来の目標は／夢は [　　　　　　　　　] することだ。

나의 장래 목표는／꿈은 [　　　　　　　　　]는 것이다.

（2）将来、[　　　　　　　　　] できたらいいなと思う。

앞으로 [　　　　　　　　　]였으면/았으면/었으면 좋겠다.

（3）そのためには [　　　　　　　　　] しなければならない。

그러기 위해서는 [　　　　　　　　　]여야/아야/어야 한다.

（4）それで最近 [　　　　　　　　　] しはじめた。

그래서 요즘 [　　　　　　　　　]기 시작했다.

（5）[　　　　　　　　　] するためにも [　　　　　　　　　] しようと思う。

[　　　　　　　　　]기 위해서도

[　　　　　　　　　]려고/으려고 한다.

第6課

나의 도전

私のチャレンジ

留学や就職、資格取得、大会出場など、あなたにとって新たな挑戦となる機会について、あるいはその経験について書いてみましょう。

06-01

06-02

이번 봄 방학 때 서울에 있는 대학에서 열리는 어학연수에 참가하기로 했다. 2주일이라는 짧은 기간이지만 외국에서 혼자 생활하는 것은 처음이라서 설레이기도 하고 조금 불안하기도 하다. 한국 사람들이 하는 말을 알아들을 수 있을까? 내 한국어 발음이 통할까? 그리고 다른 학생들과 잘 지낼 수 있을지도 걱정이다.

하지만 지금까지 닦아 온 한국어 실력을 실제로 시험해 볼 수 있는 모처럼의 기회이다. 아무리 어렵고 힘든 일이 있어도 최선을 다할 것이다. 불안하긴 하지만 어떤 세계가, 그리고 어떤 사람들이 나를 기다리고 있을지 기대가 된다.

今度の春休み、ソウルにある大学で開かれる語学研修に参加することにした。２週間という短い期間だけれど、外国で一人で暮らすのは初めてなので、ワクワクもするし、少し不安でもある。韓国人が話す言葉を聞き取ることができるだろうか。私の韓国語の発音が通じるだろうか。そして他の学生たちとうまくやっていけるかどうかも心配だ。

でも、これまで培ってきた韓国語の実力を実際に試してみることのできるせっかくの機会だ。いくら困難でつらいことがあっても最善を尽くそうと思う。不安ではあるが、どんな世界が、そしてどんな人々が私を待っているか楽しみだ。

▶新しい語句◀

이번 〈一番〉 今回、今度

봄 방학 [一빵一] 〈一放學〉 春休み

열리다 動 開かれる

어학연수 [一항년一] 〈語學研修〉

참가하다 〈參加一〉 動

-기로 하다 動 （する）ことにする

짧다 [짤따] 形 短い

기간 〈期間〉

외국 〈外國〉

처음 初めて

-라서 尾 一なので

설레이다 動 ワクワクする

-기도 하다 （し）もする

조금 副 少し

불안하다 〈不安一〉 形不安だ

알아듣다 ㄷ動 （聞いて）分かる、聞き取る

-을까 尾 （する）だろうか

발음 〈發音〉

통하다 〈通一〉 動 通じる

다른 ～ 連体 他の～

지내다 動 過ごす

-을지 [一찌] 尾 一だろうか {文中の疑問}

걱정 心配

하지만 接 でも

닦다 動 磨く

-아 오다 動 （し）てくる

시험하다 〈試驗一〉 動 試す

모처럼 副 せっかく

기회 〈機會〉

아무리 副 いくら

어렵다 ㅂ形 困難だ

힘들다 形 つらい

일 こと

-어도 尾 （し）ても

최선 〈最善〉

다하다 動 尽くす

-ㄹ 것이다 [一꺼시一] 指 （する）つもりだ

-긴 하다 （し）はする

어떤 ～ 連体 どんな～

세계 〈世界〉

기다리다 動 待つ

기대(가) 되다 〈期待一〉 動 期待される、楽しみだ

▶用言と語尾◀

열릴 ← 열리(다) ＋ -는 尾 {動現在連体形}

참가하기로 했다 ← 참가하(다) 動 ＋ -기로 하(다) 動 {決定} ＋ -였- {過去} ＋ -다 尾

처음이라서 ← 처음 ＋ ～이(다) ＋ -라서 尾 {指理由} ☞ p.79

설레이기도 하고 ← 설레이(다) 動 ＋ -기도 하(다) 動 {助詞追加} ＋ -고 尾 {並列}

불안하기도 하다 ← 불안하(다) 形 ＋ -기도 하(다) 形 {助詞追加} ＋ -다 尾 {形文章体現在平叙}

알아들을 수 있을까 ← 알아듣다 ㄷ動 ＋ -을 수 있(다) 存 {可能} ＋ -을까 尾 {推量疑問}

통할까 ← 통하(다) 動 ＋ -ㄹ까 尾 {推量疑問}

지낼 수 있을지 ← 지내(다) 動 ＋ -ㄹ 수 있(다) 存 ＋ -을지 尾 {文中の推量疑問}

가꿔 온 ← 가꾸(다) 動 ＋ -어 오(다) 動 ＋ -ㄴ 尾 {動過去連体形}

시험해 볼 수 있는 ← 시험하(다) 動 -여 보(다) 動 ＋ -ㄹ 수 있(다) 存 ＋ -는 尾 {存現在連体形}

어려운 일 ← 어렵(다) ㅂ形 ＋ -은 尾 {形現在連体形}

있어도 ← 있(다) 存 ＋ -어도 尾 {譲歩}

다할 것이다 ← 다하(다) 動 ＋ -ㄹ 것이다 指 {意志}

불안하긴 하지만 ← 불안하(다) 形 ＋ -긴 하(다) 形 {助詞追加} ＋ -지만 尾 {逆接}

기다리고 있을지 ← 기다리(다) 動 ＋ -고 있(다) 存 {進行} ＋ -을지 尾 {文中の推量疑問}

学習のポイント

06-03

1 決定表現「−기로 하다 （する）ことにする」

動詞に付けて決定・決断を表す表現です。

単純型

全語幹 + 기로 하다　가다 行く　⇒ 가기로 하다 行くことにする

살다 暮らす　⇒ 살기로 하다 暮らすことにする

연휴 때 친구와 여행 가기로 했다.　連休の時、友達と旅行することにした。

졸업하면 혼자 살기로 했다.　卒業したら一人で暮らすことにした。

練習 1　次の文を「〜することにした」という意味の表現に変えてみましょう。

① 이번 학기는 중국어 수업도 듣는다.

② 좀 더 편리한 곳으로 이사합니다.

③ 올 가을에는 한국어 능력 시험을 본다.

④ 시험이 끝나면 친구들과 놉니다.

⑤ 유학 가기 위해 돈을 모은다.

이번 학기 今学期
수업을 듣다 動 授業を受ける
좀 더 副 もうちょっと
편리하다〈便利―〉[펼―] 形
이사하다〈移徙―〉動 引っ越す
올 今年（の）
가을 秋
시험을 보다 動 試験を受ける
끝나다 [끈―] 動 終わる

※「〜することになった」は「−게 되었다」と言います。

이번에 본사에 근무하게 되었습니다.
今回、本社に勤務することになりました。

2 助詞追加表現「−기도 하다 （し）もする」「−기는 하다 （し）はする」

06-04

例えば「食べる」という動詞に、「食べはする」「食べもする」の下線部のようなニュアンスを加えて表す表現です。「−기는」はしばしば「−긴」と縮約されます。この時の「−기」の前の用言が動詞なら「하다」も動詞、「−기」の前が形容詞なら「하다」も形容詞です。

単純型

全語幹 ＋ 기도/는 하다　가다 行く ⇒ 가기도/가기는 하다 行きも/はする

먹다 食べる ⇒ 먹기도/먹기는 하다 食べも/はする

좋다 良い ⇒ 좋기도/좋기는 하다 良くも/はある

휴일에는 놀러 가기도 하고 집에서 쉬기도 한다.

休みの日には遊びに行きもするし家で休みもする。

매운 것을 먹기는 하지만 속이 좋지는 않다. （※↓参照）

辛い物を食べはするが、腹具合が良くはない。

練習2 次のAの波線部分にBのニュアンスを加えて表現してみましょう。

① A：혼자 놀고 친구와 같이 논다　B：도

② A：취미로 만화를 보고 그린다　B：도

③ A：한번 먹어 보았지만 별로였다　B：는

④ A：옷이 약간 촌스럽다　B：는

⑤ A：저녁은 해 먹고 사 먹어요　B：도

놀다 動 遊ぶ
만화〈漫畫〉
그리다 動 描く
별로이다 指 イマイチだ
약간〈若干〉
촌스럽다 ㅂ形 やぼったい

※「먹지 않다 食べない」のような「−지 않다」を使った否定表現では「食べはしない」「食べてみもしない」のようなニュアンスは次のように加えます。

김치를 매일 먹지는 않는다.　キムチを毎日食べはしない。

먹어 보지도 않고 싫어하면 안 됩니다.　食べてみもせずに毛嫌いしてはいけません。

06-05

3 ㄷ変則用言

語幹末に「ㄷ」받침がある用言のうち、いくつかの用言は、받침有無型および陰陽型の語尾が付く場合、「ㄷ」が「ㄹ」に変化します。これを「ㄷ変則用言」といいます。

듣다 聞く	듣＋었다 ⇒ 들었다 聞いた	
	듣＋으면 ⇒ 들으면 聞けば	

ㄷ変則用言には次のようなものがあります。語尾を付けて変化させてみましょう。

걷다 ㄷ動 歩く　　묻다 ㄷ動 尋ねる、訊く　　알아듣다 ㄷ動 聞いてわかる

싣다 ㄷ動 載せる　　깨닫다 ㄷ動 悟る

これらの中で使用頻度の高い「걷다」は「걸어가다 歩いていく」の形で、「묻다」は「물어보다 訊いてみる」の形で使われることが多いです。また、「알아듣다」の反対の「言葉が聞き取れない、言っている意味がわからない」という意味で「못 알아듣다 [모다라듣다]」という表現を使います。

※「받다 受け取る」「닫다 閉める」は変則用言ではありません。

받다 動 ⇒ 받아서 受け取って　　닫다 動 ⇒ 닫으면 閉めれば

4 推量疑問の語尾「－ㄹ까/을까?（する）だろうか、（し）ようか」

받침有無型〈ㄹ脱落〉

06-06

確かでないことを案じたり、問いかけたりする場合の表現です。

母音語幹 ＋ ㄹ까	주다	あげる	⇒ 줄까	あげようか
ㄹ語幹 ㄹ ＋ ㄹ까	살다	暮らす ㄹ	⇒ 살까	暮らしているだろうか
子音語幹 ＋ 을까	없다	ない	⇒ 없을까	ないだろうか

친구가 오면 뭘 해 줄까?　　友達が来たら何をしてあげようか。
그 사람은 지금도 잘 살까?　　彼は今も元気で暮らしているだろうか。
어떻게 해결할 수 없을까?　　なんとか解決できないだろうか。

練習3 次の文を使って「（する）だろうか、（し）ようか」と表現してみましょう。

① 친구가 많이 생기다
② 누구한테 이야기하다
③ 큰 실수를 하지 않다
④ 나를 어떻게 생각하고 있다
⑤ 돈을 얼마나 모을 수 있다

생기다 動 できる
이야기하다 動 話す
실수〈失手〉失敗
생각하다 動 思う
얼마나 副 どれぐらい

※現在の事がらに対する疑問は「動詞・存在詞語幹 ＋ 는가、形容詞語幹 ＋ ㄴ가/은가」、過去の事がらに対する疑問は「語幹 ＋ －였는가/았는가/었는가」で表します。☞ p.96

젊은이들은 어디로 가는가?　　若者たちはどこへ行くのか。
반에서 누가 제일 키가 큰가?　　クラスで誰が一番背が高いのか。
도대체 그 남자의 어디가 좋은가?　　いったい彼のどこがいいのか。
내가 도대체 뭘 하고 있는가?　　私ったら一体なにをしているのか。
혼자 보내도 괜찮았는가?　　一人で行かせても大丈夫だったのか。

06-07

5 文中推量疑問の語尾「－ㄹ지/을지… (し) ようか…、(する) だろうか…」

받침有無型〈ㄹ脱落〉

「～するかどうか分からない」「～しようかどうしようか迷っている」など、文中で不確かなことを案じる推量疑問を表す場合、「－ㄹ지/을지」の形を使います。「지」の「ㅈ」は濃音で発音されます。

母音語幹 ＋ ㄹ지	가다 行く	⇒ 갈지 안 갈지	行くか行かないか
ㄹ語幹 ㄹ ＋ ㄹ지	살다 暮らす ㄹ	⇒ 살지 걱정이다	暮らすか心配だ
子音語幹 ＋ 을지	좋다 良い	⇒ 좋을지 모르다	良いかわからない

갈지 안 갈지 그것이 문제이다.　行くか行かないか、それが問題だ。
앞으로 어떻게 살지 걱정이다.　これからどう暮らすか心配だ。
어떻게 하면 좋을지 모르겠다.　どうすれば良いかわからない。

練習4 次の文を使って「～するか心配だ (걱정이다)」と表現してみましょう。

① 여기까지 제대로 찾아오다
② 사람들이 많이 모이다
③ 비용이 부족하지 않다
④ 물건이 잘 팔리다
⑤ 내년에 졸업할 수 있다

제대로 副 ちゃんと
찾아오다 動 訪ねてくる
모이다 動 集まる
비용〈費用〉
부족하다〈不足—〉形
물건〈物件〉商品
팔리다 動 売れる

※同様に、文中で現在のことがらに対する疑問を表す場合は「－는지、－ㄴ지/은지」を使い、過去の疑問を表す場合は「－였는지/았는지/었는지」を使います。☞ p.88

지금 뭘 하는지 알아맞춰 보세요.　今何をしているか当ててみてください。
그 사람이 어디 사는지 몰라요?　彼がどこに住んでいるのか知りませんか。
뭐가 제일 좋은지 물어보세요.　どれが一番いいか訊いてみてください。
어디서 봤는지 생각이 안 난다.　どこで見たのか思い出せない。

6 譲歩表現「−여도/아도/어도　(し)ても、(く)ても」

陰陽型

06-08

하다 ⇒ 해도	연습하다 練習する	⇒ 연습해도 練習しても
陽語幹　＋아도	괜찮다 大丈夫だ	⇒ 괜찮아도 大丈夫でも
陰語幹　＋어도	먹다 食べる	⇒ 먹어도 食べても

아무리 연습해도 실력이 늘지 않는다.　いくら練習しても上達しない。
지금은 괜찮아도 나중에 곤란할 거예요.　今は大丈夫でもあとで困るでしょう。
이건 많이 먹어도 살이 찌지 않아요.　これはたくさん食べても太りません。

練習5 次の語句を使って「いくら(아무리)AてもB」と表現してみましょう。

① A：배가 고프다　B：식사 시간까지 참아야 한다.

② A：노력하다　B：좋은 결과가 나오지 않는다.

③ A：돈이 없다　B：재미있게 살 수는 있다.

④ A：열심히 뛰다　B：피곤하지 않다.

⑤ A：시간이 걸리다　B：정성스레 마무리해야 한다.

고프다 形 空腹だ　참다 動 我慢する　노력하다〈努力―〉動　결과〈結果〉
재미있게 副 楽しく　뛰다 動 走る　피곤하다〈疲困―〉形 疲れる　걸리다 動 かかる
정성스레〈精誠―〉副 真心を込めて、丁寧に　마무리하다 動 仕上げる

※「～이다 ～である」に語尾「−어도」が付く場合、「～이라도」となります。同様に「～이다」に語尾「−어서」が付く場合も「～이라서」となります。なお、「～」に入る名詞の末尾に받침がない場合、「이」が省略されます。

학생이라도 할인되지 않는다.　学生でも割引にならない。
친구라서 서로 솔직해질 수 있다.　友達だからお互い正直になれる。
가족이라서 안심이 되지만 가족이라도 신경 쓰일 때가 있다.
家族だから安心できるけれど、家族でも気を遣うことがある。

読んでみよう

06-09

06-10

여름 방학 때 취업지원센터의 소개를 받아서 무역 회사에서 인턴으로 일하기로 했다. 난생처음으로 회사 일을 실제로 할 수 있는 귀한 기회이다.

아르바이트는 이것저것 많이 해 봤기 때문에 책임감을 가지고 일하는 데는 나름대로 자신이 있다. 그런데 인턴 기간 중 실수를 하거나 나도 모르게 무례한 행동을 하면 우리 대학의 이미지를 실추시키고 후배들한테도 피해가 갈지도 모른다. 그래서 실수를 하지 않을까, 회사 직원 분들을 실망시키지 않을까 긴장된다. 그러나 모처럼 얻은 귀한 기회니까 최선을 다하려고 한다.

夏休みに、就職支援センターの紹介を受けて、貿易会社でインターンシップすることにした。生まれて初めて会社の仕事を実際にできる貴重な機会だ。

アルバイトはあれこれたくさんしたことがあるので、責任感を持って働くのにはそれなりに自信がある。ただ、インターンシップ期間中、ミスをしたり、知らず知らずのうちに失礼な行動をしたりすれば、自分の大学のイメージを失墜させ、後輩たちに迷惑がかかるかもしれない。だからミスしないだろうか、会社の職員の方たちをがっかりさせないだろうかと緊張する。しかし、せっかく得た貴重な機会だから最善を尽くそうと思う。

취업지원센터〈就業支援 center〉就職支援センター　소개〈紹介〉　무역 회사〈貿易会社〉
인턴〈intern〉インターンシップ　일하다 動 働く　난생처음으로 生まれて初めて
실제로〈實際—〉[–쩨–]　귀하다〈貴—〉形 貴重だ　이것저것 あれこれ
해 봤다 したことがある　책임감〈責任感〉　가지다 動 持つ　–는 데 (動)(する)のに
나름대로 副 それなりに　그런데 接 でも、ただ　실수〈失手〉ミス
나도 모르게 自分も知らずに　무례하다〈無禮—〉形 失礼だ　행동〈行動〉
이미지〈image〉　실추시키다〈失墜—〉動 失墜させる　후배〈後輩〉　피해〈被害〉
직원〈職員〉　실망시키다〈失望—〉動 失望させる　긴장되다〈緊張—〉動 緊張する
그러나 接 しかし　얻다 動 得る

書いてみよう

◆本課本文や 読んでみよう を参考に、次の文型を活用して、将来についての不安や心配、そしてそれを克服する見通しなどを書き、発表してみましょう。

（1）今度の［　　　　　　］の時、［　　　　　　　　　　］することにした。

이번 [　　　　　] 때 [　　　　　　　　　　　　]기로 했다.

（2）［　　　　　　　　］することのできる［　　　　　　　　］機会だ。

[　　　　　　　　]ㄹ/을 수 있는 [　　　　　　　　] 기회이다.

（3）［　　　　　　　　］でもあり、［　　］でもある。

[　　　　　　　　　　　　　　　　]기도 하고

[　　　　　　　　　　　　　　　　]기도 하다.

（4）［　　　　　　　　］できるだろうか。

[　　　　　　　　　　　　　　　　　　　　]ㄹ/을 수 있을까?

（5）［　　　　　　　　］するか心配だ／緊張する。

[　　　　　　　　　　　　　]ㄹ지/을지 걱정된다／긴장된다.

（6）どんな［　　　　　　　　　　　　］か楽しみだ。

어떤 [　　　　　　　　　　　　　　　]ㄹ지/을지 기대된다.

第7課

나의 어린 시절

幼いころの私

あなたの記憶や、家族など周囲の人たちによく言われることなどをもとに、幼いころの性格やエピソードについて、書いてみましょう。

07-01
07-02

어머니 말씀에 의하면 어릴 때 나는 전혀 가만있지 않는 아이였다고 한다. 생각해 보니까 맨날 동네 오빠들 뒤를 따라 다니면서 놀았던 기억이 난다. 같은 또래 여자 아이들이 좋아하는 얌전한 놀이를 나는 별로 좋아하지 않았던 모양이다.

초등학교에 들어갔을 때 어머니는 그런 내가 걱정이 되셨는지 담임 선생님께 상담을 하셨는데 선생님은 걱정하지 말라고 하셨다고 한다. 나는 그것도 모르고 천진난만하게 뛰어 놀며 지내다가 3학년 쯤 되니까 조금 차분해져서 다른 여자 아이들과도 잘 어울리게 되었다. 1학년 때 담임 선생님은 어린 나의 성격을 꿰뚫어 보고 계셨나 보다.

母の話によれば、子供のころ私はちっともじっとしていない子供だったという。考えてみると、年中、近所のお兄ちゃんたちについて回りながら遊んでいた記憶がある。同い年の女の子たちが好むおとなしい遊びが、私はあまり好きではなかったらしい。

小学校に入った時、母はそんな私のことが心配になったのか、担任の先生に相談したが、先生は心配するなとおっしゃったという。私はそんなこととも知らず、天真爛漫に遊びまわって過ごすうちに、3年生ぐらいになると少し落ち着いてきて、他の女の子たちとも仲良くできるようになった。1年生の時の担任の先生は、幼い私の性格をどうやら見抜いておられたようだ。

▶新しい語句◀

어리다 形 幼い
시절〈時節〉ころ、時代
말씀（目上の人の）言葉
～에 의하면 ～によれば
전혀〈全—〉副 全く
가만있다 存 じっとしている
아이 名 子供、子
-다고 하다（する）という
맨날 副 毎日毎日、年がら年中
동네 名 近所
뒤 名 後ろ
～를 따르다 動 ～に従う
-아 다니다 動（し）てまわる
-았던 ○○ 尾（し）ていた○○
{過去回想連体形}

기억〈記憶〉
나다 動 出る、生じる
같다 形 同じだ
또래 名 年ごろ
얌전하다 形 おとなしい
놀이 名 遊び
-았던 모양이다 指
どうやら（し）ていたたようだ
초등학교〈初等學校〉
（日本の小学校に当たる）
담임〈擔任〉担任*
～께 助
（目上の人）に {에게の尊敬形}
상담〈相談〉
걱정하다 動 心配する

-지 말라고（する）なと、
（し）なくていいと
천진난만하게〈天眞爛漫—〉副
지내다 動 過ごす
-다가 尾（する）うちに
～쯤 接辞 ～ぐらい
-니까 尾（する）と
차분해지다 動 落ち着く
성격[–껵]〈性格〉
꿰뚫어 보다[—뚜러—] 動
見抜く
-고 계시다 存（し）ておられる
{–고 있다の尊敬表現}
-나 보다 形 どうやら（…した）
ようだ、（…した）みたいだ

*表記通り［다밈］と発音するのが標準とされますが、実際には［다님］と発音する人が多いです。

▶用言と語尾◀

어릴 때 ← 어리(다) 形 +-ㄹ 때
가만있지 않는 ← 가만있(다) 存 + -지 않(다) {否定} +-는 尾 {㊍現在連体形}
아이였다고 ← 아이 + ～이(다) 指 +-었- {過去} + -다고 尾 {引用}
따라 다니면서 ← 따르(다) 動 + -아 + 다니(다) 動 + -면서 尾 {動作並行}
놀았던 ← 놀(다) 動 +-았던 尾 {過去回想}
좋아하지 않았던 모양이다 ← 좋아하(다) 動 + -지 않(다) {否定} + -았던 모양이다 指 {状況推測}
되셨는지 ← 되(다) 動 +-시- {尊敬} + -었- {過去} + -는지 尾 {文中疑問}
하셨는데 ← 하(다) 動 +-시- {尊敬} + -었- {過去} + -는데 尾 {背景説明}
걱정하지 말라고 ← 걱정하(다) 動 + -지 말라고 尾 {禁止引用}
하셨다고 ← 하(다) 動 + -시- {尊敬} + -었- {過去} + -다고 尾 {引用}
지내다가 ← 지내(다) 動 + -다가 尾 {途中移行}
되니까 ← 되(다) 動 + -니까 尾 {契機}
차분해져서 ← 차분하(다) 形 + -어지(다) 動 {変化} + -어서 尾 {原因}
어울리게 되었던 것 같다 ← 어울리(다) 動 + -게 되(다) 動 + -었던 것 같다 {推量}
꿰뚫어 보고 계셨나 보다 ← 꿰뚫어 보(다) 動 + -고 계시(다) 存 {進行尊敬} +
-었- {過去} + -나 보다 形 {状況推測}

学習のポイント

07-03

1 引用表現（平叙文）「〈文章体語尾〉고 하다　（する）という」

誰かの発言やどこかに載った記述を引用する場合、その文末を文章体語尾に変え、「고 하다」を付けます。この「하다」は「말하다 動 言う」の代動詞です。引用される文が指定詞「～이다」の文（現在）である場合は「라고 하다」となります。 ※韓国語の文章の中では直接引用する場合“　”を使います。

윤희가 말한다. “요즘 운전 학원에 다녀요.”
　⇒ 윤희가 요즘 운전 학원에 다닌다고 한다. (다니다 ⇒ 다닌다 + 고)
　　ユニが最近、自動車学校に通っているという。

할아버지가 말씀하셨다. “옛날에는 여기가 다 논밭이었어.”
　⇒ 할아버지가 옛날에는 여기가 다 논밭이었다고 (말씀)하셨다.
　　おじいさんが、昔はここがみんな田畑だったとおっしゃった。

우빈이가 (나한테) 말했다. “다음은 네 차례다.”
　⇒ 우빈이가 다음은 내 차례라고 말했다. (～이다 ⇒ ～이라고)
　　ウビンが（私に）次は私の番だと言った。

※「～」に入る名詞の末尾に받침がない場合、「이」が省略されます。

練習 1 次のBのように言ったAの言葉を「AはBと言っていた」のように表現にしてみましょう。尊敬表現が必要な場合もあります。

① A：민호　　B：“저는 스시를 좋아합니다.”
② A：형　　B：“월말에는 일이 바쁘지.”
③ A：언니　　B：“그 영화는 별로 재미없어.”
④ A：겐타　　B：“나는 운동이라면 뭐든지 잘해요.”
⑤ A：선생님　　B：“50 페이지가 다 숙제예요.”
⑥ A：어머니　　B：“결혼 전에 은행에 근무했어.”

월말〈月末〉
바쁘다 形 忙しい
숙제〈宿題〉
은행〈銀行〉
근무하다〈勤務―〉動

※引用する文が疑問文、指示・勧め文、誘いかけの文の場合は、〈文章体〉の部分を波線部分のように変化させます。変化形の詳細は下の表のとおりです。

누나 "떡볶이 좋아해?"
누나가 떡볶이를 좋아하냐고 했다.
姉さんが、トッポッキは好きかと尋ねた。

친구 "같이 밥 먹으러 가요."
친구가 같이 밥 먹으러 가자고 한다.
友達が、一緒にご飯を食べに行こうと言う。

선생님 "빨리 오세요."
선생님이 빨리 오라고 하셨다.
先生が、早く来るようにとおっしゃった。

用言の種類による引用形語尾一覧

<table>
<tr><th></th><th></th><th>語幹末 받침</th><th>平叙</th><th>疑問</th><th>指示・勧め</th><th>誘い</th></tr>
<tr><td rowspan="5">現在</td><td rowspan="3">動詞</td><td>なし</td><td rowspan="2">-ㄴ다고
(ㄹ脱落)</td><td rowspan="6">-냐고
(ㄹ脱落)</td><td rowspan="2">-라고</td><td rowspan="4">-자고</td></tr>
<tr><td>ㄹ</td></tr>
<tr><td>ㄹ以外</td><td>-는다고</td><td rowspan="2">-으라고</td></tr>
<tr><td colspan="2">存在詞
形容詞</td><td>-다고</td></tr>
<tr><td colspan="2">指定詞</td><td>-라고</td><td></td><td></td></tr>
<tr><td colspan="3">過去 -었-
意思・推察 -겠-</td><td>-다고</td><td></td><td></td></tr>
</table>

※「-여/아/어 주세요（し）てください、-지 마세요（し）ないでください」など、依頼や禁止の文を引用する場合は、「-여/아/어 달라고（し）てくれと、-지 말라고（する）なと」という形を用います。

우빈 "윤희한테 알려 주세요."
우빈이 윤희한테 알려 달라고 했다.
ウビンが、ユニに知らせてあげてと言った。

윤희 "싫으면 먹지 마세요."
윤희가 싫으면 먹지 말라고 한다.
ユニが、嫌なら食べなくていいと言っている。

07-04

2 回想連体形語尾「−던 ○○　(し)ていた○○」
過去回想連体形語尾「−였던/았던/었던 ○○　(し)ていた○○、(だ)った○○」

過去のある時点を思い返して、「(その時まさに)…していた／だった○○」という場合、動詞・存在詞語幹に「−던」という連体形語尾に付けて表します。

単純型

動詞・存在詞語幹 ＋ 던	하다 する	⇒ 하던 ○○	していた○○
	살다 住む	⇒ 살던 ○○	住んでいた○○
	있다 ある	⇒ 있던 ○○	あった○○

하던 일을 그만두고 달려왔다.　やりかけの仕事を止めて駆け付けた。
어릴 때 살던 집을 찾아갔다.　子供のころ住んでいた家を訪ねた。
여기 있던 케이크 누가 먹었어요?　ここにあったケーキ誰が食べましたか。

さらに、過去のある時点を思い返して、「(そのころ既に／その前は)…していた／だった○○」という場合は、過去の「−였/았/었−」と「−던」を重ねた連体形語尾を用います。形容詞、指定詞の場合、実質的に過去連体形はこの形になります。

陰陽型

하다 ⇒ 했던	싫어하다 嫌いだ	⇒ 싫어했던 ○○	嫌いだった○○
陽語幹 ＋ 았던	좋다 良い	⇒ 좋았던 ○○	良かった○○
陰語幹 ＋ 었던	배우다 習う	⇒ 배웠던 ○○	習っていた○○

초등학교 때 싫어했던 오이를 중학생이 되니까 먹을 수 있게 되었다.
小学校の時嫌いだったキュウリが中学になったら食べられるようになった。

그 아이와는 중이 때까지 사이가 좋았던 기억이 난다.
あの子とは中2の時まで仲が良かった覚えがある。

유치원 때 배웠던 피아노를 최근에 다시 치기 시작했다.
幼稚園の時習っていたピアノを最近また弾き始めた。

※「〈連体形〉 것 같다」の〈連体形〉に「−였던/았던/었던」を使うことで「(あの時は)…だったような気がする、…していたんじゃないかと思う」という意味を表します。

어릴 때는 운동을 잘했던 것 같다.
小さいころは運動が得意だったような気がする。

3 途中移行の語尾「－다가　(し) ているうちに、(し) ていて」

単純型

07-05

1つの行為の途中またはその行為が完了しない時点で他の行為に移ることを表す接続語尾です。

全動詞語幹 ＋ 다가	오다 来る	⇒	오다가 来る途中で
	놀다 遊ぶ	⇒	놀다가 遊んでいて
	찾다 捜す	⇒	찾다가 捜していているうちに

학교에 오다가 편의점에 들렀다.　学校に来る途中でコンビニに寄った。
바닷가에서 놀다가 발을 다쳤다.　海辺で遊んでいて足を怪我した。
열쇠를 찾다가 잃어버린 줄 알았던 반지를 찾았다.
鍵を捜しているうちに失くしたと思っていた指輪を見つけた。

練習2 次のAとBを「－다가」でつなぎ、その意味を考えながら言ってみましょう。

① A：게임만 하다　B：아버지한테 혼났다
② A：밥을 먹다　B：전화를 받고 서둘러 집을 나왔다.
③ A：밖에서 기다리다　B：갑자기 비가 와서 흠뻑 젖었다.
④ A：메일을 쓰다　B：직접 전화해서 이야기하기로 했다.
⑤ A：늦게까지 공부하다　B：책상에서 그만 잠이 들었다.

～한테 혼나다 動 ～に叱られる　서두르다 ㄹ動 急ぐ　밖 外　기다리다 動 待つ
갑자기 副 急に　흠뻑 副 びっしょり　젖다 動 濡れる　직접〈直接〉副
책상〈冊床〉机　그만 副 つい　잠이 들다 動 眠りにつく

07-06

4 文中疑問の語尾「−는지 …（する）のか、−ㄴ지/은지 … （い）のか…」

「〜するのか決める」「〜なのか知りたい」など、文中に単純な疑問文を取り込む場合、「−는지」という形を使います。（ただし、形容詞と指定詞の現在は「−ㄴ지/은지」）不確かなことを案じる推量疑問を文中に取り込む場合の形は第6課の「文中推量疑問の語尾」を参照してください。

〈動詞・存在詞の現在ほか〉 −는지 **単純型〈ㄹ脱落〉**

뭐가 나오는지 모르겠어요.（← 나오다 [動]） 何が出てくるか分かりません。
어디 사는지 아세요?（← 살다 [動]） どこに住んでいるのかご存じですか。
어디에 있는지 찾아보세요.（← 있다 [存]） どこにあるか捜してみてください。

〈形容詞・指定詞の現在〉 −ㄴ지/은지 **母音子音型〈ㄹ脱落〉**

어느 것이 더 긴지 재 볼까요?（← 길다 [形]） どっちが長いか測ってみましょうか。
얼마나 좋은지 알려야죠.（← 좋다 [形]） どんなに良いか知らせなきゃ。
본인인지 확인해 봅시다.（← 〜이다 [指]） 本人なのか確認してみましょう。

練習3 次の文を使って「〜のかご存じですか（아세요?）」と表現してみましょう。

① 표를 어떻게 사다
② 지혜가 뭘 좋아하다
③ 왜 관심이 없다
④ 뭐가 인기이다
⑤ 제가 가도 괜찮다
⑥ 얼마나 필요하다

〈品詞のヒント〉
표〈票〉切符　사다 [動]
좋아하다 [動]　왜 [副] なぜ
없다 [存]　인기이다〈人気—〉[指]
괜찮다 [形]　얼마나 [副] いくらぐらい
필요하다〈必要—〉[形]

※過去の疑問文を文中に取り込む場合は、用言の品詞に関係なく「−였는지/았는지/었는지」とします。

그때 내가 무슨 말을 했는지 잊어버렸다. あの時自分が何を言ったか忘れた。
뭐가 그렇게 좋았는지 생각이 안 나요. 何がそんなに良かったのか覚えていません。

5 状況推測表現「〈連体形〉모양이다　（する・した）ようだ」

07-07

「모양〈模様〉」は「様子」を意味し、「〈連体形〉모양이다」は**直接観察される状況から推測されること**を**客観的**に描く表現です。推測の対象が未来、現在、過去、過去回想のいずれであっても表現可能です。連体形については p.57 を参照してください。

옆집이 이사 갈 모양입니다.　（隣の様子を見てきて）隣の家が引っ越すようです。
딸이 고민이 있는 모양이다.　（最近の様子から）娘は悩みがあるようだ。
어디서 불이 난 모양이에요.　（サイレンを聞いて）どこか火事になったようです。
그동안 힘들었던 모양이다.　（経緯を聞いて）あれから大変だったようだ。

6 状況推測表現（直感）「−나 보다, −ㄴ가/은가 보다　（する・した）みたいだ」

07-08

「−나」は「（する・した）のかな？」と自問する場合に使われる語尾、「보다」はここでは「思う」を意味する形容詞です。**直接観察される状況や伝え聞いた内容から推測されること**を**直感的に**描きます。形容詞・指定詞の現在の場合のみ「−ㄴ가/은가 보다」という形になります。

〈動詞・存在詞の現在〉 −나 보다　単純型〈ㄹ脱落〉

옆집이 이사 가나 봐요.（← 가다 動）　隣の家が引っ越すみたいですよ。
무슨 사정이 있나 보다.（← 있다 存）　何か事情があるみたいだ。

〈形容詞・指定詞の現在〉 −ㄴ가/은가 보다　母音子音型〈ㄹ脱落〉

지금 바쁜가 봐.（← 바쁘다 形）　いま忙しいみたい。
이번엔 경쟁률이 높은가 보다.（← 높다 形）　今回は競争率が高いみたいだ。

※過去の状況を推測する場合は、用言の品詞に関係なく「−였나/았나/었나 보다」とします。

어디서 불이 났나 보네요.　どこか火事になったみたいですね。
그동안 힘들었나 봅니다.　あれから大変だったみたいです。

※「〈連体形〉모양이다」と「−나 보다，−ㄴ가/은가 보다」はよく似た状況、よく似た意味で使われますが、前者のほうが**論理的**な文脈に合い、後者は**会話で**よく使われる表現です。

07-09

07-10

読んでみよう

나는 어릴 때 편식이 심했다고 한다. 지금도 비곗살이나 토마토 같은 식감이 말랑말랑한 것을 안 좋아하지만 어릴 때는 먹을 수 있는 것이 빵이나 과일 같은 것밖에 없었던 모양이다. 엄마는 고기나 야채를 골고루 먹이려고 식재료나 조리 방법을 이것저것 바꿔 보면서 애를 쓰셨는데 아무리 애를 쓰셔도 편식은 고쳐지지 않았다고 한다.

그런데 방과후학교에서 친구들과 놀다가 간식으로 나온 '가라아게'를 맛있게 먹은 것이 계기가 되어 다른 것도 자연스럽게 먹게 되었다고 한다. 어린 나에게 친구들과 같이 먹는 것이라면 다 맛있었던 모양이다.

私は小さいころ、食べ物の好き嫌いが激しかったという。今でも脂身やトマトのような食感がぶよぶよしたものは好きではないが、子供のころは食べられるものがパンや果物などしかなかったようだ。母は肉や野菜をまんべんなく食べさせようと、食材や調理方法をあれこれ変えながら頑張ったけれど、いくら頑張っても好き嫌いは治らなかったという。

ところが、学童保育で友達と遊んでいて、おやつに出た鶏のから揚げをおいしく食べたことがきっかけで、他のものも自然と食べるようになったという。幼い私にとって、友達と一緒に食べるものなら何でもおいしかったようだ。

편식〈偏食〉　심하다 形 激しい、ひどい　비곗살 脂身　식감〈食感〉

말랑말랑하다 形 ぶよぶよしている　몇 가지 何種類か　～밖에 助 ～しか

엄마 お母さん　골고루 副 まんべんなく　먹이다 動 食べさせる　식재료〈食材料〉食材

조리방법〈調理方法〉　이것저것 あれこれ　바꾸다 動 変える　애를 쓰다 動 苦心する

아무리 副 いくら（…ても）　고쳐지다 動 直る　방과후학교〈放課後學校〉学童保育

간식〈間食〉おやつ　～으로 助 ～として｛資格｝　자연스럽게〈自然—〉副 自然に

書いてみよう

◆本課本文や 読んでみよう を参考に、次の文型を活用して、あなたの幼いころの性格やエピソードについて書き、発表してみましょう。

（1）[　　　　　　] の話によれば、幼いころ私は [　　　　　　] だったという。

[　　　　　　] 말에／말씀에 의하면 어릴 때 나는

[　　　　　　　　　　　　　　]다고 한다.

（2）考えてみると [　　　　　　] していた覚えがある。

생각해 보니까 [　　　　　　　　　　　　　　]던 기억이 난다.

（3）両親は [　　　　　　] だというが、私は [　　　　　　] していたように思う。

부모님은 [　　　　　　　　　　　　　　]다고 하시지만

나는 [　　　　　　　　　　　　　　]였던/았던/었던 것 같다.

（4）[　　　　　　] するうちに、自然と [　　　　　　] するようになった。

[　　　　　　　　　　　　　　]다가

자연스럽게 [　　　　　　　　　　　　　　]게 되었다.

（5）どうやら [　　　　　　] だったようだ。

그러고 보니 [　　　　　　　　　　　　　　]였나/았나/었나 보다.

推測・推察表現のいろいろ

07-11

本書で扱った推測・推察を表す表現とその類似表現をまとめました。相互に比べて違いを感じ取ってみましょう。

◇「−겠다（し）そうだ」{判断の余地なく見るからに} ☞ 聞いて話そうI p.33

저 영화 재미있겠어요.　あの映画、（いかにも）面白そうです。

◇「−ㄹ/을 것이다（する）と思う、（する）だろう」{話し手自身の考えに基づく推測} ☞ p.55

오전에 가면 복잡하지 않을 거예요.　午前に行けば混雑していないと思いますよ。

※「−ㄹ/을 것이다」の疑問形は「−ㄹ까/을까?」です。 ☞ p.77

어느 것이 제일 먹힐까?　— 젊은 사람들에게는 이게 제일 잘 먹힐 거예요.

どれがいちばんウケるだろうか。　— 若者にはこれがいちばんウケると思いますよ。

◇「〈連体形〉것 같다（する・した）んじゃないかなと思う」{漠然とした推測} ☞ p.56

이게 제일 인기 있는 것 같아요.　これがいちばん人気あるんじゃないかと思います。

◇「〈連体形〉모양이다（する・した）ようだ」{状況から客観的に推測} ☞ p.89

이게 제일 인기 있는 모양이다.　どうやらこれがいちばん人気があるようだ。

◇「−나 보다, −ㄴ가/은가 보다（する）みたいだ」{状況から直感的に推測} ☞ p.89

이게 제일 인기 있나 봐.　これがいちばん人気あるみたい。

◇「−ㄹ/을 줄 모르다 −だろうと思わない」{予想との不一致} ☞ p.98

이렇게 힘들 줄 몰랐다.　こんなに大変だとは思わなかった。

◇「−ㄹ/을 줄 알다 −だろうと思う」{思い込み} ☞ p.98

좀 더 쉬울 줄 알았다.　もう少し易しいと思っていた。

사람들이 더 많을 줄 알았다.　人がもっと多いと思っていた。

意志·意向·希望表現のいろいろ

07-12

本書で扱った話し手の意志・意向を表す表現とその類似表現をまとめました。相互に比べて違いを感じ取ってみましょう。

◇「−겠습니다（し）ます、いたします」{宣言} ☞ p.16

제가 도와드리겠습니다.　　わたくしがお手伝いいたします。

앞으로는 더 열심히 하겠습니다!　　今後はいっそう頑張ます！

◇「−ㄹ/을 것이다（し）ようと思う、（する）つもりだ」{話し手の心づもり} ☞ p.55

올해 안으로 30만 엔 모을 것입니다.　　今年中に30万円貯めるつもりです。

◇「−려고/으려고 하다（し）ようと思う、（し）ようとする」{実行前段階} ☞ p.68

방학 때 어학연수를 가려고 합니다.　　休み中に語学研修に行こうと思います。

◇「−고 싶다（し）たい」{話し手の直接行動希望} ☞ 読んで書こうI p.111

저도 같이 가고 싶습니다.　　私も一緒に行きたいです。

◇「−였으면/았으면/었으면 하다 / 좋겠다（す）ればなと思う、（す）ればいいなと思う」{間接希望}

저도 같이 갔으면 합니다.　　私も一緒に行ければなと思います。☞ p.45

그 사람도 왔으면 좋겠습니다.　　彼も来たらいいなと思います。

◇「−여야겠다/아야겠다/어야겠다（し）なくちゃ」{義務の確認} ☞ p.99

저도 같이 가야겠습니다.　　私も一緒に行かなくちゃ（と思います）。

第8課

내가 알고 싶은 한국 문화

私の知りたい韓国文化

韓国文化の中で興味を持ったこと、詳しく知りたいことについて整理し、書いてみましょう。

08-01
08-02

나는 한국의 복식 문화에 대해 궁금한 것이 많다. 우선 한국의 전통 의상인 한복은 색깔이 왜 그렇게 화려한가? 가슴에 긴 리본 같은 것이 달려 있는데 그것이 무엇을 의미하는가? 한복을 입을 때는 안에 무엇을 입고 어떤 순서로 입는가? 신발은 왜 그런 모양을 하고 있는가?

일본과 한국은 똑같이 중국 문화의 영향을 받은 이웃 나라라서 비슷한 점이 많은 줄 알았는데 복식 문화에는 의외로 차이점이 많은 것 같다. 생각해 보면 일본의 기모노도 상당히 독특하다. 그 차이가 기후 풍토에서 온 것인지, 아니면 민족성에서 유래된 것인지, 아니면 더 복잡한 원인이 있는지 한번 알아봐야겠다.

私は韓国の服飾文化について不思議に思うことが多い。まず、韓国の伝統衣装である韓服は、色がなぜあれほど華やかなのか。胸に長いリボンのようなものがついているが、あれは何を意味するのか。韓服を着るときは中に何を着て、どんな順番で着るのか。履物はなぜあんな形をしているのか。

日本と韓国は、同じ中国文化の影響を受けた隣国なので、似た点が多いと思っていたが、服飾文化には意外と違いが多いような気がする。考えてみると日本の着物もかなり独特だ。その違いが気候風土から来たものなのか、あるいは民族性に由来するものなのか、それとももっと複雑な原因があるのか、一度調べてみなきゃと思う。

▶新しい語句◀

복식 문화〈服飾文化〉[ー싱ー]

궁금하다 形 不思議に思う、知りたい

우선〈于先〉副 まず

전통〈傳統〉伝統

의상〈衣裳〉衣装

한복〈韓服〉韓服、チマチョゴリ

색깔 色

왜 副 なぜ

그렇게 副 あんなに

화려하다〈華麗—〉形 華やかだ

-ㄴ가 尾 (な)のか {形文章体疑問}

가슴 胸

길다 形 長い

리본 リボン

달리다 動 ぶら下がる

-어 있다 存 (し)ている {状態}

의미하다〈意味—〉動

-는가 尾 (する)のか

안 中

순서〈順序〉

신발 靴、履物

그런 冠 あんな

모양〈模様〉形

똑같이 副 同様に

영향〈影響〉

이웃 나라 [ー운ー] 隣国

-라서 指 尾 ～だから

비슷하다 [ー스타ー] 形 似ている

점〈點〉点

-은 줄 알았다 (い)と思っていた

의외로〈意外—〉副 意外と

차이점〈差異點〉[ー쩜] 違い

생각하다 動 考える

상당히〈相當—〉副 かなり

독특하다〈獨特—〉形 独特だ

기후〈氣候〉

풍토〈風土〉

-ㄴ지 尾 (な)のか {指文中疑問}

아니면 でなければ、あるいは

민족성〈民族性〉

유래되다〈由來—〉動 由来する

복잡하다〈複雜—〉形

원인〈原因〉

알아보다 動 調べてみる

-아야겠다 (し)なくちゃと思う

▶用言と語尾◀

전통적인 ～← 전통적 + ～이 (다) 指 + -ㄴ 尾 {指連体形現在}

화려한가 ← 화려하(다) 形 + -ㄴ가 尾 {形文章体疑問}

달려 있는데 ←달리(다) 動 + -어 있(다) 存 + -는데 尾 {存背景説明}

의미하는가 ← 의미하(다) 動 + -는가 尾 {動文章体疑問}

입는가 ← 입(다) 動 + -는가 尾 {動文章体疑問}

하고 있는가 ← 하(다) 動 + -고 있(다) 存 + -는가 尾 {存文章体疑問}

이웃 나라라서 ← 이웃 나라 + (～이다) 指 + -라서 尾 {指理由・原因}

받아 온 ← 받(다) 動 + -아 오(다) (し)てくる 動 + -ㄴ 尾 {動連体形過去}

많은 줄 알았는데 ← 많(다) 形 + -ㄴ 줄 알(다) 動 + -았- + -는데 尾 {背景説明}

온 것인지 ← 오(다) 動 +-ㄴ 尾 {動連体形過去} + 것 + ～이(다) 指 + -ㄴ지 尾 {指文章体疑問}

유래된 것인지 ← 유래되(다) 動 + -ㄴ 尾 {動連体形過去} + 것 + ～이(다) 指 + -ㄴ지 尾 {指文章体疑問}

알아봐야겠다 ← 알아보(다) 動 + -아야겠다

学習のポイント

08-03

1 文章体の疑問形語尾「−는가, −ㄴ가/은가　(する)か、(な)のか」

文章体の疑問形語尾の形は、用言の品詞や時制によって異なります。

〈動詞・存在詞〉 −는가?　単純型〈ㄹ脱落〉

언제 오는가? (← 오다 動)　いつ来るのか。
어떻게 사는가? (← 살다 動)　どう暮らしているのか。
어디에 있는가? (← 있다 存)　どこにあるのか。

〈形容詞・指定詞〉 −ㄴ가/은가?　母音子音型〈ㄹ脱落〉

본인이 아닌가? (← 아니다 指)　本人ではないのか。
그렇게 먼가? (← 멀다 形)　そんなに遠いのか。
얼마나 좋은가? (← 좋다 形)　どんなに良いか。

〈過去・意思・推察(用言の品詞に関係なく)〉 −는가?　単純型

왜 그런 짓을 했는가? (← 했다)　なぜそんなことをしたのか。
뭘 먹었는가? (← 먹었다)　何を食べたのか。
누가 거짓말을 하겠는가? (← 하겠다)　誰が嘘を言うだろうか。

練習 1　次の합니다体疑問文を文章体疑問文に変えてみましょう。

① 명절 때는 누구를 찾아갑니까?

② 이제 후회는 없습니까?

③ 아이들은 어디서 놉니까?

④ 작업이 얼마나 힘듭니까?

⑤ 수원이 어떤 곳입니까?

⑥ 인생에서 무엇이 가장 중요합니까?

※第7課で学習した「−는지, −ㄴ지/은지」(p.88)は「−는가, −ㄴ가/은가」の文中形です。

명절〈名節〉盆正月
찾아가다 動 訪ねていく
이제 今はもう
후회〈後悔〉
없다 存
작업〈作業〉
힘들다 形 大変だ
수원〈水原〉 地
인생〈人生〉
가장 副 最も
중요하다〈重要―〉 形

2 状態表現「−여/아/어 있다　(し) ている」

08-04

日本語の「(し) ている」という表現は、現在進行を表す場合 (例えば「食べている」) と状態を表す場合 (例えば「開いている」) があります。前者は韓国語で「−고 있다」で表し、後者は「−여/아/어 있다」で表現します。

陰陽型

하다	⇒ 해 있다	위치하다 位置する	⇒ 위치해 있다 位置している
陽語幹	＋아 있다	앉다 座る	⇒ 앉아 있다 座っている
陰語幹	＋어 있다	잠기다 鍵がかかる	⇒ 잠겨 있다 鍵がかかっている

규슈는 일본 서부에 위치해 있다.　九州は日本の西部に位置している。
한 아이가 덩그러니 앉아 있었다.　一人の子供がぽつんと座っていた。
교실 문이 잠겨 있다.　教室のドアが施錠されている。

練習2 次の文を状態を表す「〜している」という意味の文にしてみましょう。文末が文章体になっていることに注意しましょう

① 가게 문이 닫힌다.

② 보물이 전시된다.

③ 건물 앞에 군인이 선다.

④ 방에 불이 켜진다.

⑤ 봉투에 귀중품이 든다.

가게 店	문〈門〉扉、ドア
닫히다 動 閉まる	보물〈寶物〉
전시되다〈展示−〉動	건물〈建物〉
군인〈軍人〉	서다 動 立つ
방〈房〉部屋	불 明かり
켜지다 動 灯る	봉투〈封套〉封筒
귀중품〈貴重品〉	들다 動 入る

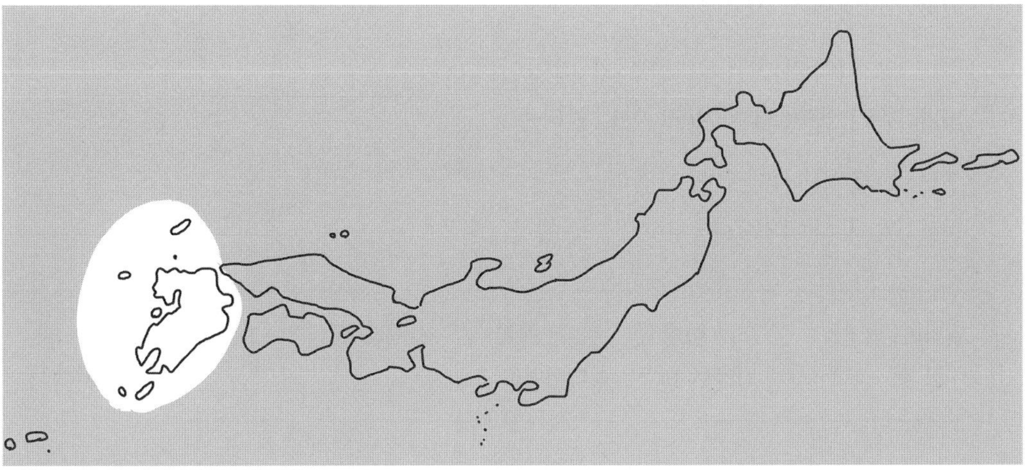

08-05

3 思い込み表現「〈連体形〉 줄 알다・모르다　（する・した）ものと思う・思わない」

「てっきり…と思った」「まさか…とは思わなかった」というように現実とは逆の状況であると思い込んでいたり考えもしていなかった場合、あるいは「どうりで…だと思った」のように最初から予想していたというような場合に使う表現です。連体形の部分（下の網掛け）は、予想の内容が未来であれば未来連体形、現在であれば現在連体形、過去であれば過去連体形にします。

予想：오늘은 비가 올 것이다.〈未来〉	現実（×）：오늘은 비가 안 왔다.
⇒ 오늘 비가 올 줄 알았다.	今日は雨が降るだろうと思っていた。
予想：옆집에 사람이 안 산다.〈現在〉	現実（×）：옆집에 사람이 산다.
⇒ 옆집에 사람이 사는 줄 몰랐다.	隣の家に人が住んでいるとは思わなかった。
予想：민수가 케이크를 먹었다.〈過去〉	現実（○）：민수가 케이크을 먹었다.
⇒ 민수가 케이크를 먹은 줄 알았다.	ミンスがケーキを食べたと思っていた。

練習3 次の「予想」と「現実」の組み合わせから、連体形の未来・現在・過去に注意して「…줄 알았다・몰랐다　…と思った・思わなかった」のように表現し、意味と状況も確認しましょう。

① 予想：19 일에 알바비가 들어올 것이다.
現実：알바비가 안 들어왔다.

② 予想：미나와 겐타가 사귄다.
現実：미나와 겐타는 안 사귄다.

③ 予想：그 영화가 재미있을 것이다.
現実：그 영화가 재미없었다.

④ 予想：그 이야기가 우리 둘만의 비밀이다.
現実：우리 둘만의 비밀이 아니었다.

⑤ 予想：어제 타이거즈가 이겼다.
現実：어제 타이거즈가 이기지 못했다.

알바비 バイト代	미나 人名	겐타 人名	사귀다 動 付き合う	이야기 話
～만 助 ～だけ	비밀〈秘密〉	타이거즈〈Tigers〉タイガース		이기다 動 勝つ

4 義務の確認表現「－여야겠다/아야겠다/어야겠다　(し) なくちゃ (なと思う)」

08-06

義務を表す「－여야/아야/어야 하다 (し) なければならない」に、当然そうなることを表す「겠」を加えて縮約した「－여야겠다/아야겠다/어야겠다」は、「(し) ないといけないな」「(し) なくちゃ」のように自分自身や相手に言い聞かせる表現となります。

더 열심히 공부해야겠다.	もっと一生懸命勉強しなきゃ。
오늘은 일찍 집에 가야겠다.	今日は早く家に帰らなくちゃ。
건강을 위해서 잘 먹어야겠네.	健康のためにしっかり食べないとね。

練習4 次のことを「～しなくちゃ」と表現してみましょう。

① 대학을 졸업하기 전에 운전면허를 딴다.

② 내일은 친구들이 집에 오니까 청소한다.

③ 리포트를 쓰기 위해 자료를 모은다.

④ 앞으로는 부모님께 좀 더 효도한다.

⑤ 요즘 살이 쪄서 몸을 좀 움직인다.

운전면허〈運転免許〉
따다 動 取る
청소하다〈清掃―〉 動 掃除する
자료〈資料〉
좀 더 副 もう少し
효도하다〈孝道―〉 動 親孝行する
살이 찌다 動 太る
움직이다 動 動かす

※相手に言い聞かせたり、相手と共感する場合は「－여야죠/아야죠/어야죠 (し) なきゃだめでしょう」という形がよく用いられます。

리포트를 쓰려면 먼저 자료를 모아야죠.
レポートを書こうと思ったら、まず資料を集めなきゃだめでしょう。

08-07

5 禁止表現「−면/으면 안 되다　(し)てはいけない」

받침有無型

禁止事項を説明したり道義的にしてはいけないことを言い表す表現です。

母音語幹	+ 면 안 되다	하다 する	⇒ 하면 안 되다	してはいけない
ㄹ語幹	+ 면 안 되다	놀다 遊ぶ	⇒ 놀면 안 되다	遊んではいけない
子音語幹	+ 으면 안 되다	먹다 食べる	⇒ 먹으면 안 되다	食べてはいけない

발표자가 지각하면 안 됩니다.　発表者が遅刻してはいけません。
미성년자가 새벽에 놀면 안 돼요.　未成年が夜中に遊んではいけません。
컴퓨터실에서 음식을 먹으면 안 된다.　PC 室で物を食べてはいけません。

練習5 次のような行為を「〜してはいけません」と表現してみましょう。

① 쓰레기를 길가에 버리는 것.

② 운전하면서 핸드폰을 보는 것.

③ 미술관에서 사진을 찍는 것.

④ 거짓말을 하는 것.

⑤ 공원 벤치에 눕는 것.

쓰레기 ゴミ　　길가[−까] 道端
버리다 動 捨てる　　운전〈運轉〉
핸드폰〈hand phone〉携帯電話
미술관〈美術館〉　　사진〈寫眞〉
찍다 動 撮る　　거짓말[−진−] 嘘
공원〈公園〉　　벤치〈bench〉
눕다 ㅂ動 寝そべる

※「하면 안 되다 してはいけない」の反義的表現は「해도 되다 してもよい」です。

일본에서는 전철 안에서 전화하면 안 되지만 한국에서는 작은 목소리라면 전화해도 된다.

日本では電車の中で電話してはいけないが、韓国では小さな声なら電話してもよい。

6 ㅎ変則用言

08-08

語幹末に「ㅎ」받침がある用言のうちいくつかの用言は、받침有無型の語尾が付く場合、「ㅎ」받침が脱落して母音語幹となり、陰陽型の語尾が付く場合は「ㅎ」받침が脱落したうえで語幹末の母音が「ㅐ」に変化します。このような用言を「ㅎ変則用言」といいます。

그렇다 そうだ	그렇 + 었다	⇒ 그랬다 そうだった
	그렇 + 은	⇒ 그런 そのような

ㅎ変則用言には次のようなものがあります。語尾を付けて活用させてみましょう。

이렇다 ㅎ形 こうだ	저렇다 ㅎ形 ああだ	어떻다 ㅎ形 どうだ
빨갛다 ㅎ形 赤い	노랗다 ㅎ形 黄色い	파랗다 ㅎ形 青い
까맣다 ㅎ形 黒い	하얗다 ㅎ形 白い	말갛다 ㅎ形 澄んでいる
커다랗다 ㅎ形 とても大きい	아무렇다 ㅎ形 どうでもだ	

※「좋다 形 良い」「놓다 動 置く」「넣다 動 入れる」は語幹末が「ㅎ」받침ですが、変則用言ではなく規則用言です。

좋다 形 良い	→ 좋았다 良かった	좋은 ○○	良い○○
놓다 動 置く	→ 놓았다 置いた	놓은 ○○	置いた○○
넣다 動 入れる	→ 넣었다 入れた	넣은 ○○	入れた○○

※ ㅎ変則用言（形容詞）とㅓ変則用言（動詞）［Ⅱ－４課］の中には活用形が同じ形になる場合がありますが、文脈や表現の使われ方で意味が異なるので注意しましょう。

그렇다 ㅎ形 そうだ	그래요 そうです	그런 사람 そんな人
그러다 ㅓ動 そうする	그래요 そうします	그러는 사이 そうする間
	그런 적이 있다 そうしたことがある	

読んでみよう

08-09

08-10

나는 한국 음식이 왜 그렇게 매운지, 그렇게 맵게 먹어도 속이 아무렇지 않은지가 궁금하다. 아주 옛날에는 한국에 고추가 없었고 일설에 의하면 고추는 일본에서 전해졌다고 한다. 그런데 왜 일본 사람은 매운 것을 잘 못 먹고 한국 사람은 즐겨 먹는 것일까?

그 외에도 일본에서는 밥그릇을 손에 들고 먹어야 하는데 한국에서는 들고 먹으면 안 된다고 한다. 그런가 하면 한국에서 식사할 때 무릎 꿇고 앉으면 자꾸 편히 앉으라는 소리를 듣는다. 나는 그게 더 편한데 말이다. 왜 이런 차이가 나는지, 음식 문화만 해도 궁금한 것이 한두 가지가 아니다.

私は韓国料理がなぜあんなに辛いのか、あんなに辛くして食べてもお腹は何ともないのかが不思議だ。遠い昔には韓国に唐辛子がなかったし、一説によれば唐辛子は日本から伝えられたという。なのになぜ日本人は辛い物があまり食べられず、韓国人は好んで食べるのだろうか。

その他にも、日本では茶碗を手にもって食べないといけないが、韓国では手に持って食べてはいけないという。そうかと思えば、韓国で食事する時、正座すると、楽に座れとしきりに言われる。私は正座のほうが楽なのに。なぜこんな違いがあるのか、食文化だけとっても不思議に思うことは一つや二つではない。

맵다 ㅂ形 辛い　－은지 形 尾 －なのか　－어도 尾 (し)ても　속 お腹、腹具合
아무렇지 않다 形 何ともない　옛날 [옌－] 昔　고추 唐辛子　일설 〈一説〉
전해지다 〈傳－〉 動 伝えられる (←전하다＋－어지다)　왜 なぜ
즐겨 먹다 動 好んで食べる　외 〈外〉 ほか　밥그릇 茶碗　손 手
들다 動 持つ　－으면 안 되다 (し)てはいけない　그런가 하면 そうかと思えば
달리 副 違って　식사하다 〈食事－〉 動　무릎 꿇다 動 ひざまずく　앉다 動 座る
불편하다 〈不便－〉 形 気持ちが楽ではない　차이가 나다 〈差異－〉 動 違いが生じる
～만 해도 ～だけとっても　한두 가지 一つや二つ

書いてみよう

◆本課本文や 読んでみよう を参考に、次の文型を活用して、韓国文化の気になるところや知りたいことについて書き、発表してみましょう。

（1）私は［　　　］がなぜ［　　　］なのか不思議に思う。

나는 [　　　　　　]가/이

왜 [　　　　　　　　]는지/ㄴ지/은지 궁금하다.

（2）韓国の［　　　］はなぜあんなに［　　　］なのか。

한국 [　　　　　　]는/은

왜 그렇게 [　　　　　　　　　]ㄴ가/은가?

（3）［　　　］なのだが、それは何を意味するのか。

[　　　　　　　　　　　　　　]는데

그것이 무엇을 의미하는가?

（4）日本では［　　　］するが、韓国では［　　　］。

일본에서는 [　　　　　　　　　　　　　　　　　]는데

한국에서는 [　　　　　　　　　　　　　　]다고 한다.

（5）［　　　］だと思っていたが、［　　　］だという。

[　　　　　　　　　　　　　]는 줄 알았는데

[　　　　　　　　　　　　　]다고 한다.

第9課

나의 이문화 체험

私の異文化体験

韓国に行った時や、YouTubeなどで韓国人の様子などを見ていて、不思議に思ったこと、日本との違いを感じること、また、その背景について考えながら書いてみましょう。

09-01

09-02

내가 처음으로 한국에 가서 놀란 것은 음식점에서 식사할 때 반찬을 공짜로 많이 준다는 것이었다. 식당에서 뭐 하나를 주문하면 여러 가지 반찬이 시키지 않아도 나오는 것이다.

그 뿐이 아니다. 처음에 나는 나온 것은 다 먹어야 된다고 생각해서 반찬까지 깨끗이 다 먹었더니 접시가 비자마자 또 갖다 주는 것이 아닌가! 이것이 바로 한국의 음식 문화구나 하고 새삼 느꼈다.

그런데 거꾸로 한국 사람들도 일본에서 식당에 가면 많이 놀라지 않을까 하는 생각이 든다. 일본에서라면 김치 한 접시도 주문하고 돈을 내야 하니 말이다. 한국 사람들이 일본의 음식 문화를 이해해 줄지 조금 걱정이다.

私が韓国に初めて行って驚いたのは、食堂で食事する時、おかずをただでたくさんくれるということだった。食堂で何か一つを注文すると、いろいろなおかずが注文しなくても出てくるのだ。

それだけではない。最初私は出されたものは全部食べなければならないと思って、おかずまで全部きれいに食べたところ、お皿が空になったとたん、また持ってきてくれるではないか！これがまさに韓国の食文化なのか、と改めて感じた。

でも、逆に韓国人も日本で食堂に行ったら、ずいぶん驚くんじゃないかという気がする。日本でだとキムチ一皿も注文してお金を払わなければならないのだから。韓国人が日本の食文化を理解してくれるか少し心配だ。

▶新しい語句◀

놀라다 動 驚く

음식점〈飲食店〉

반찬〈飯饌〉おかず

공짜로〈空―〉ただで

주다 動 くれる

-ㄴ다는 ○○ 尾 {(動)引用連体形}
（する）という○○

뭐 何か

주문하다〈注文―〉 動

여러 가지 いろいろ

시키다 動 注文する、（料理を）頼む

～ 뿐 形名 ～のみ

깨끗이 副 きれいさっぱり

-었더니 尾 （し）たら
{結果出現の契機}

접시 皿

비다 動 空く

-자마자 尾 （し）た途端

또 副 また

갖다 주다 動 持ってきてくれる

-는 것이 아닌가!
（する）ではないか！

바로 副 まさに

문화〈文化〉

-구나 尾 （だ）なあ、（な）のか

… 하고 …と {直接引用}

새삼 副 改めて

느끼다 動 感じる

거꾸로 副 逆に

… 하는 ○○ …という○○
{直接引用連体形}

(固) 접시 単名 ～皿

-니 尾 （な）のだから

… 말이다 …である

이해하다〈理解―〉 動

-여 주다 動 （し）てくれる

-ㄹ지 尾 （する）だろうか

▶用言と語尾◀

놀란 것 ← 놀라(다) 動 ＋ -ㄴ 尾 {(動)過去連体形} ＋ 것

준다는 ← 주(다) 動 ＋ -ㄴ다는 尾 {(動)引用連体形}

시키지 않아도 ← 시키(다) 動 ＋ -지 않(다) {否定} ＋ -아도 尾 {譲歩}

먹어야 된다고 ← 먹(다) 動 ＋ -어야 되다 動 {義務} ＋ -ㄴ다고 尾 {(動)引用}

먹었더니 ← 먹(다) 動 ＋ -었더니 尾 {結果出現の契機}

비자마자 ← 비(다) 動 ＋ -자마자 尾 {同時}

갖다 주는 것이 아닌가 ← 갖다 주(다) 動 ＋ -는 것 ＋ ～이 아니(다) 指 ＋ -ㄴ가 尾 {(指)文章体疑問}

문화구나 ← 문화 ＋ [이(다) 指] ＋ -구나 尾 {(指)感慨}

놀라지 않을까 ← 놀라(다) 動 ＋ -지 않(다) {否定} ＋ -을까 尾 {推量疑問}

든다 ← 들(다) 動 ＋ -ㄴ다 尾 {(動)文章体平叙}

내야 하니 ← 내(다) 動 ＋ -어야 하(다) {義務} ＋ -니 尾 {根拠} ☞ p.33、p.119

이해해 줄지 ← 이해하(다) 動 ＋ -여 주(다) 動 ＋ -ㄹ지 尾 {文中の推量疑問}

学習のポイント

09-03

1 引用連体形語尾「〈文章体語尾〉는 ○○　〈文〉という○○」

「韓国に留学したいという希望」という表現では、波線部分を「という」で引用した部分が希望の具体的な内容を表しています。韓国語に忠実に置き換えると「한국에 유학하고 싶다**고 하**는 희망」となりますが、実際には「**고 하**」を省略して「한국에 유학하고 싶다는 희망」のように表現します。

韓国の大学生は本当に一生懸命勉強する。〉 印象がある。

한국 대학생들은 정말 열심히 공부한다. 〉 인상이 있다.

⇒ 공부한다는 인상　勉強するという印象

韓国では大学を休学して留学することが多い。〉 話を聞いた。

한국에서는 대학을 휴학하고 유학하는 사람이 많다. 〉 얘기를 들었다.

⇒ 많다는 얘기　多いという話

韓国語は発音が難しい。〉（その）ことはよく知られた事実だ。

한국어는 발음이 어렵다. 〉 (그)것은 잘 알려진 사실이다.

⇒ 어렵다는 것　難しいということ

引用される文が動詞・形容詞の平叙文の場合は「文章体平叙語尾＋는」ですが、指定詞の場合、および疑 問文、指示・勧め文、勧誘文である場合は p.85 に示した引用形語尾から「고」を除き「는」を加えた形になります。

韓国人の唐辛子摂取量は日本人の 30 倍以上だ。〉 記事を読んだ。

한국인의 고추 섭취량은 일본인의 30배 이상이다. 〉 기사를 읽었다.

⇒ 이상이라는 기사　以上だという記事

軍隊に行けなかった人はどうなるのか。〉 疑問がわいた

군대에 못 간 사람은 어떻게 되는가? 〉 의문이 들었다.

⇒ 되냐는 의문　なるのかという疑問

詳しい内容が知りたい人は自分で見に来てください。〉 指示があった。

자세한 내용이 궁금한 사람은 직접 보러 오세요. 〉 지시가 있었다.

⇒ 오라는 지시　来いという指示

練習1 次の文を「いちばん驚いたのは～ということだった 가장 놀란 것은 …는 것이었다」という文の「…」の部分に組み込んでみましょう。

① 전철 안에서 나이 든 사람한테 자리를 양보하는 사람이 많다.

② 바닷가나 산 속에서도 음식 배달을 시킬 수 있다.

③ 겨울에는 기온이 영하로 떨어지는데 그렇게 춥게 느껴지지 않는다.

④ 고등학생들이 아침 일찍부터 밤 늦게까지 학교에서 공부한다.

⑤ 남녀건 동성이건 상관없이 사람 간 거리가 가깝다.

나이가 들다 動 歳をとる　자리 席　양보하다〈讓步―〉動 譲る　바닷가 海辺
배달〈配達〉　시키다 動 注文する　기온〈氣溫〉　영하〈零下〉　떨어지다 動 落ちる
느껴지다 動 感じられる　일찍 副 早く　늦게 副 遅く　남녀〈男女〉　동성〈同性〉
～건/이건 助 ・～であろうが　상관없이〈相關―〉副 関係なく　거리〈距離〉

2 余剰表現「…말이다 …である」

09-04

文の区切り目や言いさしの文に加えて、そこに注目させたり、話のテンポや内容を調整する余剰要素です。日本語の「…ね」「…さ」に似ています。文体によっては「말입니다」「말이에요」「말이야」のように語尾が変化します。

말이에요　말이에요　말이에요
사실은 저도 가고 싶었는데 여러 가지 사정이 있어서 결국 못 갔지요.
実は 私も行きたかったんだけど いろいろ事情があって 結局行けなかったんですよ。
ですね　ですね　ですね

말이야　말이야　말이야
내가 한국어를 공부하게 된 이유는 한 배우에게 반했기 때문이야.
私が 韓国語を勉強することになった理由は ある俳優に 惚れ込んだからなの。
さあ　さあ　さあ

09-05

3 言い直し説明表現「〈連体形〉 것이다 （する・した）のだ」

「것」は日本語の「もの」や「こと」に当たりますが、ここでは「の」に当たります。「〈連体形〉 것이다」は、先行する叙述の背景を説明したり別の角度から言い直す表現です。ただし「－ㄹ/을 것이다」はこの用法には使われません。

한일 관계가 악화되고 있다. 양국 정부의 견해 차이가 커지고 있는 것이다.
日韓関係が悪化している。両国政府の見解の違いが増大しているのである。

그들 퍼포먼스를 본 순간 심장이 쿵쾅거렸다. 한눈에 반한 것이다.
彼らのパフォーマンスを見た瞬間、心臓がドキドキした。一目惚れしたのである。

아이들이 갑자기 웅성거리기 시작했다. 그 사실을 아무도 몰랐던 것이다.
みんなが急に騒ぎ出した。そのことを誰も知らなかったのだ。

練習2 次のAとBの関係を考えながら、「〈連体形〉 것이다」を使って表現してみましょう。

① A：새로운 일에는 꼭 끼어든다.　　B：호기심이 많다.

② A：스마트폰이 없으면 불안하다.　　B：스마트폰에 중독되어 있다.

③ A：해수온이 올라가고 있다.　　B：지구 온난화가 진행되고 있다.

④ A：나의 결심이 흔들린다.　　B：주변 사람들이 모두 반대한다.

⑤ A：수업 중에 교실을 빠져 나왔다.　　B：갑자기 배가 아팠다.

새롭다 ㅂ形 新しい	꼭 副 必ず	끼어들다 動 首を突っ込む	호기심〈好奇心〉
불안하다〈不安—〉形	중독되다〈中毒—〉動	해수온〈海水温〉	올라가다 動 上がる
온난화〈溫暖化〉	진행되다〈進行—〉動	결심〈決心〉〉[—씸]	흔들리다 動 揺れる
주변〈周邊〉周り	반대하다〈反對—〉動 反対する	빠지다 動 抜ける	

※「〈連体形〉 것이 아닌가　（する・した）ではないか」は驚きを表します。

어릴 때 친구가 갑자기 TV에 나와서 내 이름을 부르는 것이 아닌가.
幼なじみが突然テレビに出てきて、私の名前を呼ぶではないか。

4 結果出現の契機「–였더니/았더니/었더니　(し)たら」

09-06

自分がAという行為をしたところ、Bという結果が現れたという場合に使います。

하다動詞 ⇒ 했더니	공부하다 勉強する	⇒ 공부했더니	勉強したら
陽語幹　＋ 았더니	가다 行く	⇒ 갔더니	行ったら
陰語幹　＋ 었더니	먹다 食べる	⇒ 먹었더니	食べたら

이를 악물고 공부했더니 성적이 확 올라갔다.
歯をくいしばって勉強したら成績がグンと上がった。

교실 문을 열었더니 친구들이 깜짝 이벤트로 맞아 주었다.
教室のドアを開けたら、みんながサプライズイベントで迎えてくれた。

생굴을 먹었더니 배탈이 났다.　生ガキを食べたらお腹を壊した。

練習3 次のAとBを「–였더니/았더니/었더니」でつなぎ、意味の通る文にしてみましょう。

① A：저녁에 커피를 마시다　B：잠이 안 오다

② A：새벽에 집에 가다　B：현관 문이 안에서 잠겨 있다

③ A：유튜브에 동영상을 올리다　B：하루 만에 2만 명이 시청하다

④ A：오랜만에 복권을 사다　B：10만 엔이 당첨되다

⑤ A：인터넷으로 주문하다　B：그날 바로 배달해 주다

잠이 오다 動 眠くなる　새벽 深夜　현관〈玄關〉　잠기다 動 施錠される
동영상〈動映像〉動画　올리다 動 上げる、アップする　～ 만에 ～ぶりに
시청하다〈視聽―〉動 視聴する　올라가다 動 上がる　오랜만 久しぶり　복권〈福券〉宝くじ
당첨되다〈當籤―〉動 当たる　배달하다〈配達―〉動

09-07

5 同時の語尾「-자마자　（し）た途端、（する）やいなや」

Aという行為や状況が成り立った瞬間、他の事態が起こったという場合に使います。

全語幹 ＋ 자마자

가다 ⇒ 가자마자　　　먹다 ⇒ 먹자마자

行く　　行った途端　　　食べる　食べた途端

몸이 아파서 집에 가자마자 침대에 쓰러졌다.

体調が悪くて、家に帰るなりベッドに倒れ込んだ。

회의가 끝나자마자 그 내용을 상사에게 보고했다.

会議が終わるとすぐに、その内容を上司に報告した。

練習4 次のAとBを「-자마자」でつなぎ、過去の文にしてみましょう。

① A：형이 전화를 받다　　　B：어디론가 뛰쳐 나가다

② A：이 약을 먹다　　　B：힘이 솟아나는 것 같다

③ A：스타가 출구에서 나오다　　　B：팬들이 몰려들다

④ A：티켓 예매가 시작되다　　　B：매진되어 버리다

⑤ A：데뷔하다　　　B：대박이 나다

어디론가(←어디＋로＋인가) どこへか、どこかに　**뛰쳐 나가다** 動 駆け出す、飛び出す　**힘** 力
솟아나다 動 湧き上がる　**출구**〈出口〉　**몰려들다** 動 どっと集まる　**티켓**〈ticket〉チケット
예매〈豫賣〉前売り　**매진되다**〈賣盡—〉動 売り切れる　**데뷔**〈deview〉デビュー
대박이 나다 動 大ヒットする

6 感慨語尾「-는구나　へえ（…する）んだなあ　-구나　そうか（…い）のか」

09-08

改めて感慨を表す場合に使います。動詞の現在は語幹に「-는구나」 単純型〈ㄹ脱落〉 を、それ以外には「-구나」 単純型 を付けます。

그 아이를 정말 좋아하는구나.　　そっか、その子のこと本当に好きなんだなあ。
그렇게 큰 차이가 없구나.　　なんだ、さほど大きな違いはないのか。
한참 찾았는데 여기 있었구나.　　随分捜したけど、なんだ、こんな所にあったのか。

練習5 次のAの状況を想定して、Bの文を「-는구나，-구나」を使った感慨の文にしてみましょう。

① A：相手の体調が悪そうだ　　B：어디 아프다
② A：思ったより志願者が多い　　B：의외로 지원자가 많다
③ A：通学時間が2時間かかると聞き　　B：집까지 2시간이나 걸리다
④ A：友達が落ち込んでいる　　B：실연당했다
⑤ A：友達の気の毒な事情を聞いて　　B：그런 사정이 있었다

> 실연당하다
> 〈失戀當―〉
> 動 失恋する
> 사정〈事情〉

※類似表現に「-네」という語尾がありますが、これはふと気づいた際の軽い感嘆や相手との共感を表す場合に用います。

그렇게 큰 차이가 없네.　　そんなに大きな違いはないね。
한참 찾았는데 여기 있었네.　　随分捜したけど、ここにあったね。

※「-는구나、-구나」のほか、「-네」「-ㄹ까/을까」のように対応する引用語尾のない文を引用する場合は「하고　と」「하는　という」で直接引用します。

준호가 일본어를 배운지 1년밖에 안 됐구나 하고 새삼 놀랐다.
ジュノが日本語を習って1年にしかならないのかと改めて驚いた。

아줌마가 내 말을 듣고 한국어를 잘하네 하고 칭찬해 주셨다.
おばさんが私の言葉を聞いて、韓国語が上手だね、と、褒めてくださった。

나도 한번 해 볼까 하는 생각이 들어 용기를 냈다.
私も一度やってみようかなという思いが浮かび、勇気を出した。

09-09

7 動作後移動の語尾「−여다/아다/어다 주다 (し) ていってあげる、(し) てきてくれる」 陰陽型

「(し) て行ってあげる、(し) て来てくれる」は「−여다/어다/아다 주다」という形を使います。目上の人に、という場合は「주다」を「드리다」に替えます。

「持って行ってあげる、持って来てくれる」⇒「가져다 주다／갖다 주다」

물 좀 갖다 주세요. 네, 금방 갖다 드릴게요.

お水持ってきてください。はい、すぐお持ちします。

「買って行ってあげる、買って来てくれる」⇒「사다 주다」

그 친구는 치킨을 사다 주면 좋아할 것 같아요.

彼はチキンを買っていってあげれば喜ぶと思いますよ。

「連れて行ってあげる、連れて来てくれる」⇒「데려다 주다」

길을 잃어버렸는데 어떤 아저씨가 여기까지 데려다 주셨다.

道に迷ったのだが、ある男性がここまで連れてきてくださった。

8 大過去の補助語幹「-였었/았었/었었- （し）ていた、だった」 陰陽型

09-10

過去を思い返して、「（そのころは、以前は）…していた、だった（今はしていないが）」という表現をする場合に、過去の「-였/았/었-」に「-었-」を重ねた補助語幹を用います。なお、２つめは陰陽に関わらず「-었-」を使います。

하다	⇒ 했었 + 語尾	하다 する	⇒ 했었다 していた
陽語幹	+ 았었 + 語尾	보다 見る	⇒ 보았었다 見ていた
陰語幹	+ 었었 + 語尾	다니다 通う	⇒ 다녔었다 通っていた

옛날에는 아이들끼리 많이 싸우기도 했었다.
昔は子供どうしでよくケンカしたりもしていた。

어릴 때는 애니메이션만 보았었다. 小さい頃はアニメばかり見ていた。

예전에는 집 앞길을 전차가 다녔었다. 以前は家の前の道を路面電車が通っていた。

練習６ 次の文に「옛날에는 昔は」「예전에는 以前は」などの言葉を加え、大過去の文にして言ってみましょう。

① 반찬거리를 시장에서 산다.

② 집에서 저녁을 해 먹는다.

③ 대학생들이 대부분 안경을 쓴다.

④ 전철 안에서 담배를 피워도 된다.

⑤ 학생들 사이에 스티커사진이 유행한다.

반찬거리 おかずの材料　　시장〈市場〉　　대부분〈大部分〉
안경을 쓰다〈眼鏡―〉動 眼鏡をかける　　담배를 피우다 動 タバコを吸う
스티커사진〈sticker 寫眞〉プリクラ　　유행하다〈流行―〉動

読んでみよう

09-11

09-12

처음으로 한국에 갔을 때 깜짝 놀란 것은 화장실에서 사용한 휴지를 변기에 버리지 않고 커다란 휴지통에 버려야 한다는 것이었다. 처음에는 상당히 거부감이 있었는데 그것이 그곳 습관이라고 생각하니까 조금씩 익숙해졌다. 최근에는 한국에서도 화장실 휴지를 변기에 버리는 습관이 보급되어 가고 있다고 한다.

그 다음에 당황한 것은 편의점에서 물건을 샀을 때 비닐봉지를 그냥 주지 않는다는 것이었다. 지금은 일본에서도 비닐봉지 유료제가 도입되어 돈을 주고 비닐봉지를 사는 것이 당연한 일이 되었지만 그때는 왜 그냥 안 주는지, 한국은 인색한 나라구나 했다.

알고 보니 세계적인 흐름에 오히려 일본이 뒤처져 있었던 것이다. 나는 좀 부끄럽기까지 했다. 그리고 무슨 일이든 고정관념을 가지고 보면 안 된다는 반성도 하게 되었다.

初めて韓国に行った時びっくりしたのは、トイレで使用後の紙をトイレに流さず、大きなゴミ箱に捨てなければならないということだった。最初はかなり違和感があったが、それがその土地の習慣だと考えれば、少しずつ慣れていった。最近は韓国でもトイレットペーパーをトイレに流す習慣が普及しつつあるという。

次に戸惑ったのは、コンビニで物を買ったとき、レジ袋をただでくれないということだった。今は日本でもレジ袋が有料化されて、お金を払ってレジ袋を買うことが当然のことになったが、その時はなぜただでくれないのか、韓国はケチな国だなと思った。

しかし実は、世界的な流れに、むしろ日本が遅れていたのだった。私はちょっと恥ずかしくさえあった。そして何ごとも固定観念を持って見てはいけないという反省もさせられた。

読んでみよう

깜짝 놀라다 動 びっくりする　화장실〈化粧室〉　사용하다〈使用―〉動
휴지〈休紙〉トイレットペーパー　변기〈便器〉　버리다 動 捨てる　커다랗다 ㅎ形 巨大だ
휴지통〈休紙桶〉ゴミ箱　상당히〈相當―〉副 かなり　거부감〈拒否感〉違和感
그곳 その場所　습관〈習慣〉　점점 副 だんだん　익숙해지다 動 慣れる
보급되다〈普及―〉動　당황하다〈唐慌―〉動 当惑する　편의점〈便宜店〉コンビニ
물건〈物件〉品物、モノ　사다 動 買う　비닐봉지〈vinyl封紙〉ビニール袋
그냥 副 ただで　주다 動 くれる　유료제〈有料制〉　도입되다〈導入―〉動
당연하다〈當然―〉形 当然だ　인색하다 形 ケチだ　알고 보니 (後で) わかったことには
흐름 流れ　오히려 副 むしろ　뒤쳐지다 動 遅れる　부끄럽다 ㅂ形 恥ずかしい
-기까지 하다 形 ―さえする　～이든 助 ～だろうが　고정관념〈固定観念〉
가지다 動 持つ　-면 안 되다 動 (し) てはいけない　반성〈反省〉

書いてみよう

◆本課本文や 読んでみよう を参考に、次の文型を活用して、異文化に触れた時の驚きや違和感などを書き、発表してみましょう。

（1）私が初めて［　　　　］した時驚いたのは［　　　　］するということだった。

내가 처음으로 [　　　　　　　　]였을/았을/었을 때 가장
놀란 것은 [　　　　　　　　　　]다는 것이었다.

（2）日本でなら［　　　　　　　］するが、韓国では［　　　　　　　］。

일본에서라면 [　　　　　　　　　　　　]지만
한국에서는 [　　　　　　　　　　　　].

（3）最初は［　　］だったが、だんだん［　　］するようになった／［　　］くなった。

처음에는 [　　　　　　　　]였는데/았는데/었는데 점점
[　　　　　]게 되었다／[　　　　　]여졌다/아졌다/어졌다.

第10課 소개하고 싶은 일본 문화

紹介したい日本文化

韓国人に紹介したい日本の文化や名所を、韓国との類似や違いを踏まえて書いてみましょう。

10-01 여기서는 일본의 '마쓰리'에 대해 소개하고자 한다. 세계 어느 나
10-02 라든 그 나라의 독특한 풍습이 있기 마련이다. 그 중에서도 '마쓰리'는 일본을 대표하는 전통적인 풍습이다.

'마쓰리'를 한자로 쓰면 제사 '제〈祭〉'자를 사용하나 한국의 제사와는 전혀 다른 개념이다. 한국의 제사는 집집마다 조상의 기일에 거행되는 가정 내 의례이다. 이와 달리 '마쓰리'는 마을 신을 모시고 지역 주민들이 모여 그 지역의 안녕과 번영을 기원하는 엄숙하고도 화려한 행사다.

한국의 '축제'와 비슷한 점도 있지만 '축제'는 비교적 새로 만들어진 것이 보통인 데 비해 '마쓰리'는 수백 년 이상 이어져 온 것도 많다는 점이 다르다.

후쿠오카의 '돈타쿠'와 같은 유명한 마쓰리의 경우, 며칠 사이에 국내외에서 몇십만에서 몇백만 명에 이르는 관광객들이 찾아오므로 지역 경제를 활성화시켜 주는 역할이 매우 중요하기도 하다.

ここでは日本の「祭り」について紹介しようと思う。世界のどの国でも、その国の独特な風習があるものだ。その中でも「祭り」は日本を代表する伝統文化だ。

「祭り」を漢字で書くと「祭祀（제사）」の「祭」の字を使うが、韓国の祭祀とは全く異なる概念だ。韓国の祭祀は家々の先祖の命日に行われる家庭儀礼だ。これに対し、「祭り」は村の神様を奉り、地域の住民が集まって、その地域の安寧と繁栄を祈る厳粛かつ華やかな行事だ。

韓国の「祝祭（축제）」と似たところもあるが、「祝祭」は比較的新しく作られたものが多いのに対し、「祭り」は数百年以上受け継がれてきたものも多いという点が異なる。

福岡のドンタクのような有名な祭りの場合、数日の間に国内外から数十万から数百万人に上る観光客が訪れるため、地域経済を活性化してくれる役割が非常に重要でもある。

▶新しい語句◀

-고자 하다 動 （し）ようと思う
～든 助 ～でも
독특하다〈獨特—〉 形 独特だ
풍습〈風習〉
-기 마련이다 指 （する）ものだ
대표하다〈代表—〉 動
전통〈傳統〉
한자〈漢字〉[—짜]
제사 '제' 자〈祭祀祭字〉[—짜]
-나 尾 （する）が
전혀〈全—〉 副 全く
다르다 르形 違う
개념〈槪念〉
조상〈祖上〉先祖
기일〈忌日〉命日
거행되다〈擧行—〉 動 行われる
가정〈家庭〉
내〈內〉
의례〈儀禮〉[—레] 儀礼

마을 村
신〈神〉神様
모시다 動 奉る
주민〈住民〉
모이다 動 集まる
안녕〈安寧〉
번영〈繁榮〉
기원하다〈祈願—〉 動 祈る
엄숙하다〈嚴肅—〉 形 厳粛だ
-고도 尾 （で）ありかつ
화려하다〈華麗—〉 形 華やかだ
행사〈行事〉
축제〈祝祭〉
비교적〈比較的〉 副
새로 副 新しく
-ㄴ 데 비해〈比—〉
（な）のに比べ
수백 년〈數百年〉[−뱅−]
이상〈以上〉

이어지다 動 受け継がれる
점〈點〉
～와 같은 ～のような
유명하다〈有名—〉 形
경우〈境遇〉場合
며칠 数日
사이 間
국내외〈國內外〉[궁—]
몇십만〈—十萬〉[—심—] 数十万
몇백만〈—百萬〉[—뱅—] 数百万
～명〈名〉 単名 ～人
이르다 러動 至る
찾아오다 動 訪れる
-므로 尾 （する）ため
경제〈經濟〉経済
활성화시키다〈活性化—〉 動
活性化する
역할〈役割〉

▶用言と語尾◀

소개하고자 한다 ← 소개하다〈紹介—〉 動 ＋ -고자 하(다) 動 {意図} ＋ -ㄴ다 尾 {(動)文章体}
있기 마련이다 ← 있(다) 存 ＋ -기 마련이다 指 {世の常}
정해진 ← 정하(다) 動 ＋ -여지(다) 動 {受身} ＋ -ㄴ 尾 {(動)過去連体形}
비슷하긴 하지만 ← 비슷하(다) 形 ＋ -긴 하(다) 形 {助詞追加} ＋ -지만 尾 {逆接}
보통인 데 비해 ← 보통 ＋ [～이(다) 指] ＋-ㄴ 데 비하(다) 動 ＋ -여 {連用形}
활성화시켜 주는 ← 활성화시키(다) 動 ＋ -어 주(다) 動 ＋ -는 尾 {(動)現在連体形}
중요하기도 하다 ← 중요하(다) 形 ＋ -기도 하(다) (形) {助詞追加} ＋ -다 尾 {文章体}

学習のポイント

10-03

1 文章体に特徴的な表現

a．意図表現「−고자 하다（し）ようと思う」 単純型

話ことばで「−려고/으려고 하다（し）ようと思う」と表現されるものが、固い文章ではと「−고자 하다」表現される傾向にあります。

b．定義の助詞「〜로/으로 〜で、〜であり」

ある対象について、まずひと言（名詞）で説明または定義し、さらにこれと関連し詳しい情報を説明する場合、最初のひと言（名詞）に「〜인데（であるが）」「〜이고（であって）」などを使うこともできますが、「〜로/으로 〜であり」を使うと文が引き締まった印象になります。

수빈이는 성적 우수한 학생으로, 학생회장을 맡기도 했다.
スビンは成績優秀な学生で、学生会長を務めもした。

핸드폰은 필수품으로, 그것 없이는 사회생활을 할 수가 없다.
携帯電話は必需品であり、それなくしては社会生活ができない。

c. 하다用言「하여 し」「하였다 した」

하다用言の해요形・過去形は、「해요」「했다」ですが、シリーズ第1巻 17 課および 19 課の注釈にあるように、これらは「하여」「하였다」の縮約形です。

文章体ではこの縮約前の形が好んで使われることがあります。また、「해서」も「서」を省略して「해」または「하여」の形で使われることがよくあります。

전원 집합하여 이름을 확인하였고 그 명단을 송부하여 탑승 수속을
（＝해서）（＝했고）（＝해서）

완료하였다.
（＝했다）

全員集合して名簿を確認したし、その名簿を送付して搭乗手続きを完了した。

d. 並列・同時の語尾「−며/으며（し）、（し）つつ」 받침有無型

2つの事柄を並列して表現する際、「−고（し）」または「−면서/으면서（し）つつ」に代えて「−며/으며（し）、（し）つつ」という語尾を使うと文章体らしい表現となります。１文の中に「−고」のような語尾が何度も現れることを避けるために使われることもあります。

매일 열심히 공부하고 있으며（=있고）앞으로 더 노력할 것입니다.
毎日一生懸命勉強しており、今後さらに努力するつもりです。

휴일에는 가족들과의 시간을 소중히 여기며（=여기면서）마음 편히 지낸다.
休日には家族との時間を大切に思いつつ、心安らかに過ごす。

e. 逆接の語尾「−나/으나（する）が」 받침有無型〈ㄹ脱落〉

話し言葉で「−지만（する）けれど」で表わされるものに、硬い文章では「−나/으나（する）が」が使われることがあります。

노력은 했으나（=했지만）운이 따르지 않았던 모양이다.
努力はしたが、運が伴わなかったようだ。

f. 理由の語尾「−므로/으므로（する）ので、（する）ため」 받침有無型〈ㄹ脱落〉

硬い文章では「−기 때문에」の代わりに「−므로/으므로」が使われます。

이상과 현실은 다르기 마련이므로（=마련이기 때문에）경험을 쌓는 것이 중요하다.
理想と現実は異なるのが常なので、経験を多く積むことが重要である。

대부분의 주민들이 동의했으므로（=동의했기 때문에）사업이 진행되었다.
大部分の住民が同意したため事業がすすめられた。

g. 根拠・きっかけの語尾「−니/으니（する）ので、（する）と」 받침有無型〈ㄹ脱落〉

話し言葉で「−니까/으니까」（☞ p.33, p.42）で表わされるものが、硬い文章では「−니/으니」となります。

교실에 가 보니 아무도 없었다.
教室に行ってみると誰もいなかった。

10-04

2 不問の助詞「～든/이든　～でも、～だろうが」

「Aであろうが B であろうが問わない」という場合の波線部に当たる助詞です。「뭐든、누구든」のように疑問詞に使うと「何でも、誰でも」のように対象を問わないという意味になります。この場合「든지」の形がよく使われます。

남자든 여자든 상관없다.　　男でも女でも関係ない。
사과든 귤이든 좋은 걸 드세요.　　リンゴでもミカンでも好きなものをどうぞ。
누구든지 언제든지 환영이다.　　誰でもいつでも歓迎です。

10-05

3 世の常表現「ー기 마련이다　(する) ものだ、(する) のが常だ」

世間ではよくあることだという意味を表す表現です。

처음 하는 일은 서투르기 마련이다.　　初めてすることは拙いものだ。
방학 때는 늘 숙제를 미루고 미루다가 막판에 몇 밤을 새우기 마련이다.
長期休みはいつも宿題を先延ばしにしていて土壇場で何日も徹夜してしまうのが常だ。

練習1 次の文の内容が「世の常だ」という意味の表現にしてみましょう。

① 남녀 간의 사랑은 변한다.

② 사람들은 자기 눈에 보이는 것만 믿는다.

③ 누구에게나 꿈이나 이상이 있다.

④ 사람은 지난 일을 생각하면서 후회한다.

⑤ 조심성 없이 일을 서두르다가 사고 친다.

남녀〈男女〉
변하다〈變—〉動 変わる
자기〈自己〉自分
눈 目
보이다 動 見える
믿다 動 信じる
이상〈理想〉
지나다 動 過ぎる
조심성〈操心性〉慎重さ
서두르다 르動 急ぐ
사고를 치다〈事故—〉動 事故を起こす

4 受身表現

10-06

「～가/이 거행되다 ～が行われる」「～가/이 정해지다 ～が決められる」は、他動詞「～를/을 거행하다 ～を行う」「～를/을 정하다 ～を決める」の受身表現です。韓国語の受身表現はあまり規則的ではなく、日本語や英語のように多様もされません。とはいえ、ある程度の傾向はあるので、よく使われるものを中心に少しずつ覚えていきましょう。

韓国語の受身表現は、他動詞との関係で主に3つのタイプがあります。

a．短い固有語他動詞の語幹に「이, 히, 리, 기」が付いた形。

보다 見る　　보이다 見られる　　닫다 閉める　　닫히다 閉められる
열다 開ける　　열리다 開けられる　　뺏다 奪う　　뺏기다 奪われる

※このタイプの受身表現は自動詞と区別がない場合があります。

보이다 見える　　닫히다 閉まる　　열리다 開く

b．他動詞「○○하다」または「○○시키다」を「○○되다」に代えた形。

기대하다 期待する　　전시하다 展示する　　연기하다／연기시키다 延期する
기대되다 期待される　　전시되다 展示される　　연기되다 延期される

※ただし「○○되다」が常に受け身になるとは限りません。

긴장하다／긴장되다 緊張する　　발달하다／발달되다 発達する

c．他動詞語幹に「－여지다/아지다/어지다」が付いた形。

만들다 作る　　만들어지다 作られる　　정하다 決める　　정해지다 決められる
알리다 知らせる　　알려지다 知られる

※他動詞語幹に「－여지다/아지다/어지다」が付いた形が自動詞である場合もあります。

켜다 点ける　　켜지다 点く　　끄다 消す　　꺼지다 消える

これ以外にも「혼내다 叱る ⇔ 혼나다 叱られる」「칭찬하다 褒め る⇔ 칭찬받다 褒められる」「때리다 叩く ⇔ 맞다 叩かれる」のような対応関係もあります。

10-07

5 漢字の説明方法

漢字の1字1字には韓国語特有の呼び名があり、『玉篇（옥편）』と呼ばれる漢字辞典に掲載されています。ウェブ上からも検索できるので、これを利用すれば、日本の人名・地名・施設名などの漢字を説明することができます。（例：NAVER 한자사전 https://hanja.dict.naver.com/）

例えば「長谷川」であれば 「길 장 자（長いの長の字）」「골 곡 자（谷間の谷の字）」「내 천 자（小川の川の字）」となります。なお「자〈字〉」は常に［짜］と読みます。

しかし、決まった呼び名が分からなくても、よく知られた言葉で、例えば「청계천 천 자（清渓川の川の字）」のように説明することもできます。

練習2 自分の名前や住んでいる地名、身近な施設名などの漢字を韓国語で説明してみましょう。

10-08

6 ㅅ変則用言

語幹末に「ㅅ」받침がある用言のうちいくつかの用言は、받침有無型および陰陽型の語尾が付く場合、「ㅅ」が脱落します。これを「ㅅ変則用言」といいます。

잇다 継ぐ	잇 ＋ 어지다	⇒ 이어지다 継がれる
	잇 ＋ 으면	⇒ 이으면 継げば

※一般に語幹に語尾の「어」が付く場合「지＋어⇒져」のように縮約が起こりますが、ㅅ変則用言の場合、ㅅ받침が落ちて「어」が連続しても縮約されません。

ㅅ変則用言には次のようなものがあります。語尾を付けて変化させてみましょう。

낫다 ㅅ動 治る　짓다 ㅅ動 作る　젓다 ㅅ動 かき混ぜる　낫다 ㅅ形 ました

※「벗다 脱ぐ」「씻다 洗う」は変則用言ではありません。

벗다 動 脱ぐ → 벗었다 脱いだ　벗으면 脱げば

씻다 動 洗う → 씻었다 洗った　씻으면 洗えば

韓国語による紹介文の書き方

自国語で自国のことや自国の文化について紹介、説明する場合と違い、外国語で自国のことがらを説明する場合には踏まえておくべき手順があります。

1）紹介したい日本の文化や名所について、インターネットなどで調べる。

紹介内容が主観的な印象や個人的な経験に基づくものではなく、客観的な事実に基づくものになるためには、幅広く知識やデータを調べ、整理する必要があります。

2）紹介したい対象と似たものが韓国にもあるかどうか、ある場合、どこが似ていて、どこが似ていないかを確認する。

例）日本の「高校の部活」は授業と関係がなく、入部するかどうかは自由。
韓国で一般には日本の部活と同じものはないが、授業時間に特別活動…

3）共通点と違いを踏まえ、どう説明すれば韓国人に分かってもらえるかを考える。

例）日本のタクシーは韓国に比べて料金が2倍程度と高いため、若者や近い距離で気軽に利用することはない。一方、乗客が乗降するドアは…

4）日本独特の概念や言い回しを韓国語でどう説明するればよいか考える。

例）日本の神社は、様々な自然物や歴史的人物などを神として崇める民間信仰の拠点で、全国に8万か所以上あると言われる。有名な神社として…

5）文章の構成を考える。

① 何を紹介するのか、なぜ紹介しようと思うのかを述べる。
② 韓国で言えば何に当るか、おおよその理解を導く。
③ 韓国とは異なる、日本独特の点を説明する。
④ 全体をまとめる。

6）韓国語に翻訳しながら、5の③を調整、修正する。

例）“　　”는/은 한국에서 말하는 “　　”에 해당되며…
“　　”는/은 “　　”라는/이라는 뜻으로, …

読んでみよう

10-09

10-10

나는 일본의 온천에 대해 소개하겠다. 우리 할머니가 사시는 동네에는 유명한 온천이 있다. 한국에서 온천이라면 대규모 목욕탕을 떠올리겠으나 일본에서 온천이라면 땅 속에서 솟아나는 뜨거운 물을 의미한다. 그대로 목욕물로 이용하기도 하고 그 물로 계란이나 야채를 쪄 먹기도 한다.

온천 물에는 지역마다 다양한 효능 성분이 함유되어 있어, 옛날 사람들은 그 물에 몸을 담가 병을 고쳤다고 한다. 예를 들어서 철분이 많은 온천에 들어가면 피부병이 낫고, 라디움이 많은 온천에 들어가면 신경통이 나았다고 한다.

물론 한두 번 목욕한다고 해서 병이 낫는 것은 아니며, 몇 주 몇 달 동안 온천 여관에 머무르면서 요양하는 것이 원래 모습이다. 그러나 바쁜 현대인들은 장기간 온천에서 요양하기는 어렵다. 그래도 며칠 동안 향토 음식을 맛보면서 소박한 시골 분위기에 힐링 받으며 따뜻한 물에 몸을 담그면 피로도 풀리고 스트레스도 해소되기 때문에 온천은 꾸준한 인기를 얻고 있다.

私は日本の温泉文化を紹介しようと思う。私の祖母が暮らす町には有名な温泉がある。韓国で温泉というと大規模な銭湯を思い浮かべるだろうが、日本で温泉といえば地面の中から沸き出す熱いお湯を意味する。そのまま風呂のお湯として利用しもするし、そのお湯で卵や野菜を蒸して食べもする。

温泉のお湯には土地ごとに様々な効能成分が含まれており、昔の人はそのお湯に浸かって病気を治したという。例えば、鉄分の多い温泉に入れば皮膚病が治り、ラジウムの多い温泉に入れば神経痛が治ったという。

もちろん1、2回入浴したからといって病気が治るわけではなく、何週間、何カ月間温泉旅館に寝泊まりしながら療養するのが本来の姿だ。しかし、忙しい現代人は長期間、温泉で療養するのは難しい。それでも数日間、郷土料理を味わいながら素朴な田舎の雰囲気に癒されつつお湯に浸かれば、疲れも取れ、ストレスも解消するので、温泉は根強い人気を得ている。

読んでみよう

온천〈溫泉〉　소개하다〈紹介—〉動　할머니 祖母　동네 町、村
유명하다〈有名—〉形　대규모〈大規模〉　목욕탕〈沐浴湯〉銭湯
떠올리다 動 思い浮かべる　땅 地面　속 中　솟아나오다 動 涌き出る
뜨거운 물 お湯　의미하다〈意味—〉動　그대로 副 そのまま　물 水、湯
이용하다〈利用—〉動　계란〈鷄卵〉卵　야채〈野菜〉　찌다 動 蒸す　지역〈地域〉
다양하다〈多樣—〉形 様々だ　효능〈效能〉　성분〈成分〉
함유되다〈含有—〉動 含まれる　옛날 昔　병〈病〉病気　고치다 動 治す
예를 들어서〈例—〉例えば　철분〈鐵分〉鉄分　피부병[-뼝]〈皮膚病〉
낫다 ㅅ動 治る　라디움 ラジウム　신경통〈神経痛〉　물론〈勿論〉
한두 ～ 数 1、2～　목욕하다〈沐浴—〉動 入浴する、風呂に入る
-다고 해서 (する)からといって　-는 것은 아니다 指 (する)のではない
주〈週〉　달 月　동안 間　여관〈旅館〉　머무르다 動 留まる、泊る
요양하다〈療養—〉動　원래〈元來〉　모습 姿　현대인〈現代人〉　장기간〈長期間〉
-기 어렵다 ㅂ形 (する)のが難しい　그래도 接 それでも　며칠 数日
향토 음식〈鄕土飮食〉郷土料理　맛보다 動 味わう　소박하다〈素朴—〉形 素朴だ
시골 田舎　분위기〈雰圍氣〉　힐링 받다〈healing —〉動 癒される
따뜻하다 形 温かい　피로〈疲勞〉　풀리다 動 解ける　스트레스〈stress〉
해소되다〈解消—〉動 解消される　꾸준히 副 着実に　얻다 動 得る

書いてみよう

◆本課本文、p.123〈韓国語による紹介文の書き方〉、読んでみよう などを参考に、日本の文化や名所などを紹介する文を書き、発表してみましょう。

❖ 平音が濃音で発音されるいくつかのケース ❖

韓国語の子音のうち「ㄱ・ㄷ・ㅂ・ㅅ・ㅈ」を平音と呼びますね。平音のうち「ㄱ・ㄷ・ㅂ・ㅈ」は普通、語頭では［k・t・p・ch］のように濁らずに発音され、語中では［g・d・b・j］のように濁り音で発音されます。（ただし、「ㅅ」は語頭でも語中でも［s］と発音されます。）

しかし、平音が語中にあっても濁らず、「ㅅ」も含め、濃音で発音される場合があります。これを「濃音化」と言いますが、濃音化にはいろいろな条件があります。以下にその条件を紹介します。（1）～（5）には例外がありません。

（1）［ㄱ, ㄷ, ㅂ］と発音される받침の後の「ㄱ・ㄷ・ㅂ・ㅅ・ㅈ」は濃音で発音されます。

학교［학꾜］〈學校〉　식당［식땅］〈食堂〉　택시［택씨］〈taxi〉
국밥［국빱］クッパ　바닷가［바닫까］海辺　앞집［압찝］前の家

（2）未来連体形語尾「−ㄹ/을」の後に続く「ㄱ・ㄷ・ㅂ・ㅅ・ㅈ」は濃音で発音されます。

갈 것이다［−꺼시−］行くつもりだ　할 수 있다［−쑤−］できる
그럴 줄 알았다［−쭐−］そうだろうと思った

（3）漢字語において、ㄹ받침の後に続く「ㄷ・ㅅ・ㅈ」は濃音で発音されます。

발달［−딸］〈發達〉　발신［−씬］〈發信〉　발전［−쩐］〈發展〉
cf.「ㄱ・ㅂ」には適用されません。　발견〈發見〉　일본〈日本〉

（4）用言の語幹末が「ㄴ・ㅁ」받침である場合、語尾の最初の「ㄱ・ㄷ・ㅅ・ㅈ」が濃音で発音されます。

감다［−따］巻く,（髪を）洗う　신고［−꼬］履いて
참지 마세요［−찌−］我慢しないで　심습니다［−씀］植えます
cf. 감기다 巻かれる, 신기다 履かせる 等の‘기’は語尾ではないのでㄱは濃音化しません。

（5）「ㅎ」を含まない2文字の받침の後に続く語尾の最初の「ㄱ・ㄷ・ㅅ・ㅈ」は濃音で発音されます。

앉다［안따］座る　맑다［막따］澄んでいる　젊고［점꼬］若くて
넓지 않다［널찌］広くない　없습니다［업씀니다］ありません

(6) 2つの単語が組み合わさった合成語で、2つ目の単語の最初の平音が濃音で発音されます。

김밥 [– 빱] 海苔巻き　← 김 海苔 ＋ 밥 ご飯
다음 주 [–쭈] 来週　← 다음 次 ＋ 주 週
여름 방학 [–빵–] 夏休み ← 여름 夏 ＋ 방학 (学校の) 長期休暇

※ただし、似たような条件でも濃音化しない場合があります。例えば「물고기 魚」(←물＋고기) は [물꼬기] のように濃音化しますが、「불고기 プルコギ」(←불＋고기) は濃音化しません。

(7)「割引券 (할인권)」「航空券 (항공권)」の「券 (권)」のように、他の単語の後に付く1文字の漢字を「漢字接尾辞」と呼びます。このうち、特定のものに限りますが、「권」⇒ [꿘] のように、最初の平音が濃音で発音されます。以下はその一部の例です。

–가〈價〉[까]	물가〈物價〉, 평가〈評價〉, 원가〈原價〉
–과〈科・課〉[꽈]	내과〈內科〉, 산부인과〈産婦人科〉, 경리과〈經理課〉
–권〈權・券〉[꿘]	인권〈人權〉, 여권〈旅券〉, 항공권〈航空券〉
–급〈級〉[끕]	장관급〈長官級〉長官クラス, 밴텀급〈bantam 級〉
–법〈法〉[뻡]	헌법〈憲法〉, 국제법〈國際法〉, 해결법〈解決法〉
	ex. 방법〈方法〉, 사법〈司法〉は濃音化しません。
–병〈病〉[뼝]	전염병〈傳染病〉, 상사병〈相思病〉恋の病
–자〈字〉[짜]	한자〈漢字〉, 로마자〈―字〉ローマ字
–점〈點〉[쩜]	관점〈觀點〉, 장단점〈長點〉長所, 차이점〈差異點〉違い
	ex. 点数を表す場合は濃音化しません。
–죄〈罪〉[쬐]	살인죄〈殺人罪〉, 사기죄〈詐欺罪〉
	ex. 범죄〈犯罪〉, 사죄〈謝罪〉等は濃音化しません。
–증〈證, 症〉[쯩]	면허증〈免許證〉, 주민증〈住民證〉, 불면증〈不眠症〉
	ex. 영수증〈領收證〉は濃音化しません。

付録

単語リスト（韓国語→日本語）

❖単語リスト（韓国語→日本語）の配列順は、一般的な韓国語辞典の配列と同じです。
【子音字母の順序】 ㄱ ㄲ ㄴ ㄷ ㄸ ㄹ ㅁ ㅂ ㅃ ㅅ ㅆ ㅇ ㅈ ㅉ ㅊ ㅋ ㅌ ㅍ ㅎ
【母音字母の順序】 ㅏ ㅑ ㅐ ㅒ ㅓ ㅕ ㅔ ㅖ ㅗ ㅘ ㅙ ㅚ ㅛ ㅜ ㅝ ㅞ ㅟ ㅠ ㅡ ㅢ ㅣ

❖陰陽型の語尾のうち -여、-였などで始まる語尾は大部分 해、했などの形で用いられているため、韓国語の形から意味を確認する「単語リスト（韓国語→日本語）」では、-여、-였の代わりに 해、했で表記しています。

❖記号については p.4 を参照してください。

ㄱ

~가 助 ~が ☞p.7
가격〈價格〉値段 ☞p.48
가게　店 ☞p.97
가까이 名副 近く、間近 ☞p.53
가깝다 ㅂ形 近い ☞p.12. 107
가끔 副 たまに ☞p.25, 36
가다 動 行く ☞p.26
~가 되다 動 ~になる ☞p.21, 40
가르치다 動 教える ☞p.69
가만있다 存 じっとしている ☞p.82
가볍게 副 軽く ☞p.16
가볍다 ㅂ形 軽い ☞p.12. 16
가슴　胸 ☞p.94
가을　秋 ☞p.74
가장 副 最も ☞p.96, 107
가정〈家庭〉家庭 ☞p.116
가져가다 動 持っていく ☞p.38
가족〈家族〉家族 ☞p.22, 58, 79
(固) 가지 単名 ~種類、~つ ☞p.102
가지다 動 持つ ☞p.36, 80, 114
각국〈各國〉各国 ☞p.66, 70
~간〈間〉~間、~のあいだ ☞p.107, 120
간식〈間食〉おやつ ☞p.90
간호사〈看護師〉看護師 ☞p.18
갈아입다 動 着替える ☞p.31, 34
갈아타다 動 乗り換える ☞p.34
감격하다〈感激―〉動 感激する ☞p.30
감기(가) 들다 動 風邪（を）ひく ☞p.21
감다 [-따] 動 ①巻く ②（髪を）洗う ☞p.126
감기다 動 巻かれる ☞p.126
갑자기 副 急に ☞p.40, 87
강하다〈强―〉形 強い ☞p.42
강해지다〈强―〉動 強くなる ☞p.42
갖다 주다 動 持ってきてくれる、持っていってあげる ☞p.104, 112
같다 形 ①同じだ ☞p.82　②（~の）ようだ ☞p.90, 94
같이 副 ①一緒に ☞p.32, 42, 90　②（~の）ように
(固) 개〈個〉単名 ~個、~つ ☞p.6
(漢) 개국〈個國〉単名 ~カ国 ☞p.70
개념〈概念〉概念 ☞p.116
개다 動 晴れる ☞p.57
개발하다〈開發―〉動 開発する ☞p.60
(漢) 개월〈個月〉単名 ~ヵ月 ☞p.36
거꾸로 副 逆に ☞p.104
-거나 尾 (し)たり、(する)か {動作例示} ☞p.24, 28, 34
거두다 動 収める ☞p.26
거리〈距離〉距離 ☞p.107

거부감〈拒否感〉 違和感 ☞p.114

거짓말(을) 하다 動 嘘(を)つく ☞p.96, 100

거행되다〈擧行―〉動 行われる ☞p.116, 121

걱정　心配 ☞p.72, 78, 104

걱정(이) 되다 動 心配になる ☞p.81, 82

걱정하다 動 心配する ☞p.82

~건 助 ~だろうが ☞p.107

건강〈健康〉 健康 ☞p.67, 99

건물〈建物〉 建物 ☞p.22, 97

건축〈建築〉 建築 ☞p.22

걷다 ㄷ動 歩く ☞p.11, 26, 76

걸리다 動 かかる ☞p.34, 79

걸어서(←걷다+어서) 歩いて ☞p.30

걸치다 動 かける ☞p.70

검색하다〈檢索―〉動 検索する ☞p.31, 60

~ 것 依名 こと、の ☞p.36

-게 尾 -く、-いように {副詞化} ☞p.16

-게 되다 動 (する)ようになる ☞p.36

-겠- 補幹 {意向・推量・婉曲} ☞p.16, 55

-겠습니다 (し)ます、-いたします {宣言} ☞p.14, 16

겨울　冬 ☞p.26, 107

겨울 방학〈―放學〉[-빵-] 冬休み ☞p.39

견해〈見解〉 見解 ☞p.108

결과〈結果〉 結果 ☞p.29, 32, 79

결국〈結局〉副 ☞p.107

결석〈缺席〉[-썩] 欠席 ☞p.30

결심〈決心〉[-씸] 決心 ☞p.108

결혼〈結婚〉 結婚 ☞p.84

결혼하다〈結婚―〉動 結婚する ☞p.56, 58

경기〈競技〉 競技 ☞p.48

경우〈境遇〉 場合 ☞p.60, 116

경쟁률〈競爭率〉[-뉼] 競争率 ☞p.89

경제〈經濟〉 経済 ☞p.116

경주〈慶州〉 キョンジュ(地名) ☞p.53

경험〈經驗〉 経験 ☞p.31, 55

계기〈契機〉 きっかけ ☞p.36, 90

계란〈鷄卵〉 卵 ☞p.124

계산〈計算〉 計算 ☞p.52

계시다 存 いらっしゃる(있다の尊敬語) ☞p.19

계획〈計劃〉 計画 ☞p.58

-고 尾 (く)て、(する)し {並列} ☞p.9

-고 계시다 存 動+(し)ておられる(-고 있다の尊敬表現) ☞p.82

-고도 尾 (で)ありかつ、(し)てなお ☞p.116

고등학교〈高等學校〉 高校 ☞p.36

고르다 르動 選ぶ ☞p.12, 38, 41

고맙다 ㅂ形 ありがたい ☞p.12

고민〈苦悶〉 悩み ☞p.89

-고 싶다 形 (し)たい {希望} ☞p.10, 14, 36, 40

-고 있다 存 (し)ている {進行中} ☞p.10, 14, 62, 66

-고자 하다 動 (し)ようと思う ☞p.116, 118

고정관념〈固定觀念〉 固定観念 ☞p.114

고쳐지다 動 直る ☞p.90

고추　唐辛子 ☞p.102, 106

고치다 動 治す ☞p.124

고프다 形 空腹だ ☞p.79

고향〈故鄕〉 出身地、ふるさと ☞p.16, 39, 40

곡〈曲〉 曲 ☞p.20

곤란하다〈困難―〉形 困る ☞p.79

-곤 하다 (し)たりする {動作例示} ☞p.51

골고루 副 まんべんなく ☞p.90

골프〈golf〉 ゴルフ ☞p.49

곱다 ㅂ形 美しい ☞p.12

공〈空〉 ゼロ ☞p.5, 6

공무원〈公務員〉 公務員 ☞p.19

공부〈工夫〉 勉強 ☞p.49, 60

공부하다〈工夫―〉動 勉強する ☞p.14, 36, 46

공원〈公園〉 公園 ☞p.100

공짜로〈空―〉 タダで(無料で) ☞p.104

~과 助 ~と {列挙} ☞p.7

~과 같은 ○○　~のような○○

~과 같이 ①~と一緒に ☞p.36. 90 ②~のように

과일　果物 ☞p.28, 64, 90

과자〈菓子〉 お菓子 ☞p.21, 28

과장님〈課長―〉 課長 ☞p.19

과제〈課題〉 課題 ☞p.34

관광〈觀光〉 観光 ☞p.62

관광객〈觀光客〉 観光客 ☞p.39, 62, 116

관광지〈觀光地〉観光地 ☞p.62

관련되다〈關聯―〉[괄-] 動 関連する ☞p.62

관심〈關心〉関心 ☞p.14, 22, 36, 48

괜찮다 形 大丈夫だ ☞p.77, 79, 88

교류〈交流〉交流 ☞p.40, 66

교류하다〈交流―〉動 交流する ☞p.40, 45

교복〈校服〉学校の制服 ☞p.53

漢 교시〈校時〉単名 ～時限目 ☞p.24, 27, 34

교실〈教室〉教室 ☞p.43, 97

교직과정〈教職課程〉教職課程 ☞p.66

교통사고〈交通事故〉交通事故 ☞p.53

교환 유학〈交換留學〉交換留学 ☞p.67

교환하다〈交換―〉動 交換する ☞p.20, 28

구〈九〉漢数 九 ☞p.5

形存指구나 尾（そうか）…いのか、（へえ）…なんだ {感心} ☞p.104, 110

구하다〈求―〉動 ①求める（入手する）②探す ☞p.68

국내외 [궁내-]〈國內外〉国内外 ☞p.116

군대〈軍隊〉軍隊 ☞p.106

군인〈軍人〉軍人 ☞p.97

궁금하다 形 気になる、知りたい、不思議に思う ☞p.94, 102, 106

귀국하다〈歸國―〉動 帰国する ☞p.21

귀엽다 ㅂ形 かわいらしい ☞p.12

귀중품〈貴重品〉貴重品 ☞p.97

귀하다〈貴―〉形 貴重だ、尊い ☞p.58, 80

귤　ミカン ☞p.120

그 代名 彼 ☞p.46

그 ～ 連体 ①その～ ☞p.32, 36, 46, 94 ②あの～（聞き手も知っている物事を指して）☞p.86

그곳　その場所 ☞p.114

그날　その日 ☞p.24

그냥 副 ①ただ、なんとなく ②ただで ☞p.114

그대로 副 そのまま ☞p.124

그동안 副 その間、その後、これまで ☞p.89

그들 代名 彼ら ☞p.46, 108

그래도 接 それでも ☞p.124

그러나 接 しかし ☞p.80, 124

그러다 ㅓ動 そうする ☞p.13, 51, 101

그러려면 ←그러려고 하면　そうしようと思えば、それには ☞p.70

그런가 하면　そうかと思えば ☞p.102

그런 ～ 連体 ①そんな～ ☞p.82, 101, 111 ②あんな～（聞き手も知っている物事を指して）☞p.94

그런데 副 ところが、でも、ただ ☞p.46, 52, 62, 80

그럼 副 では、じゃあ ☞p.15

그렇게 副 ①そのように、そんなに ☞p.58, 88 ②あんなに（聞き手も知っている様子を指して）☞p.94, 102

그렇다 ㅎ形 そうだ ☞p.13, 101

그룹〈group〉グループ ☞p.44, 46

그리고 接 そして ☞p.22, 70, 72

그리다 動 描く ☞p.49, 75

그림　絵、図 ☞p.44, 49, 53

그만 副 つい ☞p.87

그만두다 動 止める ☞p.86

그 사람　その人、彼、彼女 ☞p.93

근무하다〈勤務―〉動 勤務する ☞p.18, 74, 84

근처〈近處〉近く ☞p.14, 38

글　文字、文 ☞p.49

금방〈今方〉副 すぐ、今すぐ ☞p.112

기간〈期間〉期間 ☞p.26, 72, 80

-기까지 하다　（し）さえする {助詞追加} ☞p.114

-기는 하다　（し）はする {助詞追加} ☞p.75, 124

기다리다 動 待つ ☞p.31, 39, 72, 87

기대(가) 되다〈期待―〉動 期待される、楽しみだ ☞p.72, 121

기대하다〈期待―〉動 期待する、楽しみにする ☞p.29, 121

-기도 하다　（し）もする {助詞追加} ☞p.72, 75

-기 때문에　（する）ので、（する）ため {理由・原因} ☞p.24, 32, 33

-기 때문이다 指（する）からだ ☞p.48, 107

-기로 하다 動（する）ことにする {決定} ☞p.72, 74

기록〈記錄〉記録

기르다 르動 育てる ☞p.41

-기 마련이다 指（する）ものだ、（する）のが常だ {世の常} ☞p.116, 120

-기만 하다　(し) てばかりする {助詞追加} ☞p.60

기말시험〈期末試驗〉期末テスト ☞p.39

기모노 (日本語) 着物、和服 ☞p.54, 94

-기 바라다 動 (する) ことを願う ☞p.41

기분〈氣分〉気分 ☞p.43

기사〈記事〉記事 ☞p.106

기숙사〈寄宿舍〉寄宿舎、寮 ☞p.53

-기 쉽다 ㅂ形 (し) やすい ☞p.41

-기 시작하다〈—始作—〉動 (し) 始める ☞p.36, 41, 62

-기 싫다 形 (し) たくない ☞p.41

-기 어렵다 ㅂ形 (する) のが難しい、(し) にくい ☞p.41, 124

기억〈記憶〉記憶、覚え ☞p.29

기억(이) 나다〈記憶—〉動 思い出す、思い出される ☞p.29, 82, 86

기온〈氣溫〉気温 ☞p.107

기원하다〈祈願—〉動 祈る ☞p.116

-기 위해(서)〈—爲—〉(する) ため (に) {目的} ☞p.62, 66

기일〈忌日〉命日 ☞p.116

-기 전에〈—前—〉(する) 前に ☞p.36, 41

기타〈guitar〉ギター ☞p.49

기회〈機會〉機会 ☞p.36, 58, 72

기후〈氣候〉気候 ☞p.94

-기 힘들다 形 (する) のが困難だ ☞p.55

긴장되다〈緊張—〉動 緊張する ☞p.80, 121

-긴 하다 (←-기는 하다)　(し) はする ☞p.72

길　道 ☞p.57, 69, 112

길가 [-까] 道端 ☞p.100

길다 形 長い ☞p.56, 88, 94

길을 잃어버리다 動 道に迷う ☞p.112

까맣다 ㅎ形 黒い ☞p.13, 101

~까지 助 ①~まで ☞p.27, 69 ②~までに ☞p.34, 38, 68

깜짝 놀라다 動 びっくりする ☞p.26, 109, 114

깜짝 이벤트〈—event〉サプライズイベント ☞p.109

깨끗이 副 きれいに、きれいさっぱり ☞p.104

깨끗하다 [-끄타-] 形 きれいだ、清潔だ ☞p.40

깨닫다 ㄷ動 悟る ☞p.76

꺼지다 動 (電気が) 消える ☞p.121

꺾어지다 動 折れる、曲がる ☞p.38

~께 助 (目上の人) に {에게の尊敬語} ☞p.38, 67

~께서 助 (目上の人) が {가の尊敬語} ☞p.60

꼭 副 必ず、是非 ☞p.46, 108

꽤 副 かなり ☞p.21

꾸준히 副 着実に、根気強く ☞p.70

꾸준하다 形 着実だ、根強い ☞p.124

(무릎) 꿇다 動 ひざまずく ☞p.102

꿈　夢 cf. 꿈(을) 꾸다 夢 (を) 見る, 꿈(을) 이루다 夢をかなえる ☞p.45, 70, 120

꿰뚫어 보다 動 見抜く ☞p.82

끄다 動 (電気を)消す ☞p.121

끝　①終わり、最後 ☞p.69 ②先端

끝나다 [끈-] 動 終わる ☞p.20, 74, 110

끝내다 [끈-] 動 終える、終わらせる

~끼리 接尾 ~どうし ☞p.113

끼어들다 動 首を突っ込む、口をはさむ ☞p.108

끼치다 動 及ぼす ☞p.14

ㄴ

形指 ㄴ ○○ 尾 (い) ○○ {現在連体形} ☞p.10

動 ㄴ ○○ 尾 (し) た○○ {過去連体形} ☞p.14

形指 ㄴ가 尾 (い) のか、(な) のか {文章体の疑問} ☞p.96

形指 ㄴ가 보다 形 (い) みたいだ {状況推測 (直感)} ☞p.89

形指 ㄴ 것 같다 形 (い)ように思う、(い) みたいな気がする {推察} ☞p.56

動 ㄴ 것 같다 形 (し) たように思う、(し) たみたいな気がする {推察} ☞p.56

形指 ㄴ 것이다 指 (い) のだ {背景説明} ☞p.108

動 ㄴ 것이다 指 (し) たのだ {背景説明} ☞p.108

動 ㄴ다고 하다 動 (する) という {引用 (平叙文)} ☞p.84

動 ㄴ다는 ○○ 尾 (する) という○○ {引用連体 (平叙文)} ☞p.104

動 ㄴ다면 尾 (する) なら ☞p.46

動ㄴ 다음에　(し)た後で、(し)てから ☞p.64

動ㄴ 뒤에　(し)た後で、(し)てから☞p.20, 64

動ㄴ 모양이다 指 (し)た様子だ {状況推測} ☞p.89

動ㄴ 적도 있다 存 (し)たこともある ☞p.50

動ㄴ 적이 있다 存・없다 存 (し)たことがある・ない {経験} ☞p.53

形指ㄴ 줄 알다 動・모르다 르動 (い)ものと思う・思わない {思い込み} ☞p.98

動ㄴ 줄 알다 動・모르다 르動 (し)たものと思う・思わない {思い込み} ☞p.98

動ㄴ 지〈期間〉 (し)てから〈期間〉 ☞p.14

形指ㄴ지 … 尾 なのか… {文中疑問} ☞p.88, 94, 102

動ㄴ 후에〈—後—〉 (し)た後で、(し)てから ☞p.62, 64

나 代名 僕、わたし(自分と同年配以下の人の前での自称) ☞p.5

-나 尾 (する)が {逆接} ☞p.119

~나 助 ①~や {例示} ②~か {選択肢} ③~でも {消極的選択} ④~も {予想超過} ☞p.28, 38

나가다 動 出ていく、出る ☞p.50

나다 動 出る、生じる ☞p.29, 82

나도 모르게　自分も知らずに、無意識のうちに ☞p.80

나름대로 副 それなりに ☞p.80

動存 나 보다 形 (どうやら)(…する)ようだ、(…する)みたいだ {状況推測(直感)} ☞p.82, 89

나오다 動 出てくる ☞p.24, 38, 60, 87

나이(가) 들다 動 歳(を)とる ☞p.107

나중에　後で、後日 ☞p.25, 79

난생처음으로　生まれて初めて ☞p.80

날　日 ☞p.36, 47

날씨　天気、気候 ☞p.39, 40

남녀〈男女〉 男女 ☞p.107, 120

남다 [-따] 動 残る ☞p.48

남동생〈男同生〉 弟

남자〈男子〉 男、男性 ☞p.77, 120

낫다 ㅅ形 より良い、ましだ ☞p.13, 122

낫다 ㅅ動 (病気が)治る ☞p.13, 122, 124

낮다 形 低い

내 ~ 連体 (←나의)　僕の、わたしの ☞p.5, 39, 72, 84

~ 내〈内〉 ~内 ☞p.26, 116

내가　僕が、わたしが ☞p.36, 46, 60, 77, 82, 94

내게(←나에게) わたしに、わたしにとって ☞p.46

내내 副 (期間中)ずっと ☞p.67

내년〈來年〉 来年 ☞p.58, 78

내다 動 出す ☞p.30, 38, 48

내일〈來日〉 名副 明日 ☞p.58, 68, 89

너 代名 君、お前、あんた ☞p.84

너무 副 あまりに、すごく ☞p.56

넌(←너는)　君は、あんたは ☞p.84

넣다 動 入れる ☞p.13, 101

네 ~ 連体 (←너의)　君の~、お前の~、あんたの~

네 ~ 固数 四つの~、四~ ☞p.6

네가　君が、お前が、あんたが ☞p.5

넷 固数 四つ、四 ☞p.6

넷이서　四人で ☞p.15

漢 년〈年〉 単名 年 ☞p.5, 21

漢 년대〈年代〉 単名 年代 ☞p.40

노랗다 ㅎ形 黄色い ☞p.13, 101

노래　歌 ☞p.17, 46, 49, 50

노력〈努力〉 努力 ☞p.46, 59

노력하다〈努力—〉 動 努力する ☞p.69, 79

논밭　田畑 ☞p.84

놀다 動 遊ぶ ☞p.26, 28, 41, 75, 87

놀라다 動 驚く ☞p.36, 104, 114

놀이　遊び ☞p.82

농구〈籠球〉 バスケットボール ☞p.49, 50

높다 形 高い ☞p.89

놓다 動 置く ☞p.13, 69, 101

누가 ①誰が ☞p.77, 86, 96 ②誰かが ☞p.56

누구 ①誰 ☞p.77, 96, 120 ②誰か

누나 ①(弟にとっての) 姉、お姉ちゃん ☞p.17, 85 ②お姉さん、先輩(女性にとっての親しい年上の女性)

누르다 르動 圧す、押しつぶす ☞p.41

눈　目 ☞p.42, 62, 120

눈　雪 ☞p.45

눈에 띄다 [-띠-] 動 目につく ☞p.62

눕다 ㅂ動 寝そべる ☞p.100

느긋하게 [-그타-] 副 ゆったり ☞p.34

느끼다 動 感じる ☞p.104

느껴지다 動 感じられる ☞p.42, 107

느닷없이 [느다덥씨] 副 いきなり ☞p.109

動存는 ○○ 尾 (する) ○○ {現在連体形} ☞p.10

~는 助 ~は ☞p.7

動存는가 尾 (する) か、(な) のか {文章体の疑問} ☞p.94, 96

動存는 것 같다 形 (する) ように思う、(する) んじゃないかと思う、(する) みたいな気がする {推察} ☞p.50, 56

動存는 것은 아니다 指 (する) のではない ☞p.124

動存는 것이다 指 ①(する) ことだ ☞p.46 ②(する) のだ {背景説明} ☞p.108

動存는 것이 아닌가　(する) ではないか ☞p.104

動는구나 尾 へえ (…する) んだ {感心} ☞p.111

動는다고 하다 動 (する) という {引用 (平叙文)} ☞p.84

動는다는 ○○ 尾 (する) という○○ {引用連体} ☞p.106

動存는데 尾 (する) んだけれど {背景説明} ☞p.29

動存는 데　(する) のに ☞p.80

動存는 모양이다 指 (する) 様子だ {状況推測} ☞p.82, 89, 90, 92

動存는 줄 알다 動・모르다 르動 (する) ものと思う・思わない {思い込み} ☞p.94, 98

動存는지 … 尾 (する) のか… {文中疑問} ☞p.88

動存는 편이다 〈便―〉 指 (する) ほうだ ☞p.50

늘 副 いつも ☞p.58, 120

늘다 動 増える、伸びる ☞p.36, 79

늦게 副 遅く ☞p.24, 25, 30, 87

늦다 形 遅い ☞p.33

늦다 動 遅くなる、遅れる ☞p.55

-니 尾 (する) のだから、(する) と ☞p.119

-니까 尾 (する) と、(し) たら {きっかけ} ☞p.33, 36, 42, 82

ㄷ

다 副 全部、みんな、すっかり ☞p.26, 42, 50

-다가 尾 (し) ているうちに、(し) ていて {途中移行} ☞p.82, 87, 90, 120

-다고 하다 動 (する) という {引用 (平叙文)} ☞p.82, 84

-다고 해서　(する) からといって ☞p.124

-다는 ○○ 尾 (する) という○○ {引用連体} ☞p.106

다니다 動 通う、往来する ☞p.21, 41, 67, 82

다르다 르形 違う、異なる ☞p.12, 41, 52, 116

다른 것　他のもの ☞p.32, 90

다른 ~ 連体 他の~ ☞p.45, 70, 72

다섯 固数 五つ ☞p.6

다시 副 再び、また ☞p.86

다양하다 〈多様―〉 形 様々だ ☞p.60, 124

다음　次 ☞p.64, 84, 114

다음 달 [-딸] 来月 ☞p.40

다음 주 [-쭈] 来週 ☞p.57

다이어트 〈diet〉 ダイエット ☞p.66

다치다 動 怪我する ☞p.87

다하다 動 尽くす ☞p.65, 72

다행이다 〈多幸―〉 指 幸いだ ☞p.50

닦다 動 磨く ☞p.34, 69, 72

닫다 動 閉める ☞p.11, 76, 121

닫히다 [다치-] 動 閉まる、閉められる ☞p.97, 121

固 달 単名 ~カ月 ☞p.124

漢 달러 〈dollar〉 単名 ~ドル ☞p.5

달려오다 動 駆け付ける ☞p.86

달리 副 (~と) 違い、違って ☞p.102, 116

달리기　かけっこ、競走 ☞p.50

달리다 動 走る ☞p.94

달리다 動 ぶら下がる、付く ☞p.94

담그다 動 浸ける ☞p.124

담당하다 〈擔當―〉 動 担当する ☞p.32

담배　タバコ cf. 담배를 피우다 タバコを吸う ☞p.113

담임 〈擔任〉 担任 ☞p.82

당연하다 〈當然―〉 形 当然だ ☞p.114

당첨되다 〈當籤―〉 動 (くじなどが) 当たる ☞p.109

당하다 〈當―〉 動 遭う、被る ☞p.53

당황하다〈唐慌—〉動 当惑する ☞p.114

固 대〈臺〉単名 ～台（機械類）☞p.6, 42

대개〈大概〉副 たいてい ☞p.54

대규모〈大規模〉大規模 ☞p.124

대문〈大門〉門　cf.문　ドア

대박(이) 나다 動 大当たりする、大ヒットする ☞p.110

대부분〈大部分〉副 大部分、ほとんど ☞p.113, 119

대전〈大田〉テジョン（地名）☞p.39

대표〈代表〉代表 ☞p.38, 40

대표하다〈代表—〉動 代表する ☞p.116

대학〈大學〉大学、単科大学、学部 ☞p.62, 72, 80, 99, 106

대학교〈大學校〉大学、総合大学 ☞p.22, 65

대학생〈大學生〉大学生 ☞p.106, 113

대학원생〈大學院生〉大学院生 ☞p.14

대형 사고〈大型 事故〉大事故 ☞p.33

대화하다〈對話—〉動 対話する ☞p.36, 46

대회〈大會〉大会 ☞p.50, 53

댄스〈dance〉ダンス ☞p.22, 49

더 副 もっと、さらに ☞p.36, 42, 92

더럽다 ㅂ形 汚い ☞p.12

-던 ○○ 尾（し）ていた○○ {回想連体形} ☞p.86

덥다 ㅂ形 暑い ☞p.39

덩그러니 副 ぽつんと ☞p.97

～ 데 依名（～する）ところ ☞p.116

데려다 주다 動 連れてきてくれる、連れていってあげる ☞p.112

데뷔〈deview〉デビュー ☞p.110

漢 도〈度〉単名 度 ☞p.6

～도 助 ～も {追加} ☞p.7

도대체〈都大體〉副 一体全体 ☞p.77

-도록 尾（する）ように {目標} ☞p.62, 65

도서관〈圖書館〉図書館 ☞p.34

도시〈都市〉都市 ☞p.22, 39

도시락　弁当 ☞p.20, 24

도와드리다 動 お手伝いする ☞p.50, 93

도움이 되다 動 役に立つ ☞p.50

도입되다〈導入—〉動 導入される ☞p.114

도전〈挑戰〉チャレンジ ☞p.72

도착하다〈到着—〉到着する ☞p.65

독립심〈獨立心〉[동닙-] 独立心 ☞p.42

독특하다〈獨特—〉形 独特だ ☞p.94, 116

돈　お金 ☞p.46, 66, 104, 114

돈코츠라면　豚骨ラーメン ☞p.52

돌아가다 動 戻っていく、帰る ☞p.36

돌아보다 動 回ってみる ☞p.70

돕다 ㅂ動 手伝う、助ける ☞p.12

동네　近所、町、村 ☞p.82, 124

동남아시아〈東南asia〉東南アジア

동생〈同生〉妹、弟 ☞p.16, 39, 56, 60

동성〈同性〉同性 ☞p.107

동아리　サークル ☞p.22

동아시아〈東asia〉東アジア ☞p.70

동안　間（期間中ずっと）☞p.18, 124

동영상〈動映像〉動画 ☞p.109

(～가/이) 되다 動（～に）なる ☞p.55

될 수 있는 대로　できるだけ ☞p.62, 70

두 ～ 固数 二つの～ ☞p.6

두다 動 置く

두세 ～ 固数 二つ三つの～、二三～ ☞p.34

둘 固数 ①二つ ☞p.6 ②二人 ☞p.14, 98

둘이서　二人で ☞p.14

뒤　後 ☞p.20, 64, 82

뒤쳐지다 動 遅れる ☞p.114

드럼〈drum〉ドラム ☞p.49

드리다 動 差し上げる（주다の謙譲語）☞p.38

드시다 動 召し上がる（먹다の尊敬語）☞p.19

～든 助 ～でも、～だろうが {不問} ☞p.114, 120

～든지 助 ～でも、～だとか {不問} ☞p.60

듣다 ㄷ動 ①聞く☞11, 26, 29 ②（授業を）受ける ☞p.70, 74

들다 動 入る ☞p.97

들다 動（手に）持つ ☞p.102

들르다 動 寄る ☞p.12, 41, 87

들어가다 動 入っていく、入る ☞p.36, 64, 124

～ 등〈等〉依名 ～など ☞p.50

디자인〈dezign〉デザイン ☞p.22, 29

따다 動 採る、取る ☞p.62, 67, 99

따뜻하다 [-뜨타-] 形 暖かい、温かい ☞p.124

따뜻한 물　お湯 ☞p.124

따라서 接 従って ☞p.12

(~를/을) 따르다 動 (~に) 従う、ついていく ☞p.12, 41, 82, 119

딸　娘 ☞p.89

땅　地面 ☞p.124

때리다 動 叩く ☞p.121

떠올리다 動 思い浮かべる ☞p.124

떡　餅 ☞p.58

떡볶이　トッポッキ ☞p.85

떨어지다 動 落ちる ☞p.107

또 副 また ☞p.104

또래　同い年、同年配 ☞p.82

똑같이 副 同様に ☞p.94

뛰다 動 走る ☞p.79, 82

뛰쳐 나가다 動 駆け出す、飛び出す ☞p.110

뜨거운 물　お湯、熱湯 ☞p.124

뜻　意味 ☞p.55, 123

ㄹ

-ㄹ ○○ 尾 {未来連体形} ☞p.58

-ㄹ 것이다 指 ①(する/い) だろう {推測} ②(する) つもりだ {意志} ☞p.50, 72, 92

-ㄹ까? 尾 (する/い) だろうか、(し) ようか {推量疑問} ☞p.77

-ㄹ 때　(する/い) 時 {時点} ☞p.30

-ㄹ 때마다　(する/い) たびに {反復} ☞p.50

-ㄹ 모양이다 指 (する/い) 様子だ、(する/い) ようだ {状況推測} ☞p.89

-ㄹ 수 있다 存・없다 存 (する) ことができる・できない {可能・不可能} ☞p.36, 44

-ㄹ 정도로〈—程度—〉 (する/い) ほど {程度} ☞p.36

-ㄹ 줄 알다 動・모르다 ㄹ動 (する) すべを知っている・知らない、~できる・できない {技能の有無} ☞p.50, 54

-ㄹ 줄 알다 動・모르다 ㄹ動 (する/い) ものと思う・思わない {思い込み} ☞p.98

-ㄹ지 尾 … (し) ようか…、(する/い) だろうか… {文中推量疑問} ☞p.78

~라고 助 ~と {引用} ☞p.7

~라는 ○○　~という○○ {引用連体形} ☞p.36

~라도 助 ~でも {消極的選択} ☞p.48

(指)라도 尾 でも ☞p.79

라디움〈radium〉 ラジウム ☞p.124

라면　ラーメン ☞p.28, 38

~라면 助 ~なら ☞p.52, 55, 100, 104

~라면 (← 라고 하면)　~と言えば ☞p.52, 124

(指)라서 尾 (な) ので ☞p.72, 79, 94

라인〈Line〉 ライン ☞p.34

-러 尾 (し) に {行き来の目的を表す接続} ☞p.9

-려고 하다 動 (し) ようと思う、(し) ようとする {意図} ☞p.62, 68

~로 助 ①~で {手段・材料} ☞44, 46 ②~へ {方向} ☞p.36, 38 ③~として {資格} ☞50, 90 ④~であり {定義} ☞p.116

~로부터 助 ~から {開始原点}

~를 助 ~を ☞p.7

~를 위한 ○○　~のための○○

~를 위해(서)　~のため (に) {目的} ☞p.46, 62, 66

리그전〈league戦〉 リーグ戦 ☞p.65

리본〈ribbon〉 リボン ☞p.94

리포트〈report〉 レポート ☞p.26, 67, 99

ㅁ

~마다 助 ~ごとに、~のたびに ☞p.50, 52, 116

마르다 ㄹ動 乾く ☞p.12, 41

(固) 마리 単名 ~匹、~頭、~羽、~尾 ☞p.6

마무리하다 動 仕上げる ☞p.79

마쓰리 (日本語) 祭り ☞p.116

마음　心、気持ち ☞p.40

마음에 들다 動 気に入る ☞p.20

마음에 안 들다 動 気に入らない ☞p.28, 29

마음을 열다 動 心を開く ☞p.55

마음 편히　心安らかに ☞p.119

마지막　最後

마치다 動 終わる ☞p.16

마트〈mart〉スーパー
마흔 固数 四十 ☞p.6
막판에　最後に、土壇場で ☞p.120
만〈萬〉漢数 万 ☞p.5, 38
～만 助 ～だけ、～ばかり ☞p.32, 36, 59, 87, 98
～ 만(에) 依名 ～ぶり(に) ☞p.109
(～를/을) 만나다 動 (～に) 会う ☞p.7, 20, 33, 40
만들다 動 作る ☞p.20, 21, 44, 54, 58, 64
만들어지다 動 作られる ☞p.116, 121
만약에〈萬若—〉副 もし、仮に ☞p.50
만지다 動 触る ☞p.54
～만 해도　～だけとっても ☞p.102
만화〈漫畫〉漫画 ☞p.49, 75
많다 形 多い ☞p.22, 24, 31, 36
많이 副 たくさん ☞p.17, 45, 55
말　言葉 ☞p.49, 69, 72
말갛다 ㅎ形 澄んでいる ☞p.101
말랑말랑하다 形 ぶよぶよしている ☞p.90
말씀　(目上の人の) 言葉、おっしゃること ☞p.82
말씀하시다 動 おっしゃる (말하다の尊敬語) ☞p.84
… 말이다 指 …である {余剰表現} ☞p.102, 104, 107
말하다 動 言う、話す ☞p.84
맑다 [막따] 形 澄んでいる ☞p.126
맛보다 動 味わう ☞p.124
맛집　美味しい店 ☞p.31
맞다 動 ①合う ☞p.21, 65 ②迎える ☞p.109 ③叩かれる ☞p.121
맞벌이　共働き、共稼ぎ ☞p.60
맡기다 動 任せる、預ける ☞p.52
맡다 動 務める、任ずる ☞p.118
매력〈魅力〉魅力 ☞p.46
매운 것　辛い物 ☞p.29, 32, 102
매일 名 副 毎日 ☞p.20, 34, 46, 73
매점〈賣店〉売店 ☞p.20, 24
매진되다〈賣盡—〉動 売り切れる ☞p.110
맨날 副 毎日毎日、年がら年中 ☞p.82
맵게 副 辛く ☞p.102
맵다 ㅂ形 辛い ☞p.12, 32, 102
머리　頭、髪 ☞p.56
머무르다 動 留まる、泊る、滞在する ☞p.12, 41, 124
먹고 살다 動 食べていく ☞p.67
먹다 動 食べる ☞p.19, 20, 24, 31
먹이다 動 食べさせる ☞p.90
먹히다 動 受け入れられる、ウケる ☞p.92
먼저 副 まず、先に ☞p.16, 70, 99
멋지다 形 素敵だ ☞p.20
멀다 形 遠い ☞p.96
메뉴〈menu〉メニュー ☞p.28
메모〈memo〉メモ ☞p.31
메일〈mail〉メール ☞p.21, 31, 38, 44
-며 尾 (し)、(し) つつ ☞p.116, 119
며칠 ①何日 ②何日か、数日 ☞p.118, 124
-면 尾 (す) れば、(し) たら {条件を表す接続} ☞p.10
-면서 尾 (し) ながら {動作並行} ☞p.31
-면 안 되다 動 (し) てはいけない {禁止} ☞p.100, 114
면하다〈免—〉動 免れる ☞p.33
固 명〈名〉単名 ～人、～名 ☞p.6
명단〈名單〉名簿 ☞p.116
명절〈名節〉節句、盆正月 ☞p.96
몇 固数 いくつ、何人
몇 ～ 連体 ①いくつの～ ②いくつかの～ ☞p.116, 120, 124
몇 가지 ①何種類 ②何種類か ☞p.90
모르다 르動 知らない、わからない ☞p.4, 12, 41
모습　姿 ☞p.36, 124
모시다 動 ①奉る ☞p.116 ②ご一緒する
모양〈模樣〉形、様子 ☞p.94
모으다 動 ①集める ☞p.66, 99 ②(お金を) 貯める ☞p.66, 67, 68, 70
모이다 動 集まる ☞p.43, 78, 116
모처럼 副 せっかく ☞p.72
모형〈模型〉模型 ☞p.64
목　首、喉
목소리　声 ☞p.100

목욕탕〈沐浴湯〉銭湯、風呂屋 ☞p.124

목욕하다〈沐浴―〉動 入浴する、風呂に入る ☞p.124

목표〈目標〉目標 ☞p.46, 68

몰려들다 動 どっと集まる ☞p.110

몸　体 ☞p.56, 99, 124

몸이 아프다 形 体調が悪い ☞p.110

못 … 副 …できない {不可能} ☞p.5, 29, 32, 33, 76

못 알아듣다 [모다라-] ㄷ動 言葉が聞き取れない、言っている意味がわからない ☞p.76

못하다 [모타-] 動 できない、下手だ ☞p.14, 22, 44, 49, 50

무겁다 ㅂ形 重い ☞p.12

무례하다〈無禮―〉形 失礼だ ☞p.80

무릎 꿇고 앉다 動 正座する ☞p.102

무슨 ~ 連体 何の~、どんな~ ☞p.88, 89

무슨 일 [-슨닐] (一体) 何、いかなること ☞p.69, 114

무엇 代名 ①何 ☞p.31, 94, 96 ②何か

무역〈貿易〉貿易 ☞p.80

문〈門〉扉、ドア ☞p.44, 97　cf. 대문〈大門〉門

문장〈文章〉文章 ☞p.49

문제〈問題〉問題 ☞p.56, 78

문화〈文化〉文化 ☞p.94, 102, 104

묻다 ㄷ動 尋ねる、訊く ☞p.76

물　水、湯 ☞p.65, 112, 124

물가〈物價〉[-까] 物価 ☞p.39

물건〈物件〉品物、モノ、商品 ☞p.28, 78, 114

물론〈勿論〉副 もちろん ☞p.46, 60, 124

물어보다 動 訊いてみる ☞p.76, 78

뭐 代名 ①何 ☞p.78, 88 ②何か ☞p.104

뭐든지 副 なんでも ☞p.60, 66, 84

뭔가 (←무엇인가) 何か ☞p.43

뭘 (←무엇을) 何を ☞p.77, 78

미대륙〈美大陸〉アメリカ大陸 ☞p.70

미루다 動 延ばす、延期する ☞p.120

미리 副 前もって ☞p.69

미성년자〈未成年者〉未成年 ☞p.100

미술관〈美術館〉美術館 ☞p.100

민족성〈民族性〉民族性 ☞p.94

믿다 動 信じる ☞p.11, 120

밉다 ㅂ形 憎い ☞p.12

ㅂ

-ㅂ니다 尾 です、ます ☞p.9

바닷가　海辺 ☞p.87, 107

바꾸다 動 替える、変える ☞p.90

바뀌다 動 替わる

바라다 動 願う ☞p.41

바로 副 すぐに、まさに ☞p.24, 25, 34, 104, 109

바쁘다 形 忙しい ☞p.84, 89

固 박스〈box〉単名 ~箱 ☞p.6

밖　外 ☞p.56, 87

~밖에 助 ~しか ☞p.90

~밖에 안 되다　~にしかならない ☞p.111

반〈半〉半、半分 ☞p.25, 27

반〈班〉クラス ☞p.38, 77, 84

반갑다 ㅂ形 (会えて) 嬉しい ☞p.33

반대하다〈反對―〉動 反対する ☞p.108

반성〈反省〉反省 ☞p.114

반지〈斑指〉指輪 ☞p.87

반찬〈飯饌〉おかず ☞p.20, 104

반찬거리〈飯饌―〉[-꺼-] おかずの材料 ☞p.113

반하다 動 惚れる ☞p.46, 107, 108

받다 動 ①受け取る ②(電話に) 出る ☞p.11, 20, 38, 44, 76

발　足 ☞p.87

발달되다〈發達―〉[-딸-] 動 発達する ☞p.121

발달하다〈發達―〉[-딸-] 動 発達する ☞p.121

발음〈發音〉発音 ☞p.72, 106

발전〈發展〉[-쩐] 発展 ☞p.66

발표〈發表〉発表 ☞p.55, 58, 69

발표자〈發表者〉発表者 ☞p.100

밝다 [박따] 形 明るい ☞p.40

밤을 새우다 動 徹夜する ☞p.120

밥그릇　飯椀、茶碗 ☞p.102

방〈房〉部屋 ☞p.56, 69

방과후학교〈放課後學校〉学童保育 ☞p.90

방금〈方今〉副 今しがた

방학〈放學〉(学校の長期の) 休み ☞p.55, 67, 72

배　腹 ☞p.79

배　船 ☞p.44

(固) 배〈倍〉単名 ～倍 ☞p.106

배구〈排球〉バレー ☞p.49

배달(을) 시키다〈配達―〉動 出前を取る ☞p.107

배달하다〈配達―〉動 配達する ☞p.109

배우〈俳優〉俳優 ☞p.107

배우다 動 学ぶ ☞p.31, 86, 111

배탈(이) 나다 動 腹を壊す ☞p.109

백〈百〉漢数 百 ☞p.5

백만 [뱅-]〈百萬〉漢数 百万 ☞p.116

버리다 動 捨てる ☞p.69, 100, 114

버스〈bus〉バス ☞p.26, 30, 32, 34

(固) 번〈番〉単名 ～回 ☞p.24, 27, 32, 34

(漢) 번〈番〉単名 ～番 ☞p.6

번영〈繁榮〉繁栄 ☞p.116

(固) 번째〈番―〉単名 ～回目、～番目 ☞p.27

벌리다 動 開ける、広げる ☞p.17

벗다 動 脱ぐ ☞p.122

벤치〈bench〉ベンチ ☞p.100

변기〈便器〉便器 ☞p.114

변하다〈變―〉動 変わる ☞p.120

별로 副 あまり、さほど(否定的な用言が続く) ☞p.17, 33, 82

별로(이)다 指 イマイチだ ☞p.75

병〈病〉病気 ☞p.45, 124

(固) 병〈甁〉単名 ～瓶、～本 ☞p.6

보고하다〈報告―〉動 報告する ☞p.110

보급되다〈普及―〉動 普及する ☞p.114

보내다 動 ①送る ☞p.62 ②行かせる ☞p.77

～보다 助 ～より {比較の基準} ☞p.7

보다 動 ①見る ☞p.42 ②会う ☞p.42, 119 ③(本・新聞・漫画などを) 読む ☞p.26, 34 ④(試験を) 受ける ☞p.74

보물〈寶物〉宝物 ☞p.97

보이다 動 ①見られる、見える ☞p.120, 121 ②見せる ☞p.121

보통〈普通〉名 普通 ☞p.116 副 たいてい ☞p.24, 25

복구〈復舊〉復旧 ☞p.50

복권〈福券〉宝くじ ☞p.109

복식 문화〈服飾文化〉[-씽-] 服飾文化 ☞p.94

복잡하다〈複雜―〉形 ①複雑だ ☞p.94 ②混雑している ☞p.92

본사〈本社〉本社 ☞p.74

본인〈本人〉本人 ☞p.88, 96

볼링〈bowling〉ボーリング ☞p.49

봄　春 ☞p.72

봄 방학〈―放學〉[-빵-] 春休み ☞p.72

봉투〈封套〉封筒、袋 ☞p.97

부끄럽다 ㅂ形 恥ずかしい ☞p.114

부럽다 ㅂ形 羨ましい ☞p.50

부르다 르動 ①呼ぶ ☞p.12, 108 ②歌う ☞p.41, 46

부모님〈父母―〉両親 ☞p.14, 22, 60, 67

부장님〈部長―〉部長 ☞p.19

부족하다〈不足―〉形 不足する、足りない ☞p.78

부탁드리다〈付託―〉動 お願いする ☞p.55

～부터 助 ～から {出発点} ☞p.14, 40, 54, 107

～ 분 依名 ～の方 {사람の尊敬表現} ☞p.18, 80

(漢) 분〈分〉単名 ～分 (時間) ☞p.5, 6, 24, 27, 34

분위기〈雰圍氣〉雰囲気 ☞p.124

불 ①火 ②明かり ☞p.52, 97 ③火事 ☞p.89

불이 나다 動 火事になる ☞p.89

불안하다〈不安―〉形 不安だ ☞p.72, 108

불편하다〈不便―〉形 ①不便だ ②居心地が悪い ☞p.102

붙다 動 ①くっつく ②(試験に)うかる ☞p.45

비가 오다 動 雨が降る ☞p.43, 45, 56

비곗살　脂身 ☞p.90

비교적〈比較的〉副 比較的 ☞p.116

비닐봉지〈vinyl封紙〉ビニール袋 ☞p.114

비밀〈秘密〉秘密 ☞p.40, 98

비밀번호〈秘密番號〉パスワード ☞p.44

비슷하다 [-스타-] 形 似ている ☞p.94, 116

비싸다 形 (値段が) 高い ☞p.39, 48

비용〈費用〉費用 ☞p.78

비하다 〈比—〉 動 比べる ☞p.116

비행기 〈飛行機〉 飛行機 ☞p.44

빠르다 르形 速い ☞p.12, 41

빠지다 動 ①抜ける ☞p.32, 108 ②はまる ☞p.22

빨갛다 ㅎ形 赤い ☞p.13, 101

빨다 動 洗濯する ☞p.20

빨리 副 はやく ☞p.25, 45, 85

빵　パン ☞p.20, 24, 58

뺏기다 動 奪われる ☞p.121

뺏다 動 奪う ☞p.121

～ 뿐 依名 ～のみ ☞p.104

～ 뿐만 아니라　～だけでなく、～のみならず ☞p.62

ㅅ

사 〈四〉 漢数 四 ☞p.5

사고 〈事故〉 事故 ☞p.33

사고(를) 치다 〈事故—〉 動 事故を起こす ☞p.120

사과 〈沙果〉 リンゴ ☞p.120

사귀다 動 つき合う ☞p.21, 70, 98

사다 動 買う ☞p.20, 88, 109, 112

사다 주다 動 買ってきてくれる、買っていってあげる ☞p.112

사랑　愛 ☞p.120

사(서) 먹다 動 買って食べる、外食する ☞p.24, 25

사시다 動 お住まいだ（살다の尊敬形） ☞p.14, 124

사실 〈事實〉 名 事実 副 実際 ☞p.106, 108

사실은 〈事實—〉 副 実は ☞p.107

사업 〈事業〉 事業 ☞p.66, 119

사용하다 〈使用—〉 動 使う ☞p.113, 114, 116

사이 ①間 ☞p.101, 113, 116 ②仲 ☞p.86

사전 〈辭典〉 辞典、辞書 ☞p.55

사정 〈事情〉 事情 ☞p.32, 70, 89, 107

사 주다 動 ①買ってくれる、買ってあげる ☞p.20 ②おごる

사진 〈寫眞〉 写真 ☞p.42, 52, 100

사진관 〈寫眞館〉 写真館 ☞p.68

사회 〈社會〉 社会 ☞p.14

사회학 〈社會學〉 社会学 ☞p. ☞p.14

固 살 単名 ～歳 ☞p.6

살다 動 住む、暮らす ☞p.31, 56, 77, 86

살(을) 빼다 動 痩せる（体重を減らす） ☞p.68

살(이) 빠지다 動 痩せる（体重が減る）

살(이) 찌다 動 太る（体重が増える） ☞p.79, 99

삼 〈三〉 漢数 三 ☞p.5

삼각김밥 〈三角—〉 三角おにぎり ☞p.24, 28

삼계탕 〈蔘鷄湯〉 サンゲタン ☞p.53

상 〈賞〉 賞 ☞p.53

상관없다 〈相關—〉 存 関係ない ☞p.120

상관없이 〈相關—〉 副 関係なく ☞p.107

상담 〈相談〉 相談 ☞p.82

상당히 〈相當—〉 副 そうとう、かなり ☞p.94, 114

상사 〈上司〉 上司 ☞p.110

상황 〈狀況〉 状況 ☞p.59

새로 副 新しく、新たに ☞p.116

새롭다 ㅂ形 新しい ☞p.60, 108

새벽　夜中、深夜、未明 ☞p.100, 109

새삼 副 改めて ☞p.104, 111

색깔 〈色—〉 色 ☞p.29, 94

색종이 〈色—〉 色紙 ☞p.54

생각　思い、考え、つもり ☞p.22, 52, 58

생각(이) 나다 動 思い出す ☞p.52

생각이 들다 動 思いが浮かぶ、（…する）気がする ☞p.36, 104, 111

생각이 안 나다 動 思い出せない ☞p.78, 88

생각하다 動 考える ☞p.82, 94, 120、思う ☞p.50, 59, 104

생굴　生ガキ ☞p.109

생기다 動 できる ☞p.46, 55, 77

생일 〈生日〉 誕生日 ☞p.69

생활 〈生活〉 生活 ☞p.62, 118

생활하다 〈生活—〉 動 生活する ☞p.72

～서（←～에서） 助 ①～で ☞p.116 ②～から

서다 動 ①立つ ☞p.13, 42, 97 ②止まる ☞p.42

서두르다 르動 急ぐ ☞p.41, 87, 120

서로 副 互いに ☞p.36, 79

서른 固数 三十 ☞p.6

서부 〈西部〉 西部 ☞p.97

서투르다 르形 拙い ☞p.12, 36, 41, 120

선물〈膳物〉プレゼント、贈り物、お土産 ☞p.69
선물하다〈膳物―〉[動] 贈る ☞p.68
선배〈先輩〉先輩
선생님〈先生―〉先生 ☞p.18, 19, 38, 66, 82
선수〈選手〉選手 ☞p.54
설레이다 [動] ワクワクする ☞p.72
설명하다〈說明―〉[動] 説明する
섬　島 ☞p.40
섭취량〈攝取量〉摂取量 ☞p.106
성격〈性格〉[-껵] 性格 ☞p.82
성분〈成分〉成分 ☞p.124
성적〈成績〉成績 ☞p.26, 109, 118
(漢) 세〈歲〉[単名] ～歳 ☞p.6
세계〈世界〉世界 ☞p.70, 72, 116
세계 일주〈世界一周〉[-쭈] 世界一周 ☞p.70
세계적인 ～〈世界的―〉世界的な～ ☞p.114
세우다 [動] 立てる ☞p.58
센터〈center〉センター ☞p.80
셋 [固数] 三つ、三 ☞p.6
셋이서　三人で ☞p.15
소개〈紹介〉紹介 ☞p.80
소개하다〈紹介―〉[動] 紹介する ☞p.16, 116
소리 ①音、声 ☞p.102 ②ことば
(～다는) 소리(를) 듣다 (～と) 言われる ☞p.102
소문〈所聞〉噂 ☞p.38
소박하다〈素朴―〉[形] 素朴だ ☞p.124
소중하다〈所重―〉[形] 大切だ ☞p.64
소중함〈所重―〉大切さ ☞p.64
소중히〈所重―〉[副] 大切に ☞p.119
소질〈素質〉素質 ☞p.49, 50
소홀히〈疏忽―〉[副] おろそかに ☞p.70
속 ①中、奥 ☞p.108, 124 ②腹、腹具合 ☞p.75, 102
손　手 ☞p.41, 102
손님　お客、お客様 ☞p.69
솔직하다〈率直―〉[形] 率直だ、正直だ ☞p.79
솟아나다 [動] 涌き上がる ☞p.110, 124
송부하다〈送付―〉[動] 送付する ☞p.118
수속〈手續〉手続き ☞p.118
수업〈授業〉授業 ☞p.24, 34, 52, 74
수영〈水泳〉水泳 ☞p.49, 50
수원〈水原〉スウォン (地名) ☞p.96
숙제〈宿題〉宿題 ☞p.26, 33, 84, 120
순간〈瞬間〉瞬間 ☞p.108
순두부찌개〈純豆腐―〉スンドゥブチゲ ☞p.29
순서〈順序〉順序 ☞p.94
숟가락　スプーン ☞p.38
쉬다 [動] 休む ☞p.75
쉰 [固数] 五十 ☞p.6
쉽다 [ㅂ形] 易しい ☞p.12, 92
스무 ～ [固数] 二十の ☞p.6
스물 [固数] 二十 ☞p.6
스스로 [副] 自ら ☞p.60
스타〈star〉スター ☞p.30, 40, 110
스트레스〈stress〉ストレス ☞p.124
스티커사진〈sticker 寫眞〉プリクラ ☞p.113
습관〈習慣〉習慣 ☞p.114
-습니다 [尾] (し) ます、です {並列} ☞p.10
(固) 시〈時〉[単名] ～時 ☞p.27
(固) 시간〈時間〉[単名] ～時間 ☞p.21
시간〈時間〉時間 ☞p.19, 24, 52, 55, 119
시간에 맞다〈時間―〉[動] 間に合う ☞p.65
시골　田舎 ☞p.124
시민〈市民〉市民 ☞p.40
시원하다 [形] 涼しい ☞p.42
-시- [補幹] {尊敬} ☞p.17
시작되다〈始作―〉[動] 始まる ☞p.110
시작하다〈始作―〉[動] 始める ☞p.16, 65, 70
시장〈市場〉市場 ☞p.113
시절〈時節〉頃、時代 ☞p.82
시청하다〈視聽―〉[動] 視聴する ☞p.109
시키다 [動] ①注文する、(料理を) 頼む ☞p.104, 107 ②させる ☞p.80, 121
시합〈試合〉試合 ☞p.30
시험〈試驗〉試験 ☞p.45, 52, 55, 64
시험을 보다 [動] 試験を受ける ☞p.64, 74
시험하다〈試驗―〉[動] 試す ☞p.72
식감〈食感〉食感 ☞p.90
식구〈食口〉家族、同居人

固 식구〈食口〉家族 単名 ～人家族 ☞p.22

식사〈食事〉食事 ☞p.24, 48, 60

식사하다〈食事―〉動 食事する ☞p.64, 102

식재료〈食材料〉食材 ☞p.90

신경(을) 쓰다 動 気を遣う

신경(이) 쓰이다 動 気遣われる ☞p.79

신경통〈神経痛〉神経痛 ☞p.124

신고서〈申告書〉届け出 ☞p.30

신곡〈新曲〉新曲 ☞p.17

신다 [-따] 動 履く ☞p.26

신문〈新聞〉新聞 ☞p.26, 31, 34

신발 靴、履物 ☞p.94

신청〈申請〉申請、申し込み

싣다 ㄷ動 載せる ☞p.11, 76

실력〈實力〉実力 ☞p.36, 72, 79

실망시키다〈失望―〉動 失望させる ☞p.80

실수〈失手〉失敗、ミス ☞p.77, 80

실연당하다〈失戀當―〉動 失恋する、振られる ☞p.111

실제로 [-쩨-]〈實際―〉副 実際に ☞p.62, 72, 80

실추시키다〈失墜―〉動 失墜させる ☞p.80

실현되다〈實現―〉動 実現される ☞p.46

싫다 形 嫌だ、嫌いだ ☞p.26, 41, 85

싫어하다 動 嫌う、嫌だと思う ☞p.60, 75, 86

심리〈心理〉[-니] 心理 ☞p.14

심하다〈甚―〉形 激しい、ひどい ☞p.90

십〈十〉漢数 十 ☞p.5

십만〈十萬〉[심-] 漢数 十万 ☞p.116

싱겁다 ㅂ形 味気ない ☞p.12

싸우다 動 戦う、ケンカする ☞p.113

싸움 ケンカ ☞p.53

쌓다 動 積む ☞p.31, 119

쓰다 動 書く ☞p.26, 46, 49

쓰다 動 使う

쓰다 動 被る、(めがねを) かける ☞p.113

쓰러지다 動 倒れる、倒れ込む ☞p.110

쓰레기 ゴミ ☞p.100

～ 씨〈氏〉依名 ～さん ☞p.16, 17

～씩 接辞 ～ずつ ☞p.62, 114

씻다 動 洗う ☞p.13, 41, 122

ㅇ

아끼다 動 惜しむ ☞p.46

-아 나가다 動 (し) ていく {推進} ☞p.69

(～가/이) 아니다 (～では) ない ☞p.5, 96, 102, 104

아니면 でなければ、あるいは ☞p.94

-아다 주다 (し) ていってあげる、(し) てきてくれる {動作後移動} ☞p.112

-아 달라고 (し) てくれと {依頼引用} ☞p.85

-아도 尾 (し) ても、(く) ても {譲歩} ☞p.79, 104

-아 두다 動 (し) ておく {準備} ☞p.62, 69

-아 드리다 動 (し) てさしあげる、お～する {目上の人のために} ☞p.69

아르바이트 アルバイト ☞p.34, 70

아르바이트하다 動 アルバイトする ☞p.24, 67

아무도 (→否定表現) 誰も (→…ない) ☞p.48, 108, 117

아무렇다 ㅎ形 どうでもだ ☞p.13, 101

아무렇지 않다 形 何ともない ☞p.102

아무리 副 いくら (…ても) ☞p.72, 79, 90

아버지 父 ☞p.18, 19, 87

-아 버리다 動 (し) てしまう {残念} ☞p.69

-아 보다 動 (し) てみる {試み} ☞p.69

-아 봤다 (し) たことがある {経験}

-아서 尾 ①(し) たので、(く) て {理由原因} ②(し) {先行動作} ☞p.10

-아서 그런지 (し) たせいか、(い) せいか ☞p.50

아쉽다 ㅂ形 残念だ、惜しい

아쉽게도 残念ながら ☞p.50

아시아〈asia〉アジア ☞p.70

- 아야겠다 (し) なくちゃ (なと思う) {言い聞かせ} ☞p.93, 99

-아야 하다・되다 (し) なければならない、(く) なければならない {義務} ☞p.67

-아 오다 動 (し) てくる {継続} ☞p.69, 72

-아 있다 存 (し) ている {状態} ☞p.97

-아 주다 動 (し) くれる・あげる {相手のために}

☞p.69
-아 주세요　(し) てください {依頼} ☞p.85
아이　子供、子 ☞p.36, 82, 86, 111
아이돌〈idol〉アイドル ☞p.46, 58
아이들　子供たち、みんな ☞p.41, 43, 108
아저씨　おじさん、成人男性 ☞p.112
아주머니, 아줌마　おばさん、奥さん ☞p.111
아직 副 まだ ☞p.14, 36, 45
아침 ①朝 ☞p.26, 57, 66 ②朝食 ☞p.24, 30
아프다 形 ①痛い ☞p.42 ②体調が悪い ☞p.111
아프리카〈africa〉アフリカ ☞p.70
아홉 固数 九つ ☞p.6
아흔 固数 九十 ☞p.6
악기〈樂器〉楽器 ☞p.50
악물다 [앙-] 動 (歯を) 食いしばる ☞p.65, 109
악화되다〈惡化—〉動 悪化する ☞p.59, 108
안 ①中 ☞p.44, 94, 109 ②以内 ☞p.55, 68
안 … 副 … (し) ない {否定} ☞p.21, 29, 45, 78, 98
안경〈眼鏡〉めがね ☞p.113
안 계시다 存 いらっしゃらない ☞p.19
안내하다〈案内—〉動 案内する ☞p.69
안녕〈安寧〉安寧 ☞p.116
안 되다 動 いけない、だめだ ☞p.100
안심〈安心〉安心 ☞p.79
안심(이) 되다〈安心—〉動 安心だ ☞p.79
～ 안으로 ①～の中へ (方向) ②～以内に (期限)
☞p.68, 93
앉다 [안따] 動 座る ☞p.52, 97, 102
알고 보니　後でわかったことには、ところが実は
☞p.114
알다 動 知る、わかる ☞p.18, 26, 29, 32, 42, 44
알려 주다 動 知らせる ☞p.43, 64, 85, 88
알려지다 動 知られる ☞p.106, 121
알리다 動 知らせる ☞p.43, 64, 121
알바비〈arbeit費〉バイト代 ☞p.98
알아듣다 ㄷ動 (聞いて) わかる、聞き取る ☞p.46, 72, 76
알아맞추다 動 言い当てる、当てる ☞p.78
알아보다 動 調べる、調べてみる ☞p.94
알차다 形 充実している ☞p.62
-았더니 尾 (し) たら {結果出現の契機} ☞p.104
-았던 모양이다 指 どうやら (し) ていたようだ
☞p.82
-았던 ○○ 尾 (し) ていた○○ {過去回想連体形}
☞p.86
-았던 것이다 指 (し) ていたのだ {背景説明} ☞p.108
-았- 補幹 {過去} ☞p.9
-았었- 補幹 (し) ていた、だった {大過去} ☞p.111
-았으면 좋겠다　(し) たら/できたらいいなと思う
{婉曲希望} ☞p.45
앞길　前の道 ☞p.113
앞으로 副 今後、将来 ☞p.36, 59, 60, 62, 93
애니메이션〈animation〉アニメ ☞p.113
애(를) 쓰다 動 苦心する ☞p.90
액세서리〈accessory〉アクセサリー ☞p.20, 28
야구〈野球〉野球 ☞p.49
야채〈野菜〉野菜 ☞p.90, 124
약〈藥〉薬 cf. 약을 먹다 薬を飲む ☞p.19, 52, 65
약간〈若干〉若干 ☞p.75
약속〈約束〉約束、待ち合わせ ☞p.42, 48, 65
약점〈弱點〉弱点、苦手なこと☞p.50
얌전하다 形 おとなしい ☞p.82
양국〈兩國〉両国 ☞p.108
양보받다〈讓步〉動 譲歩される、譲ってもらう ☞p.32
양보하다〈讓步—〉動 譲る ☞p.32, 107
양식〈洋食〉洋食 ☞p.60
얘기 (←이야기)　話 ☞p.106
-어 나가다 動 (し) ていく {推進} ☞p.70
어느 ～ 連体 どの～ ☞p.116
어느 것　どれ ☞p.88, 92
-어다 주다　(し) ていってあげる、(し) てきてくれる
{動作後移動} ☞p.111
-어 달라고　(し) てくれと {依頼引用} ☞p.85
-어도 尾 (し) ても、(く) ても {譲歩} ☞p.72, 102
-어 두다 動 (し) おく {準備} ☞p.62, 69
-어 드리다 動 (し) てさしあげる、お～する {目上の人のために} ☞p.69
어디 ①どこ (に) ②どこか (に) ☞p.48

어디론가　どこか、どこかに ☞p.110

어떤 ～ 連体 ①どんな～ ☞p.72 ②ある～ ☞ p.112

어떻게 副 どう、どのように ☞p.77, 78, 88, 96, 110

어떻다 ㅎ形 どうだ ☞p.13, 101

어렵다 ㅂ形 難しい、困難だ ☞p.12, 22, 29, 41, 72

어리다 形 幼い ☞p.82

어머니　母 ☞p.18, 22, 82

-어 버리다 動 (し)てしまう {残念ながら} ☞p.69, 100

-어 보다 動 (し)てみる {試みに} ☞p.69

-어 봤다　(し)たことがある {経験}

-어서 ①(し)たので、(い)ので {理由原因} ②(し)て {先行動作} ☞p.10

-어서 그런지　(し)たせいか、(い)せいか ☞p.50

- 어야겠다　(し)なくちゃ(なと思う) {言い聞かせ} ☞p.99

-어야 하다・되다　(し)なければならない、(く)なければならない {義務} ☞p.67

-어 오다 動 (し)てくる {継続} ☞p.69, 72

어울리다 動 ①似合う ②仲よく交わる ☞p.22, 41, 82

-어 있다 存 (し)ている {状態} ☞p.57, 95, 97

어제 名副 昨日 ☞p.20, 26, 45, 98

-어 주다 動 (し)くれる・あげる {相手のために} ☞p.69

-어 주세요　(し)てください {依頼} ☞p.85

어쩌다 ㅓ動 どうする ☞p.13, 51

어학연수〈語學研修〉[-항년-] 語学研修 ☞p.72, 93

억〈億〉漢数 億 ☞p.5

언니 ①(妹にとっての)姉、お姉ちゃん ☞p.14, 84 ②お姉さん、先輩(女性にとっての親しい年上の女性)

언제 副 いつ ☞p.96

언제든지　いつでも ☞p.120

언젠가 副 いつか ☞p.36

얻다 動 得る ☞p.80, 124

얼굴　顔 ☞p.29, 40

얼마 ①いくら ②いくらか ☞p.62

얼마나 副 どんなに、どのぐらい、いくらぐらい ☞p.46, 77, 88, 96

얼마든지　いくらでも ☞p.60

얼마 전〈—前〉少し前、先日 ☞p.62

엄마　お母さん、ママ ☞p.90

엄숙하다〈嚴肅—〉形 厳粛だ ☞p.116

업계〈業界〉業界 ☞p.62

없다 [업따] 存 ない☞p.8, 24、いない ☞p.19, 48

없으시다 存 おありでない ☞p.19

～ 없이 副 ～なく、～なしで ☞p.46, 69

-었더니 尾 (し)たら {結果出現の契機} ☞p.104

-었던 모양이다 指 どうやら(し)ていたようだ、(か)ったようだ ☞p.82

-었던 ○○ 尾 (し)ていた～、(か)った～ {過去回想連体形} ☞p.86

-었던 것이다 指 (し)ていたのだ、(か)ったのだ {背景説明} ☞p.108

-었- 補幹 {過去} ☞p.9

-었었- 補幹 (し)ていた、(か)った {大過去の補助語幹} ☞p.111

-었으면 좋겠다　(し)たら/できたらいいなと思う {婉曲希望} ☞p.45

～에 助 ～に ☞p.7

～에게 助 (人)に ☞p.14

～에 대해(서)〈—對—〉～について ☞p.14

～에서 助 ①～で {場所} ☞p.24, 34, 38 ②～から(出発点) ☞p.14, 36, 44, 94

에스엔에스〈SNS〉SNS ☞p.14

～에 의하면〈—依—〉～によれば ☞p.82, 102

엔　円 ☞p.5, 38, 67

엔고〈—高〉円高 ☞p.30

여관〈旅館〉旅館 ☞p.124

여권〈旅券〉[-꿘] パスポート ☞p.53

여기 代名 ①ここ ☞p.55, 78, 84 ②ここに ☞p.21, 52, 86

여기다 動 思う ☞p.119

여덟 [-덜] 固数 八つ ☞p.6

여동생　妹 ☞p.22

여든 固数 八十 ☞p.6

여러 가지　いろいろ ☞p.104, 107

여러분　皆さん ☞p.14

여름　夏 ☞p.26, 68

여름 방학〈―放學〉[-빵-] 夏休み ☞p.80

여름옷　夏服 ☞p.42

여섯 固数 六つ ☞p.6

여자〈女子〉女、女性、女子 ☞p.82, 120

여행〈旅行〉旅行 ☞p.62, 70

여행(을) 가다〈旅行―〉動 旅行に出かける ☞p.58, 65, 74

역〈驛〉駅 ☞p.26

역사〈歴史〉歴史 ☞p.70

역시〈亦是〉副 やはり ☞p.42

역할〈役割〉役割 ☞p.116

연구실〈研究室〉研究室 ☞p.19

연기되다〈延期―〉動 延期される ☞p.121

연기시키다〈延期―〉動 延期する ☞p.121

연기하다〈延期―〉動 延期する ☞p.121

연락〈連絡〉[열-] 連絡 ☞p.17, 36

연락드리다〈連絡―〉[열-] 動 ご連絡する ☞p.41

연락처〈連絡處〉[열-] 連絡先 ☞p.20

연수〈研修〉研修 ☞p.55

연습〈練習〉練習 ☞p.32, 70

연습하다〈練習―〉動 練習する ☞p.65, 79

연주하다〈演奏―〉動 演奏する ☞p.50

연휴〈連休〉連休 ☞p.74

열 固数 十 ☞p.6

열다 動 開ける、開く ☞p.44, 69, 121

열리다 動 開く、開かれる、開けられる ☞p.72, 121

열쇠　鍵 ☞p.44, 87

열심히〈熱心―〉副 一生懸命 ☞p.14, 26, 32, 55

영〈零〉零 ☞p.5

영수증〈領收證〉領収証 ☞p.127

영업일〈營業日〉営業日 ☞p.57

영하〈零下〉零下 ☞p.107

영향〈影響〉影響 ☞p.14, 94

영화〈映畵〉映画 ☞p.28, 84, 98

옆　横、隣 ☞p.56, 65

옆집　隣の家 ☞p.89, 98

예를 들어서〈例―〉例えば ☞p.124

예쁘게 봐 주다 動 あたたかく見守る ☞p.14

예쁘다 形 かわいい、きれいだ ☞p.56

예순 固数 六十 ☞p.6

예전　以前(昔) ☞p.113

예정〈豫定〉予定 ☞p.58

옛날 [옌-] 昔 ☞p.52, 84, 102, 113, 124

오〈五〉漢数 五 ☞p.5

오늘 名副 今日 ☞p.16, 23

오다 動 ①来る ☞p.26, 87 ②(雨・雪が)降る ☞p.43, 56, 57, 98

오랜 ～ 連体 長年の～ ☞p.17

오랜만　久しぶり ☞p.42, 109

오르다 ㄹ動 上がる ☞p.41

오른쪽　右 ☞p.38

오빠 ①(妹にとっての)兄、お兄ちゃん ☞p.40 ②お兄さん、先輩(女性にとっての親しい年上の男性) ☞p.82

오세아니아〈Oseania〉オセアニア ☞p.70

오이　キュウリ ☞p.86

오전〈午前〉午前 ☞p.27, 92

오후〈午後〉午後 ☞p.19, 27, 57, 58

오히려 副 むしろ ☞p.114

온난화〈溫暖化〉温暖化 ☞p.108

온천〈溫泉〉温泉 ☞p.124

온힘　全力 ☞p.65

올 ～ 連体 今年の～ ☞p.74

올라가다 動 上がる ☞p.108, 109

올리다 動 ①上げる ②アップロードする ☞p.109

올림픽　オリンピック ☞p.17, 54

올해　今年 ☞p.68, 93

옷　服 ☞p.28, 31, 34, 48, 75

～와 助 ～と{列挙} ☞p.7

～와 같은 ○○　～のような○○ ☞p.116

～와 같이　～のように

완료하다〈完了―〉[왈-] 動 完了する ☞p.118

완벽하게〈完璧―〉副 完璧に ☞p.46

왜 副 なぜ ☞p.94, 102

왠지 副なぜか ☞p.43

외〈外〉ほか ☞p.102
외국〈外國〉外国 ☞p.72
외국인〈外國人〉外国人 ☞p.69
외출〈外出〉外出 ☞p.19
왼쪽　左
요구르트〈yogurt〉ヨーグルト ☞p.28
요리〈料理〉料理 ☞p.49, 54, 60
요양하다〈療養―〉動 療養する ☞p.124
요즘 副 最近 ☞p.17, 29, 40, 62
용기〈勇氣〉勇気 ☞p.111
우동　うどん ☞p.26, 28
우상〈寓像〉偶像、憧れの人 ☞p.16
우선〈于先〉副 まず ☞p.94
우수하다〈優秀―〉形 優秀だ ☞p.118
우승하다〈優勝―〉動 優勝する ☞p.53, 65
우울하다〈憂鬱―〉形 憂鬱だ ☞p.43
우유〈牛乳〉牛乳 ☞p.28
우호〈友好〉友好 ☞p.66
운동〈運動〉運動 ☞p.49, 50, 82
운동하다〈運動―〉動 運動する ☞p.65
운이 따르다〈運―〉動 運が伴う ☞p.119
운전〈運轉〉運転 ☞p.49
운전면허〈運轉免許〉運転免許 ☞p.67, 99
운전석〈運轉席〉運転席 ☞p.52
운전하다〈運轉―〉動 運転する ☞p.43, 54, 100
운전 학원〈運轉學院〉自動車学校 ☞p.67, 84
움직이다 動 ①動かす ☞p.99 ②動く
웅성거리다 動 騒ぐ ☞p.108
漢 원 単名 〜ウォン ☞p.5
원격 수업〈遠隔 授業〉遠隔授業 ☞p.41
원래〈元來〉副 元来、もともと ☞p.29, 124
원인〈原因〉原因 ☞p.94
원정〈遠征〉遠征 ☞p.30
漢 월〈月〉単名 〜月 ☞p.5
월말〈月末〉月末 ☞p.84
웬만한 〜　並の〜、たいていの〜 ☞p.50
위치하다〈位置―〉動 位置する ☞p.97
유능하다〈有能―〉形 有能だ ☞p.68
유래되다〈由來―〉動 由来する ☞p.94
유럽〈Europe〉ヨーロッパ ☞p.70
유료제〈有料制〉有料制 ☞p.114
유명하다〈有名―〉形 有名だ ☞p.52, 116, 124
유치원〈幼稚園〉幼稚園 ☞p.86
유튜브〈YouTube〉ユーチューブ ☞p.109
유학(을) 가다〈留學―〉動 留学に行く、留学する ☞p.66, 67, 74
유학생〈留學生〉留学生 ☞p.17, 40, 70
유학하다〈留學―〉動 留学する ☞p.58, 106
유화〈油畵〉油絵 ☞p.16
육〈六〉漢数 六 ☞p.5
육상경기〈陸上競技〉陸上競技 ☞p.50
-으나 尾 (する)が {逆接} ☞p.119
-으니 尾 ①(する)ので {理由・根拠} ②(する)と、(し)たら {きっかけ} ☞p.119
-으니까 尾 ①(する)ので {理由・根拠} ②(する)と、(し)たら {きっかけ} ☞p.42
-으러 尾 (し)に (→行く・来る) {往来の目的} ☞p.9
-으려고 하다 動 (し)ようと思う、(し)ようとする {意図} ☞p.62, 68
〜으로 助 ①〜で {手段・材料} ☞p.36, 38 ②〜へ {方向} ☞p.36, 69, 74 ③〜として {資格} ☞p.80, 90 ④〜であって {定義} ☞p.118
-으며 尾 (し)、(し)つつ {動作の並列・並行} ☞p.119
-으면 尾 (す)れば、(し)たら {条件} ☞p.10
-으면서 尾 (し)ながら {動作並行} ☞p.31
-으면 안 되다 動 (し)てはいけない {禁止} ☞p.100, 102
-으시- 補幹 {尊敬} ☞p.17
形 은 ○○ 尾 {形容詞の現在連体形} ☞p.10
動 은 ○○ 尾 {動詞の過去連体形} ☞p.10
〜은 助 〜は {主題} ☞p.7
形 은가 尾 (い)のか、(な)のか {文章体の疑問} ☞p.96
形 은가 보다 形 どうやら(い)ようだ {状況推測(直感)} ☞p.89
形 은 것 같다 形 (い)ように思う、(い)みたいな気がする {推察} ☞p.56

이뤄지다, 이루어지다 動 なしとげられる、かなう ☞p.45
이르다 러動 至る ☞p.12, 116
이름　名前 ☞p.29, 108, 118
이만 副 このへんで、これで ☞p.16
이모〈姨母〉 母方の叔母 ☞p.56
이미 副 すでに ☞p.48
이미지〈image〉 イメージ ☞p.80
이번〈—番〉 今回、今度 ☞p.24, 72
이번에〈—番—〉 副 今度 ☞p.17, 32, 74, 89
이번 주〈—番 週〉 [-쭈] 今週 ☞p.57
이번 학기〈—番 學期〉 今学期 ☞p.24, 74
이사(를) 가다・오다〈移徙—〉 動 引っ越していく・引っ越してくる、引っ越す ☞p.21, 89
이사하다〈移徙—〉 動 引っ越す ☞p.74
이상〈以上〉 以上 ☞p.67, 70, 106, 116
이상〈理想〉 理想 ☞p.119, 120
㊂이서　～人で ☞p.14, 15, 38
이수하다〈履修—〉 動 履修する ☞p.66
이야기　話 ☞p.44
이야기하다 動 話す ☞p.23, 43, 77, 87
이어지다 動 (←잇다+-어지다) 繋がる、継がれる ☞p.116, 112
이용하다〈利用—〉 動 利用する ☞p.32, 124
이웃 나라 [-운-] 隣国 ☞p.94
이유〈理由〉 理由 ☞p.46, 107
이제 副 今はもう、これからは（過去と異なる今・今後を表す） ☞p.96
이해하다〈理解—〉 動 理解する ☞p.104
이후〈以後〉 以降 ☞p.40
익숙해지다 動 慣れる ☞p.114
～인 ○○　～である○○ ☞p.14
인기〈人気〉 [-끼] 人気 ☞p.86, 92, 124
～인데　～なのだが、～なんですが ☞p.14
인사〈人事〉 挨拶 ☞p.38
인상〈印象〉 印象 ☞p.106
인색하다 形 ケチだ ☞p.114
인생〈人生〉 人生 ☞p.96
인재〈人材〉 人材 ☞p.68
인턴〈intern〉 インターンシップ ☞p.80
일〈一〉 漢数 一 ☞p.5
㊥ 일〈日〉 単名 日 ☞p.5
일　こと ☞p.31, 48、仕事 ☞p.40, 60、用事 ☞p.29
일곱 固数 七つ ☞p.6
일러스트〈illust〉 イラスト ☞p.49
일상〈日常〉 [-쌍] 日常 ☞p.24
일설〈一説〉 [-썰] 一説 ☞p.102
일식〈日食〉 [-씩] 和食、日本食 ☞p.60
일식집〈日食〉 [-씩-] 日本料理店 ☞p.32
일어나다 動 起きる ☞p.24, 26, 34, 39
일요일〈日曜日〉 日曜日 ☞p.17, 39, 52
일정〈日程〉 [-쩡] 日程 ☞p.43
일주일〈一週日〉 [-쭈-] 一週間 ☞p.24, 27, 34
일찍 副 早く ☞p.24, 25, 39, 67
일하다 動 働く ☞p.67, 80
일흔 固数 七十 ☞p.6
읽다 [익따] 動 読む ☞p.42, 55, 106
잃어버리다 動 失くす、失う ☞p.53, 87, 112
입　口 ☞p.17
～입니다　～です ☞p.5, 17, 22
입다 動 着る ☞p.12, 26, 55, 94
입에 맞다 動 口に合う ☞p.20, 45
입학〈入學〉 入学 ☞p.65
잇다 ㅅ動 繋ぐ、継ぐ ☞p.13, 122
있다 存 ある ☞p.5, 8, 14, 19, 24
있으시다 存 おありだ（「있다 ある」の尊敬形） ☞p.19
잊어버리다 動 忘れる ☞p.88

ㅈ

～ 자〈字〉 [짜] ～の字 ☞p.116, 122
자각〈自覺〉 自覚 ☞p.56
자갈치시장〈—市場〉 チャガルチ市場（プサンにある海鮮市場） ☞p.52
자격증〈資格證〉 資格 ☞p.62
자기〈自己〉 自分 ☞p.120
자기소개〈自己紹介〉 自己紹介 ☞p.14
자꾸 副 しきりに ☞p.102
자료〈資料〉 資料 ☞p.58, 99

자르다 르動 切る ☞p.12, 41
자리　席 ☞p.107
-자마자 尾 (し) た途端、(する) やいなや {同時の}
☞p.104, 110
자세하다〈仔細―〉形 詳しい ☞p.106
자신〈自信〉自信 ☞p.49, 50, 58, 80
자연스럽게〈自然―〉副 自然に、自然と ☞p.90
자연재해〈自然災害〉自然災害 ☞p.50
자원봉사〈自願奉仕〉ボランティア ☞p.50, 55
자전거〈自轉車〉自転車 ☞p.54
자주 副 頻繁に、よく ☞p.22, 32, 40
자취방〈自炊房〉[-빵] 自炊部屋、アパート ☞p.14
작년〈昨年〉[장-] 去年 ☞p.30, 40
작다 形 小さい ☞p.100
작업〈作業〉作業 ☞p.50, 96
작품〈作品〉作品 ☞p.64
(固) 잔〈盞〉単名 ～杯 (コップ・杯) ☞p.6, 29
잘 副 ①よく、上手に ☞p.29, 32, 44, 50 ②うまく
(→ない)、あまり (→ない) ☞p.14, 22, 29
잘 못하다 [-모타-] 動 苦手だ、下手だ ☞p.14, 22
잘하다 動 ①うまくする、得意だ ☞p.17, 49, 50, 54
②うまく話す ☞p.36, 50, 62, 84
잠　眠り、眠気 ☞p.42, 87
잠기다 動 鍵がかかる、施錠される ☞p.97, 109
잠이 깨다 動 目が覚める ☞p.42
잠이 들다 動 眠りにつく ☞p.87
잠이 오다 動 眠くなる ☞p.109
잡수시다 動 召し上がる (먹다の尊敬語) ☞p.18
(固) 장〈張〉単名 ～枚 (紙・布) ☞p.6, 67
장거리〈長距離〉長距離 ☞p.43
장기간〈長期間〉長時間 ☞p.124
장래〈將來〉[-내] 将来 ☞p.62
재다 動 測る ☞p.88
재료〈材料〉材料 ☞p.54
재미없다 存 面白くない ☞p.84, 98
재미있게 副 楽しく ☞p.79
재미있다 存 面白い、楽しい ☞p.20, 56, 92, 98
재택 근무〈自宅 勤務〉テレワーク
저 代名 わたくし、わたし (目上の人の前での自称)
☞p.5, 14, 22, 24, 39
저 ～ 連体 あの～ ☞p.17, 92
저녁 ①晩、夕方 ☞p.34 ②晩ご飯、夕食 ☞p.25, 30
저녁 식사〈―食事〉夕食 ☞p.26
저러다 ㅓ動 ああする ☞p.13, 51
저런 ～ 連体 あんな～
저렇다 ㅎ形 ああだ ☞p.13, 101
저번에〈―番―〉前回、このあいだ ☞p.32
적어도 副 少なくとも ☞p.70
전〈前〉(時間的な) 前 ☞p.27, 38, 99
전개하다〈展開―〉動 展開する ☞p.66
전공〈專攻〉専攻 ☞p.14
전국〈全國〉全国 ☞p.50
전시〈展示〉展示 ☞p.38
전시되다〈展示―〉動 展示される ☞p.97, 121
전시하다〈展示―〉動 展示する ☞p.121
전원〈全員〉全員 ☞p.118
전차〈電車〉路面電車 ☞p.113
전철〈電鐵〉電車 ☞p.30, 34, 44, 59, 100
전철역〈電鐵驛〉[-철력] (電車の) 駅 ☞p.64
전통적인 ～〈傳統的―〉伝統的な～ ☞p.94, 116
전하다〈傳―〉動 伝える ☞p.102
전해지다〈傳―〉動 伝えられる、伝わる ☞p.102
전학(을) 가다・오다〈轉學―〉動 転校していく・くる、転校する ☞p.36
전혀〈全―〉副 全く ☞p.82, 116
전형〈銓衡〉選考、選抜 ☞p.67
전화〈電話〉電話 ☞p.31, 38
전화하다〈電話―〉動 電話する ☞p.43, 100
젊다 [점따] 形 若い ☞p.10, 126
젊은 사람　若い人 ☞p.92
젊은이　若者 ☞p.77
점〈點〉点 ☞p.5, 6, 67, 94, 116
점심〈點心〉昼ご飯、昼食 ☞p.24, 25, 28
점심시간〈點心時間〉昼休み ☞p.24
점점 副 だんだん ☞p.114
접다 動 折る ☞p.54
접시　皿 ☞p.104
(固) 접시 単名 ～皿 ☞p.104

젓다 ㅅ動 かき混ぜる ☞p.122

정도〈程度〉 程度、ぐらい ☞p.34, 70

정말 副 本当に ☞p.32, 50

정부〈政府〉 政府 ☞p.108

정성스레〈精誠—〉 副 真心を込めて、丁寧に ☞p.79

정신(을) 차리다〈精神—〉 動 気を引き締める ☞p.52

정하다〈定—〉 動 決める ☞p.116, 121

정해지다〈定—〉 動 決められる、決まる ☞p.43, 116, 121

젖다 動 濡れる ☞p.57, 87

제 ～ (←저의) わたくしの～、わたしの～ (目上の人の前での自称) ☞p.5, 16

제가　わたくしが、わたしが (目上の人の前での自称) ☞p.5, 32

제공하다〈提供—〉 動 提供する ☞p.60

제대로 副 ちゃんと、きちんと ☞p.78

제사〈祭祀〉 祭祀 (韓国の先祖儀礼) ☞p.116

제이팝〈J-POP〉 J-POP ☞p.29

제일〈第一〉 副 いちばん ☞p.31, 56, 59

제작〈制作〉 制作 ☞p.64

제출하다〈提出—〉 動 提出する ☞p.26

조〈兆〉 漢数 兆 ☞p.5

조금 副 少し ☞p.72, 82, 104

조금씩 副 少しずつ ☞p.62, 114

조깅하다〈jogging—〉 動 ジョギングする ☞p.66

조리 방법〈調理方法〉 調理方法 ☞p.90

조상〈祖上〉 先祖 ☞p.116

조심성〈操心性〉[-썽] 慎重さ ☞p.120

조용하다 形 静かだ ☞p.17

조용히 副 静かに ☞p.17

졸업식〈卒業式〉 卒業式 ☞p.55, 68

졸업하다〈卒業—〉 動 卒業する ☞p.21, 36, 58

좀 副 ちょっと ☞p.48, 112, 114

좀 더 副 もうちょっと、もう少し ☞p.74, 90, 99

종이학〈—鶴〉 折り鶴 ☞p.54

좋다 形 良い ☞p.13, 17, 29, 55, 76

(～를/을) 좋아하다 動 (～が) 好きだ、(～を) 好む ☞p.32, 65, 82

죄송하다〈罪悚—〉 形 申し訳ない ☞p.33

주〈週〉 週 ☞p.124

주다 動 あげる、くれる ☞p.23, 77, 114

주로〈主—〉 副 主に、主として ☞p.14

주말〈週末〉 週末 ☞p.20, 28, 33, 45

주무시다 動 お休みになる (자다の尊敬語) ☞p.19

주문하다〈注文—〉 動 注文する ☞p.104, 109

주민〈住民〉 住民 ☞p.50, 66, 116

주변〈周邊〉 周囲、周り ☞p.108

주스〈juice〉 ジュース ☞p.28

漢 주일〈週日〉 単名 ～週間 ☞p.21, 24, 72

주중〈週中〉 平日 ☞p.33

준비〈準備〉 準備 ☞p.20. 39. 69, 70

固 줄 単名 ～本、～筋 (列・筋) ☞p.6

～ 중〈中〉 依名 ～中 (ちゅう) ☞p.18, 38

중이〈中二〉 中2 (中学2年生) ☞p.86

중국인〈中國人〉 中国人 ☞p.62

중독되다〈中毒—〉 動 中毒になる ☞p.108

중동〈中東〉 中東 ☞p.70

중요하다〈重要—〉 形 重要だ ☞p.96, 116, 119

중학교〈中學校〉 中学校 ☞p.36, 50

즐겁다 ㅂ形 楽しい ☞p.60

즐겨 먹다 動 好んで食べる ☞p.102

지각하다〈遅刻—〉 動 遅刻する ☞p.53, 100

지금〈只今〉 名 副 今 ☞p.14, 36, 57, 72

지나다 動 過ぎる ☞p.36, 120

지난달　先月 ☞p.41

지난주〈—末〉 先週 ☞p.57

지난 주말〈—週末〉 先週末 ☞p.33

지내다 動 過ごす ☞p.14, 34, 72, 82, 119

지다 動 負ける ☞p.53

-지 마세요　(し) ないでください {制止} ☞p.85

-지만 尾 (する) が、(し) けれど {逆接} ☞p.9

-지 말라고　(する) なと、(し) なくていいと {制止引用} ☞p.82, 85

-지 못하다 動 (する) ことができない {不可能} ☞p.50

지시〈指示〉 指示 ☞p.106

-지 않다 動形 (し) ない、(し) ない {否定} ☞p.9

지역〈地域〉 地域 ☞p.50, 66, 70, 116, 124

지우개　消しゴム ☞p.52

지원〈支援〉支援 ☞p.80

지원자〈志願者〉志願者 ☞p.111

지켜보다 動 見守る ☞p.65

지하철〈地下鐵〉地下鉄 ☞p.32

직원〈職員〉職員 ☞p.80

직접〈直接〉副 直接、自分で ☞p.24, 30, 46, 87, 104

진행되다〈進行―〉動 進行する、進められる ☞p.108, 119

질책〈叱責〉叱責 ☞p.43

질책받다 動 叱られる、責められる ☞p.43

집　家 ☞p.22, 24, 34

집에 가다 動 家に帰る ☞p.30, 38, 58, 67

집집마다 [-짐-] 家々に、家々ごとに ☞p.52, 116

집합〈集合〉集合 ☞p.55

집합하다〈集合―〉動 集合する ☞p.118

짓　しわざ ☞p.96

짓다 ㅅ動 作る ☞p.13, 122

짧다 [짤따] 形 短い ☞p.56, 72

～ 쪽 依名 ～の方（ほう）☞p.22

쪽지 시험〈―試驗〉小テスト ☞p.52

～쯤 接辞 ～ぐらい ☞p.24, 25, 82

찌다 動 蒸す ☞p.124

찍다 動 撮る ☞p.68, 100

ㅊ

차〈車〉車 ☞p.42, 54, 66

차례〈次例〉番、順番 ☞p.84

차리다 動 きちんと整える ☞p.52

차분하다 動 落ち着いている ☞p.82

차이〈差異〉差、違い ☞p.94, 108, 111

차이가 나다〈差異―〉動 違いが生じる ☞p.102

차이점〈差異點〉[-쩜] 違い ☞p.94, 127

참가하다〈參加―〉動 参加する ☞p.72

참다 動 我慢する ☞p.66, 79

찾다 動 ①捜す ☞p.87, 111 ②（辞書を）引く ☞p.55 ③見つける ☞p.87 ④（銀行でお金を）下ろす ☞p.44

찾아가다 動 訪ねていく ☞p.86, 96

찾아보다 動 捜してみる ☞p.88

찾아오다 動 訪ねてくる ☞p.78, 116

책〈冊〉本 ☞p.34, 55, 68

책상〈冊床〉机 ☞p.87

책임감〈責任感〉責任感 ☞p.80

챙기다 動 面倒を見る、まめにチェックする ☞p.60

처음 はじめて、最初 ☞p.72, 120

처음에 はじめ、最初 ☞p.36, 104, 114

처음으로 はじめて ☞p.65, 104, 114

천〈千〉漢数 千 ☞p.5

천진난만하게〈天眞爛漫―〉副 天真爛漫に ☞p.82

천천히 副 ゆっくり ☞p.24, 25

철분〈鐵分〉鉄分 ☞p.124

첫 번째〈―番―〉一番目、最初 ☞p.27

첫째　第一 ☞p.46

청소년〈靑少年〉青少年 ☞p.14

청소하다〈淸掃―〉動 掃除する ☞p.99

체력〈體力〉体力 ☞p.50

체크하다〈check―〉動 チェックする ☞p.31

㊅ 초〈秒〉単名 ～秒 ☞p.5

초등학교〈初等學校〉初等学校（日本の小学校に当たる）☞p.82, 86

촉진〈促進〉促進 ☞p.66

촌스럽다〈村―〉ㅂ形 やぼったい、ダサい ☞p.75

최고〈最高〉最高 ☞p.52

최근에〈最近―〉最近 ☞p.86, 114

최선〈最善〉最善 ☞p.72, 82

최종〈最終〉最終 ☞p.46

추다 動 踊る ☞p.49

축구〈蹴球〉サッカー ☞p.32, 49

축제〈祝祭〉祭り、祝祭 ☞p.116

출구〈出口〉出口 ☞p.110

출발〈出發〉出発 ☞p.55

출발하다〈出發―〉動 出発する ☞p.41, 55

출전하다〈出戰―〉動（試合に）出場する ☞p.17, 19

춤　踊り ☞p.49

춥다 ㅂ形 寒い ☞p.4, 26, 55

취미〈趣味〉趣味 ☞p.19, 75

취소되다〈取消―〉動 取り消しになる、中止になる

☞p.43
취소하다〈取消—〉動 取り消す、キャンセルする
취업〈就業〉就職 ☞p.80
취업 활동〈就業活動〉就職活動 ☞p.64
취직하다〈就職—〉動 就職する ☞p.62, 67
치다 動 叩く、(打楽器を) 弾く ☞p.49, 50
치마 スカート ☞p.39, 56
치킨〈chicken〉チキン ☞p.112
친하게〈親—〉副 親しく、仲良く ☞p.14
친하다〈親—〉形 親しい、仲が良い ☞p.14, 36
친해지다〈親—〉動 親しくなる、仲良くなる ☞p.36
칠〈七〉漢数 七 ☞p.5
침대〈寝臺〉ベッド ☞p.110
칭찬받다〈稱讃—〉動 褒められる ☞p.121
칭찬하다〈稱讃—〉動 褒める ☞p.111, 121

ㅋ

케이팝〈K-POP〉K-POP ☞p.29, 48
커다랗다 ㅎ形 とても大きい、巨大だ ☞p.101, 114
커지다 動 大きくなる、増大する ☞p.108
커피〈coffee〉コーヒー ☞p.28, 31, 34
컴퓨터〈computer〉コンピューター、パソコン ☞p.54
컴퓨터실〈computer室〉パソコン教室 ☞p.100
케이크〈cake〉ケーキ ☞p.54, 86, 98
켜다 動 (電気を) つける、灯す ☞p.42, 121
켜지다 動 (電気が) つく、灯る ☞p.52, 97, 121
쿵쾅거리다 動 ドキドキする ☞p.108
크게 副 大きく ☞p.17
크다 形 大きい ☞p.17, 56
크리스마스〈Christmas〉クリスマス ☞p.45
키 背 cf. 키가 크다 背が高い ☞p.77、키가 작다 背が低い
(漢) 킬로그램〈kilogram〉単名 kg ☞p.6
(漢) 킬로미터〈kilometer〉単名 km ☞p.6

ㅌ

(~를/을) 타다 動 (~に) 乗る ☞p.7, 26, 30, 54
타이거즈〈Tigers〉タイガース ☞p.98
탁구〈卓球〉卓球 ☞p.49
탑승〈搭乘〉搭乗 ☞p.118
탑승구〈搭乘口〉搭乗口 ☞p.41
택시〈taxi〉タクシー ☞p.65
테니스〈tennis〉テニス ☞p.49
토요일〈土曜日〉土曜日 ☞p.29, 38
토익〈TOEIC〉トーイック ☞p.67
통과하다〈通過—〉動 通過する、(選考に) 通る ☞p.67
통역〈通譯〉通訳 ☞p.46
통하다〈通—〉動 通じる ☞p.72
특기〈特技〉特技、得意なこと ☞p.50
특히〈特—〉副 特に ☞p.14
티브이〈TV〉テレビ ☞p.24, 30
티켓〈ticket〉チケット ☞p.110

ㅍ

파랗다 ㅎ形 青い ☞p.13, 101
팔〈八〉漢数 八 ☞p.5
팔다 動 売る ☞p.38
팔리다 動 売れる、売られる ☞p.78
팬〈fan〉ファン ☞p.40, 110
팬미팅〈fan meeting〉ファンミーティング、ファンの集い ☞p.46
팬레터〈fan letter〉ファンレター ☞p.46
퍼포먼스〈performance〉パフォーマンス ☞p.108
(漢) 페이지〈page〉単名 ページ ☞p.84
~ 편〈便〉依名 ~のほう、(する) ほう ☞p.49, 50
(固) 편〈編〉単名 ~本、~編 (映画・ドラマ) ☞p.6
편리하다〈便利—〉[펼-] 形 便利だ ☞p.74
편식〈偏食〉偏食 ☞p.90
편의점〈便宜店〉[펴니-] コンビニエンスストア ☞p.24, 87, 114
편하다〈便—〉形 楽だ、気楽だ ☞p.32, 102
편히〈便—〉副 楽に ☞p.102, 119
평소〈平素〉普段 ☞p.24
표〈票〉切符、チケット ☞p.88
푹 빠지다 動 はまる、夢中になる ☞p.22, 46

풀마라톤〈full marathon〉フルマラソン ☞p.19
풀리다 動 解ける、解消される ☞p.124
품질〈品質〉品質 ☞p.48
풍습〈風習〉風習 ☞p.116
풍토〈風土〉風土 ☞p.94
피곤하다〈疲困―〉形 疲れる、疲れている ☞p.43, 79
피로〈疲勞〉疲労、疲れ ☞p.124
피부병〈皮膚病〉[-뼝] 皮膚病 ☞p.124
피아노〈piano〉ピアノ ☞p.49, 50
피카소〈Picasso〉ピカソ ☞p.53
피해〈被害〉被害 ☞p.50, 80
필수품〈必需品〉必需品 ☞p.118
필요하다〈必要―〉形 必要だ、要る ☞p.88

ㅎ

… 하고 助 …と {文引用} ☞p.104, 111
하나 固数 一つ ☞p.6
… 하는 ○○　…という○○ {文引用連体形} ☞p.104, 111
하다 動 する、(歌を) 歌う、(言葉を) 話す、言う、(食事を) 作る ☞p.23
하얗다 ㅎ形 白い ☞p.13, 101
하지만 接 でも ☞p.60, 72
학교〈學校〉学校 ☞p.14, 24, 30, 87
학기〈學期〉学期 ☞p.24, 74
학내〈學內〉[항-] 学内 ☞p.67
학년〈學年〉[항-] 学年 ☞p.6, 22, 82
㊥ 학번〈學番〉単名 ～年入学 (←学籍番号) ☞p.6
학생〈學生〉学生 ☞p.45, 72, 79, 118
학생회장〈學生會長〉学生会長 ☞p.118
학원〈學院〉塾、正規の学校以外の教育機関 ☞p.41, 67, 84
학점〈學點〉(履修の) 単位 ☞p.67
한 ～ 連体 ①一つの～ ☞p.6 ②ある～ ☞p.46
한국〈韓國〉韓国 ☞p.22, 30, 31, 36
한국말〈韓國―〉[-궁-] 韓国語 ☞p.46
한국어〈韓國語〉韓国語 ☞p.14, 27, 31
한국 음식〈韓國 飮食〉韓国料理 ☞p.102
한눈에 반하다 動 一目ぼれする ☞p.46, 107
한두 ～ 連体 一二の～、一二～ ☞p.124
한두 가지　一つか二つ ☞p.102
한류〈韓流〉[할-] 韓流 ☞p.40
한복〈韓服〉韓服、韓国の伝統衣装、チマチョゴリ ☞p.55, 68, 94
한식〈韓食〉韓国料理 ☞p.60
한일 관계〈韓日關係〉日韓関係 ☞p.108
한자〈漢字〉[-짜] 漢字 ☞p.116, 127
한참 副 ひとしきり ☞p.111
할머니　おばあさん、祖母 ☞p.124
할아버지　おじいさん、祖父 ☞p.84
할인되다〈割引―〉動 割引になる ☞p.79
함유되다〈含有―〉動 含まれる ☞p.124
합격하다〈合格―〉動 合格する ☞p.55, 65
항상〈恒常〉副 常に、いつも ☞p.60
해 ①太陽 ②年
해(서) 먹다 動 (食事を) 作って食べる ☞p.25
해 나가다 動 していく {完遂} ☞p.70
해다 주다 動 していってあげる、してきてくれる {動作後移動} ☞p.111
해 달라고　してくれと {依頼引用} ☞p.85
해도　しても、くても {譲歩} ☞p.79
해 두다 動 しておく {準備} ☞p.69
해 드리다 動 してさしあげる {目上の人のために} ☞p.69
해 버리다 動 してしまう {残念} ☞p.69
해 보다 動 してみる {試しに} ☞p.69
해 봤다　したことがある {経験} ☞p.80
해서 ①したので、なので ②して {原因・先行動作} ☞p.10
해서 그런지　したせいか ☞p.50
해소되다〈解消―〉動 解消される ☞p.124
해수온〈海水溫〉海水温 ☞p.108
해야겠다　しなくちゃ (なと思う) {言い聞かせ} ☞p.99
해야 하다 動・되다 動 しなければならない {義務} ☞p.62, 69
해 오다 動 してくる {継続} ☞p.69

해 있다 存 している {状態} ☞p.97

해 주다 動 してくれる、してあげる {相手のために} ☞p.69

해 주세요　してください {依頼} ☞p.85

핸드폰〈hand phone〉携帯電話 ☞p.100, 118

했-　し(た) {過去} ☞p.9

했더니　したら {結果出現の契機} ☞p.109

했던 ○○　していた○○ {過去回想連体形} ☞p.86

했던 것이다 指 したのだ {背景説明} ☞p.108

했으면 좋겠다　できればうれしい {婉曲希望} ☞p.62

했었-　してい(た)、だっ(た) {大過去} ☞p.111

행동〈行動〉行動 ☞p.80

행복〈幸福〉幸福、幸せ ☞p.59

행복하게〈幸福—〉副 幸福に、幸せに ☞p.56

행사〈行事〉行事 ☞p.20, 43, 116

향토 음식〈鄕土飮食〉郷土料理 ☞p.124

헤어지다 動 別れる ☞p.64

현관〈玄關〉玄関 ☞p.109

현대인〈現代人〉現代人 ☞p.124

현미〈玄米〉玄米 ☞p.56

현실〈現實〉現実 ☞p.119

현지〈現地〉現地 ☞p.32, 70, 119

형〈兄〉①(弟にとっての)兄、兄ちゃん ☞p.84, 110 ②兄さん、先輩(男性にとっての親しい年上の男性)

협조하다〈協調—〉動 協力する ☞p.66

호기심〈好奇心〉好奇心 ☞p.108

漢 호실〈號室〉単位 ～号室 ☞p.6

(～한테) 혼나다〈魂—〉動 叱られる ☞p.87, 121

혼내다〈魂—〉動 叱る ☞p.121

혼자(서) 副 ひとりで ☞p.15, 31, 41, 65, 70, 72

화려하다〈華麗—〉形 華やかだ ☞p.94, 116

화장〈化粧〉化粧 ☞p.34

화장실〈化粧室〉トイレ、化粧室 ☞p.114

화장하다〈化粧—〉動 化粧する ☞p.26

화해하다〈和解—〉動 仲直りする ☞p.68

확 副 パーッと、グーンと ☞p.109

확실히〈確實〉副 確かに ☞p.56

확인하다〈確認—〉動 確認する ☞p.88, 118

환경 보호〈環境 保護〉環境保護 ☞p.66

환불하다〈還拂—〉動 払い戻しする ☞p.28

환영이다〈歡迎—〉指 歓迎だ ☞p.120

활발하다〈活潑—〉形 活発だ ☞p.40

활발해지다〈活潑—〉動 活発になる ☞p.40

회복되다〈回復—〉動 回復する ☞p.45

회사〈會社〉会社 ☞p.18, 80

회사원〈會社員〉会社員 ☞p.14

회신하다〈回信—〉動 (メールに)返事する ☞p.64

회의〈會議〉会議 ☞p.19, 110

효능〈效能〉効能 ☞p.124

효도하다〈孝道—〉動 親孝行する ☞p.67, 99

후배〈後輩〉後輩 ☞p.80

후회〈後悔〉後悔 ☞p.48, 96

후회하다〈後悔—〉動 後悔する ☞p.62, 64

휴일〈休日〉休日、休みの日 ☞p.75, 119

휴지〈休紙〉ちり紙、トイレットペーパー ☞p.114

휴지통〈休紙桶〉ゴミ箱 ☞p.114

휴학하다〈休學—〉動 休学する ☞p.106

흐르다 ㄹ動 流れる ☞p.12, 41

흐름　流れ ☞p.114

흔들리다 動 揺れる ☞p.108

흠뻑 副 びっしょり ☞p.87

흥미롭다〈興味—〉ㅂ形 興味深い ☞p.16

희망〈希望〉[히-] 希望 ☞p.106

힐링 받다〈healing—〉動 癒される ☞p.124

힘　力 ☞p.66, 110

힘들다 形 大変だ ☞p.31, 55, 89、つらい ☞p.72、きつい ☞p.92

힘들어하다 動 つらいと思う、きつがる ☞p.60

単語リスト（日本語→韓国語）

❖記号については p.4 を参照してください。

あ

ああする　저러다 ㅓ動 ☞p.13, 51

ああだ　저렇다 ㅎ形 ☞p.13, 101

愛　사랑 ☞p.120

挨拶　인사〈人事〉☞p.38

間　사이 ☞p.101, 116、간〈間〉☞p.107, 120、동안（期間）☞p.18, 124

アイドル　아이돌〈idol〉☞p.46, 58

（～に）会う　（～를/을）만나다 動 ☞ p.7, 20, 33, 40、（～를/을）보다 動 ☞p.42, 119

合う　맞다 動形 ☞p.21, 65

遭う　당하다〈當―〉動 ☞p.53

青い　파랗다 ㅎ形 ☞p.13, 101

赤い　빨갛다 ㅎ形 ☞p.13, 101

明かり　불 ☞p.52, 97

上がる　오르다 르動 ☞p.41、올라가다 動 ☞p.108, 109

明るい　밝다 形 ☞p.40

秋　가을 ☞p.74

開（あ）く、開けられる　열리다 動 ☞p.72, 121

アクセサリー　액세서리〈accessory〉☞p.20, 28

開ける　（문을）열다 動 ☞p.44, 55, 69, 121、（입을）벌리다 動 ☞p.17

あげる（与える）　주다 動 ☞p.69, 76

上げる（上に）　올리다 動

憧れの的　우상〈寓像〉☞p.16

朝　아침 ☞p.26, 57, 66

足　발（靴を履く部分）☞p.87、다리（足首より上の部分）

アジア　아시아〈asia〉☞p.70

味気ない　싱겁다 ㅂ形 ☞p.12

明日　내일〈來日〉名副 ☞p.58, 68, 89

味わう　맛보다 動 ☞p.124

遊び　놀이 ☞p.82

暖かい、温かい　따뜻하다［-뜨타-］形 ☞p.124

頭　머리 ☞p.56

新しい　새롭다 ㅂ形 ☞p.60, 108

新しく　새로 副 ☞p.116

当たる　（くじなどが）당첨되다〈當籤―〉動 ☞p.109

暑い　덥다 ㅂ形 ☞p.39

悪化する　악화되다〈惡化―〉動 ☞p.59, 108

アップロードする　올리다 動 ☞p.109

集まる　모이다 動 ☞p.43, 78, 116

集める　모으다 動 ☞p.66, 99

当てる　맞추다 動 ☞p.78

後　뒤 ☞p.19, 82

後で　나중에（後になって、後日）☞p.25, 79、이따가（のちほど）副 ☞p.58

あんた　너 代名 ☞p.84

あんたは　넌（←너는）☞p.84

兄　오빠（妹にとっての）☞p.40、형〈兄〉（弟にとっての）☞p.84, 110

アニメ　애니메이션〈animation〉☞p.113

姉　언니（妹にとっての）☞p.14, 84、누나（弟にとっての）☞p.17, 85

あの～　저 ～（離れた場所のものを指して）☞p.17, 92、그 ～（聞き手も知っている物事を指して）

アパート　자취방〈自炊房〉［-빵］☞p.14

油絵　유화〈油畵〉☞p.16

脂身　비곗살 ☞p.90

アフリカ　아프리카〈africa〉☞p.70

あまり（→ない）　별로 副 ☞p.17, 33, 82、잘 副 ☞p.24, 29

あまりに（→すぎる）　너무 副 ☞p.56

雨が降る　비가 오다 ☞p.43, 45, 56

アメリカ（合衆国）　미국〈美國〉☞p.70

アメリカ大陸　미대륙〈美大陸〉☞p.70

洗う　씻다 動 ☞p.13, 41, 122

新たに　새로 副 ☞p.116

改めて　새삼 副 ☞p.104, 111

ありがたい　고맙다 ㅂ形 ☞p.12

ある　있다 存 ☞p.5, 8, 14, 24

ある〜　한 〜 連体 ☞p.46、어떤 〜 連体 ☞p.112

歩いて　걸어서 (←걷다＋어서) ☞p.30

あるいは　아니면 ☞p.94

歩く　걷다 ㄷ動 ☞p.11, 26, 76

アルバイト　아르바이트 ☞p.34, 70

アルバイトする　아르바이트하다 ☞p.24, 67

あれこれ　이것저것 ☞p.80, 90

安心　안심〈安心〉☞p.79

安心だ　안심(이) 되다〈安心—〉動 ☞p.79

あんな〜　저런 〜 連体、그런 〜 連体 (聞き手も知っている物事を指して) ☞p.94

案内する　안내하다〈案内—〉動 ☞p.69

あんなに　저렇게 副、그렇게 副 ☞p.94

安寧　안녕〈安寧〉☞p.116

(い)○○　形指 ㄴ/은 ○○ 尾 {現在連体} ☞p.10

言いあてる　알아맞추다 動 ☞p.78

言う　말하다 動 ☞p.84

家々に、家々ごとに　집집마다 ☞p.52, 116

家に帰る　집에 가다 動 ☞p.30, 38, 58, 67

意外と　의외로〈意外—〉副 ☞p.94, 111

いきなり　느닷없이 副 ☞p.109

行く　가다 動 ☞p.26

いくつの〜、いくつかの〜　몇 〜 連体 ☞p.116, 120, 124

いくら、いくらか　얼마 ☞p.62

いくら (…ても)　아무리 副 (…여도/아도/어도) ☞p.72, 79, 90

いくらでも　얼마든지 ☞p.60

以降　이후〈以後〉☞p.40

衣装　의상〈衣裳〉☞p.94

以上　이상〈以上〉☞p.67, 70, 106, 116

以前 (昔)　예전 ☞p.113

忙しい　바쁘다 形 ☞p.84, 89

急ぐ　서두르다 르動 ☞p.41, 87, 120

痛い　아프다 形 ☞p.42

いたします　하겠습니다 {宣言} ☞p.14, 16, 24, 55

至る　이르다 러動 ☞p.12, 116

一　일〈一〉漢数、하나 固数 ☞p.5

位置する　위치하다〈位置—〉動 ☞p.97

一二 (の) 〜　한두 〜 連体 ☞p.124

市場　시장〈市場〉☞p.113

いちばん　제일〈第一〉副 ☞p.31, 56, 59

一番目　첫 번째〈一番—〉☞p.27

いつ　언제 ☞p.96, 118

いつか　언젠가 副 ☞p.36

いつでも　언제든지 ☞p.120

一週間　일주일 [-쭈-]〈一週日〉☞p.24, 27, 34

一生懸命　열심히〈熱心—〉[-씨미] 副 ☞p.14, 55

一緒に　같이 副 ☞p.32, 42, 90

一説　일설〈一說〉[-썰] ☞p.102

一体全体　도대체〈都大體〉副 ☞p.77

五つ　다섯 固数 ☞p.6

いつも　늘 副 ☞p.58, 120、항상〈恒常〉副 ☞p.60

いない　없다 存 ☞p.19, 48

〜以内に (期限)　〜 안으로☞ ☞p.68, 93

田舎　시골 ☞p.124

(い) のか　形指 ㄴ가/은가 尾 {文章体の疑問} ☞p.96

(い) のか…　形指 ㄴ지/은지 … 尾 {文中疑問} ☞p.88, 94, 102

(い) のだ　形指 ㄴ/은 것이다 指 {背景説明} ☞p.108

祈る　기원하다〈祈願—〉動 ☞p.116

イマイチだ　별로(이)다 指 ☞p.75

今　지금〈只今〉名・副 ☞p.14, 36, 57, 72

今しがた　방금〈方今〉

今すぐ　금방〈今方〉☞p.112

今はもう　이제 副 ☞p.96

意味　뜻、의미〈意味〉☞p.55, 116

意味する　의미하다〈意味—〉動 ☞p.94, 124

(い) みたいだ　形指 ㄴ가/은가 보다 形 {状況推測

（直感）} ☞p.89

(い) みたいな気がする　形指 ㄴ/은 것 같다 形 {推察} ☞p.56

イメージ　이미지〈image〉☞p.80

妹　여동생〈女同生〉☞p.24、동생〈同生〉☞p.39, 56

癒される　힐링 받다〈healing —〉動 ☞p.124

嫌だ　싫다 形 ☞p.26, 41, 85

(い) ように思う　形指 ㄴ/은 것 같다 形 {推察} ☞p.56

イラスト　일러스트〈illust〉☞p.49

いらっしゃらない　안 계시다 存（없다の尊敬語）☞p.18

いらっしゃる　계시다 存（있다の尊敬語）☞p.19

要らない　필요 없다〈必要—〉存

いる　있다 ☞p.5, 8, 14, 19, 24

入れる　넣다 動 ☞p.13, 101

色　색깔〈色—〉☞p.29, 94、색〈色〉

いろいろ　여러 가지 ☞p.104, 107

色紙　색종이〈色—〉☞p.54

違和感　거부감〈拒否感〉☞p.114

(～と) 言われる　(～다는) 소리(를) 듣다 ☞p.102

印象　인상〈印象〉☞p.106

飲食店　음식점〈飲食店〉☞p.34, 104

インターンシップ　인턴〈intern〉☞p.80

(へえ) (…い) んだなあ　形指 구나 尾 {感心} ☞p.104, 111

～ウォン　漢 원 単名 ☞p.5

(試験に) うかる　(시험에) 붙다 動 ☞p.45

(試験を) 受ける　(시험을) 보다 動 ☞p. 74

(授業を) 受ける　(수업을) 듣다 ㄷ動 ☞p.70, 74

受ける、受け取る　받다 動 ☞p.21, 38, 64, 80

ウケる　먹히다 動 ☞p.92

動かす・動く　움직이다 動 ☞p.99

失う　잃다 動、잃어버리다 動 ☞ p.53, 87, 112

嘘 (を) つく　거짓말(을) 하다 動 ☞p.96, 100

歌　노래 ☞p.17, 46, 49, 50

歌う　부르다 르動 ☞p.41, 46、하다 動 ☞p.49, 50

美しい　아름답다 ㅂ形、곱다 ㅂ形 ☞p.12

うどん　우동 ☞p.26, 28

奪う　뺏다 動 ☞p.121

奪われる　뺏기다 動 ☞p.121

(～が) 上手い　(～를/을) 잘하다 動 ☞p.50, 84

上手く　잘 副 ☞p.29, 32, 44, 50

(～が) 上手くない　(～를/을) 잘 못하다 動 ☞p.14, 22

生まれて初めて　난생처음으로 ☞p.80

海辺　바닷가 ☞p.87, 107、해변〈海邊〉

羨ましい　부럽다 ㅂ形 ☞p.50

売り切れる　매진되다〈賣盡—〉動 ☞p.110

売る　팔다 動 ☞p.38

嬉しい　반갑다 ㅂ形（会えて）☞p.33、기쁘다 形（一般的に）

売れる、売られる　팔리다 動 ☞p.78

噂　소문〈所聞〉☞p.38

運　운〈運〉☞p.119

運転　운전〈運轉〉☞p.49

運転する　운전하다〈運轉—〉動 ☞p.43, 54, 100

運転席　운전석〈運轉席〉☞p.52

運転免許　운전면허〈運轉免許〉☞p.67, 99

運動　운동〈運動〉☞p.49, 50, 82

運動する　운동하다〈運動—〉☞p.65

絵　그림 ☞p.44, 49, 53

映画　영화〈映畫〉☞p.28, 84, 98

影響　영향〈影響〉☞p.14, 94

営業日　영업〈營業〉☞p.57

描く　그리다 動 ☞p.49, 75

駅　역〈驛〉☞p.26、전철역〈電鐵驛〉☞p.64

SNS　에스엔에스〈SNS〉☞p.14

選ぶ　고르다 르動 ☞p.12, 38, 41

遊ぶ　놀다 動 ☞p.31, 41, 52, 75, 82, 90

得る　얻다 動 ☞p.80, 124

円　엔 ☞p.5, 38, 67, 93, 109

遠隔授業　원격 수업〈遠隔 授業〉☞p.41

延期される　연기되다〈延期—〉動 ☞p.121

延期する　미루다 動 ☞p.120、연기하다〈延期—〉動 ☞p.119、연기시키다〈延期—〉動

遠征　원정〈遠征〉☞p.30

演奏する　연주하다〈演奏—〉動 ☞p.50

円高　엔고〈—高〉☞p.30

おありだ(「ある」の尊敬形) 있으시다 存 ☞p.19

おありでない(「ない」の尊敬形) 없으시다 存 ☞p.19

美味しい店　맛집 ☞p.31

応援　응원〈應援〉

終える　마치다 動 ☞p.16、끝내다 動

多い　많다 形 ☞p.22, 24, 31, 56

大きい　크다 形 ☞p.17, 56 ⇔ 작다 形

大きく　크게 副 ☞p.17

大きくなる　커지다 動 ☞p.108

お母さん　어머니 ☞p.18, 22, 82、엄마 ☞p.90

おかず　반찬〈飯饌〉☞p.20, 104

おかずの材料　반찬거리〈飯饌—〉☞p.113

お金　돈 ☞p.44, 66, 104, 114

お客、お客様　손님 ☞p.69

起きる　일어나다 動 ☞p.24, 26, 34, 39

億　억〈億〉漢数 ☞p.5

置く　놓다 動 ☞p.13, 69, 101

贈り物　선물〈膳物〉☞p.69

送る　보내다 動 ☞p.44, 62

贈る、贈り物をする　선물하다〈膳物—〉動 ☞p.68

遅れる　뒤쳐지다 動 ☞p.114、늦다 動 ☞p.33, 55

行われる　거행되다〈擧行—〉動 ☞p.116, 121

幼い　어리다 形 ☞p.82, 90

(成果・成績を)収める　(성과・성적을) 거두다 動 ☞p.26

惜しい　아쉽다 ㅂ形

おじいさん　할아버지 ☞p.84

教える　가르치다 動 ☞p.69

おじさん　아저씨 ☞p.112

惜しむ　아끼다 動 ☞p.46

押す　누르다 르動 (押さえつける) ☞p.41、밀다 動 (押し動かす)

お住まいだ　사시다 動 (살다の尊敬語) ☞p.14, 124

オセアニア　오세아니아〈Oseania〉☞p.70

遅い　늦다 形 ☞p.33

遅く　늦게 副 ☞p.24, 25, 30, 87

遅くなる　늦다 動 ☞p.55

落ち着いている　차분하다 動 ☞p.82

落ちる　떨어지다 動 ☞p.107

おっしゃる　말씀하시다 動 (말하다の尊敬語) ☞p.84

お手伝いする　도와드리다 動 (도와주다の謙譲語) ☞p.50, 93

弟　남동생〈男同生〉、동생〈同生〉☞p.16, 60

男、男の人　남자〈男子〉☞p.77, 120

おとなしい　얌전하다 形 ☞p.82

踊り　춤 ☞p.49

踊る　추다 動 ☞p.49

驚く　놀라다 動 ☞p.36, 114

同い年　또래 ☞p.82

同じだ　같다 形 ☞p.82

お願いする　부탁드리다〈付託—〉動 (부탁하다の謙譲語) ☞p.55

叔母　이모〈姨母〉(母方) ☞56、고모〈姑母〉(父方)

おばあさん　할머니 ☞p.124

おばさん　아주머니、아줌마 ☞p.111

憶える　기억하다〈記憶—〉動 ☞p.29, 92

お土産　선물〈膳物〉☞p.69

重い　무겁다 ㅂ形 ☞p.12

思い浮かべる　떠올리다 動 ☞p.124

思い出す　생각(이) 나다 動 ☞p.52

思う　생각하다 動 ☞p.50, 59, 77, 104、여기다 動 ☞p.119

面白い　재미있다 存 ☞p.20, 56, 92, 98

面白くない　재미없다 存 ☞p.84, 98

思い出す、思い出される　기억(이) 나다〈記憶—〉動 ☞p.29, 82, 86

思い出せない　생각이 안 나다 動 ☞p.78, 79、기억이 안 나다〈記憶—〉動 ☞p.29

主に　주로〈主—〉副 ☞p.14

親孝行する　효도하다〈孝道—〉動 ☞p.67, 99

お休みになる(寝るの尊敬語)　주무시다 動 (자다の尊敬語) ☞p.19

おやつ　간식〈間食〉☞p.90

お湯　물 ☞p.124、뜨거운 물 ☞p.124、따뜻한 물

☞p.124

及ぼす　끼치다 動 ☞p.14

折り鶴　종이학〈―鶴〉☞p.54

オリンピック　올림픽 ☞p.17, 54

折る　접다 動 ☞p.54

おろそかに　소홀히〈疏忽―〉副 ☞p.70

終わらせる　끝내다 [끈-] 動

終わる　끝나다 [끈-] 動 ☞p.20, 74, 110

　마치다 動 ☞p.16

音楽　음악〈音樂〉☞p.30, 50

温泉　온천〈溫泉〉☞p.124

温暖化　온난화〈溫暖化〉☞p.108

女、女の人 여자〈女子〉☞p.82, 120

か

～か {選択肢}　～나/이나 助 ☞p.28, 38

～が {主語}　～가/이 助 ☞p.7

(目上の人) が　～께서 助 {가/이の尊敬語} ☞p.60

～回　固 번〈番〉単名 ☞p.24, 27, 34

会議　회의〈會議〉☞p.19, 110

外国　외국〈外國〉☞p.72

外国人　외국인〈外國人〉☞p.69

会社　회사〈會社〉☞p.18, 80

会社員　회사원〈會社員〉☞p.14

外出　외출〈外出〉☞p.19

解消される　해소되다〈解消―〉動 풀리다 動 ☞p.124

外食する　사(서) 먹다 動 ☞p.24, 25、외식하다〈外食―〉動

海水温　해수온〈海水溫〉☞p.108

概念　개념〈概念〉☞p.116

開発する　개발하다〈開發―〉動 ☞p.60

回復する　회복되다〈回復―〉動 ☞p.45

～回目　固 번째〈番―〉単名 ☞p.27

買う　사다 動 ☞p.20, 88, 109, 112

替える、変える　바꾸다 動 ☞p.90

(家に) 帰る　(집에) 가다 ☞p.30, 38, 99

(元の所へ) 帰る 돌아가다 動 ☞ p.36、돌아오다 動

顔　얼굴 ☞p.29, 40

(お金が) かかる　들다 動

(時間が) かかる　걸리다 動 ☞p.34, 79

鍵　열쇠 ☞p.44, 87

鍵がかかる　잠기다 動 ☞p.97, 109

かき混ぜる　젓다 ㅅ動 ☞p.122

(文字・文を) 書く　쓰다 動 ☞p.26, 46, 49

(図・絵を) 描く　그리다 動 ☞p.49, 75

学生　학생〈學生〉☞p.45, 72, 79, 118

学生会長　학생회장〈學生會長〉☞p.118

学童保育　방과후학교〈放課後學校〉☞p.90

学内　학내〈學內〉☞p.67

確認する　확인하다〈確認―〉動 ☞p.88, 118

学年　학년〈學年〉☞p.6, 22, 82

～カ月　漢 개월〈個月〉単名 ☞p.36、固 달 単名 ☞p.124

駆け出す　뛰쳐 나가다 動 ☞p.110

駆け付ける　달려오다 動 ☞p.86、달려가다 動

(時間的・空間的範囲に) かける　걸치다 動 ☞p.70

(眼鏡を) かける　쓰다 動 ☞ p.113、끼다 動

～カ国　漢 개국〈個國〉単名 ☞p.70

菓子　과자〈菓子〉☞p.21, 28

火事になる　불이 나다 動 ☞p.89

風邪をひく　감기가 들다 動 ☞p.21、감기에 걸리다 動

家族　가족〈家族〉☞p.22, 58, 79、식구〈食口〉

～人家族　漢 식구〈食口〉単名 ☞p.22

課題　과제〈課題〉☞p.34

形　모양〈模様〉☞p.94

課長　과장님〈課長―〉☞p.19

(～に) 勝つ　(～를/을) 이기다 動 ☞p.98

～月 (がつ)　漢 월〈月〉単名 ☞p.5

学期　학기〈學期〉☞p.24, 74

楽器　악기〈樂器〉☞p.50

学校　학교〈學校〉☞p.14, 24, 30, 87

各国　각국〈各國〉☞p.66, 70

買ってきてくれる、買っていってあげる　사다 주다 動 ☞p.112

買ってくれる、買ってあげる　사 주다 動 ☞p.20

買って食べる　사(서) 먹다 動 ☞p.24, 25

活発だ　활발하다〈活潑―〉形 ☞p.40

家庭　가정〈家庭〉☞p.116

必ず　꼭 副 ☞p.46, 108

かなり　상당히〈相當—〉副 ☞p.94, 112、꽤 副 ☞p.21

我慢する　참다 動 ☞p.66, 79

髪　머리 ☞p.56

通う　다니다 動 ☞p.21, 41, 67, 82

〜から　〜부터 助 {開始時点} ☞ p.14, 40, 54、〜에서 助 {出発点} ☞ p.14, 36, 94、〜로부터 助 {開始原点}

辛い　맵다 ㅂ形 ☞p.12, 32, 102

辛い物　매운 것 ☞p.29, 32, 102

辛く　맵게 ☞p.102

体　몸 ☞p.56, 99, 124

軽い　가볍다 ㅂ形 ☞p.12, 17

軽く　가볍게 ☞p.17

彼ら　그들 代名 ☞p.46, 108

かわいい　예쁘다 形 ☞p.56、귀엽다 ㅂ形 ☞p.12

乾く　마르다 르動 ☞p.12, 41

変わる、替わる　변하다〈變—〉動 ☞p.120、바뀌다 動

考え　생각 ☞p.22, 52, 58

考える　생각하다 動 ☞p.59, 82, 94

環境保護　환경 보호〈環境 保護〉☞p.66

歓迎だ　환영이다〈歡迎—〉指 ☞p.120

関係ない　상관없다〈相關—〉存 ☞p.120

関係なく　상관없이〈相關—〉副 ☞p.107

感激する　감격하다〈感激—〉動 ☞p.30

観光　관광〈觀光〉☞p.62

観光客　관광객〈觀光客〉☞p.39, 62, 116

観光地　관광지〈觀光地〉☞p.62

韓国料理　한국음식〈韓國 飮食〉☞p.102、한식〈韓食〉☞p.60

看護師　간호사〈看護師〉☞p.18

漢字　한자〈漢字〉[-짜] ☞p.116, 127

感じられる　느껴지다 動 ☞p.42, 107

感じる　느끼다 動 ☞p.104

関心　관심〈關心〉☞p.14, 22, 36, 48

韓服　한복〈韓服〉☞p.55, 68, 94

完璧に　완벽하게〈完璧—〉副 ☞p.46

韓流　한류〈韓流〉[할-] ☞p.40

完了する　완료하다〈完了—〉[왈-] ☞p.118

関連する　관련되다〈關聯—〉[괄-] 動 ☞p.62

訊いてみる　물어보다 動 ☞p.76, 78

黄色い　노랗다 ㅎ形 ☞p.13, 101

(電気が)消える　꺼지다 動 ☞p.121

記憶　기억〈記憶〉☞p.29

気温　기온〈氣溫〉☞p.107

機会　기회〈機會〉☞p.36, 58, 72

着替える　갈아입다 動 ☞p.31, 34

気がする　생각이 들다 動 ☞p.36, 104, 111

期間　기간〈期間〉☞p.26, 72, 80

聞き取る、聞き取れる　알아듣다 ㄷ動 ☞p.46, 72, 76

聞き取れない　못 알아듣다 [모다라-] 動 ☞p.76

聞く　듣다 ㄷ動 ☞p.11, 26, 29, 30, 70, 76

訊く　묻다 ㄷ動 물어보다 動 ☞p.76

気候　기후〈氣候〉☞p.94

帰国する　귀국하다〈歸國—〉動 ☞p.21

記事　기사〈記事〉☞p.106

寄宿舎　기숙사〈寄宿舍〉☞p.53

ギター　기타〈guitar〉☞p.49

期待される　기대(가) 되다〈期待—〉動 ☞p.72, 121

期待する　기대하다〈期待—〉動 ☞p.29, 121

汚い　더럽다 ㅂ形 ☞p.12

貴重だ　귀하다〈貴—〉形 ☞p.58, 80

貴重品　귀중품〈貴重品〉☞p.97

きつい　힘들다 形 ☞p.92

きっかけ　계기〈契機〉☞p.36, 90

気遣われる　신경(이) 쓰이다 動 ☞p.79

切符　표〈票〉☞p.88

気に入る　마음에 들다 動 ☞p.20

気に入らない　마음에 안 들다 動 ☞p.28, 29

昨日　어제 名副 ☞p.20, 26, 45, 89

気分　기분〈氣分〉☞p.43

希望　희망〈希望〉[히-] ☞p.106

期末テスト　기말시험〈期末試驗〉☞p.39

決まる、決められる　정해지다〈定—〉動 ☞p.43,

116, 121
決める　정하다〈定—〉動 ☞p.121
気持ち　기분〈氣分〉☞p.43、마음 ☞p.40
着物　기모노（日本語）☞p.54, 94
疑問　의문〈疑問〉☞p.106
逆に　거꾸로 副 ☞p.104
九　구〈九〉漢数、아홉 固数 ☞p.5, 6
休学する　휴학하다〈休學—〉動 ☞p.106
休日　휴일〈休日〉☞p.75, 119
九十　구십〈九十〉漢数、아흔 固数 ☞p.6
急に　갑자기 副 ☞p.40, 87
牛乳　우유〈牛乳〉☞p.28
キュウリ　오이 ☞p.86
今日　오늘 名 副 ☞p.17, 23
教職課程　교직과정〈教職課程〉☞p.66
業界　업계〈業界〉☞p.62
競技　경기〈競技〉☞p.48
行事　행사〈行事〉☞p.20, 43, 116
教室　교실〈教室〉☞p.43, 97
競走　달리기 ☞p.50
競争率　경쟁률〈競爭率〉[-뉼] ☞p.89
郷土料理　향토 음식〈鄕土飮食〉☞p.124
興味深い　흥미롭다〈興味—〉ㅂ形 ☞p.16
協力する　협조하다〈協調—〉動 ☞p.66
曲　곡〈曲〉☞p.20
巨大だ　커다랗다 ㅎ形 ☞p.101, 114
去年　작년〈昨年〉☞p.30, 40
距離　거리〈距離〉☞p.107
キョンジュ（地名）　경주〈慶州〉☞p.53
（〜が）嫌いだ　（가/이）싫다 形 ☞ p.26, 41, 85、（〜를/을）싫어하다 動 ☞p.60, 75, 86
嫌う、嫌だと思う　싫어하다 動 ☞p.60, 75, 86
切る　자르다 르動 ☞p.12, 41
着る　입다 動 ☞p.12, 26, 55, 94
儀礼　의례〈儀禮〉☞p.116
きれいさっぱり　깨끗이 副 ☞p.104
きれいだ（清潔だ）　깨끗하다 [-끄타-] 形 ☞p.40
きれいだ（素敵だ）　예쁘다 形 ☞p.56
記録　기록〈記錄〉

〜キロ　漢 킬로그램〈kilogram〉☞p.6、kg、漢 킬로미터〈kilometer〉☞p.6、km
気を遣う　신경(을) 쓰다
気を引き締める　정신(을) 차리다〈精神—〉動 ☞p.52
近所　동네 ☞p.82, 124
緊張する　긴장되다〈緊張—〉動 ☞p.80, 121
勤務する　근무하다〈勤務—〉動 ☞p.18, 74, 84
ーく　-게 尾 {副詞化} ☞p.17
（歯を）食いしばる　악물다 [앙-] 動 ☞p.65, 109
偶像　우상〈寓像〉☞p.16
空腹だ　고프다 形 ☞p.79
苦心する　애(를) 쓰다 動 ☞p.90
薬　약〈藥〉☞p.19, 52, 65
果物　과일 ☞p.28, 90
口　입 ☞p.17
口に合う　입에 맞다 動 ☞p.20, 45
首　목
首を突っ込む、口をはさむ　끼어들다 動 ☞p.108
靴（履物）　신발 ☞p.94
くっつく　붙다 動
〜ぐらい　〜쯤 接辞 ☞p.24, 25, 82、〜정도〈程度〉☞p.34, 70
クラス　반〈班〉☞p.38, 77, 84
暮らす　살다 動 ☞p.31, 56, 77, 86
比べる　비하다〈比—〉動 ☞p.116
クリスマス　크리스마스〈Christmas〉☞p.45
来る　오다 動 ☞p.26, 87
グループ　그룹〈group〉☞p.44, 46
車　차〈車〉☞p.42, 54, 66
くれる　주다 動 ☞p.15, 25, 77, 114
黒い　까맣다 ㅎ形 ☞p.13, 101
詳しい　자세하다〈仔細—〉☞p.106
軍人　군인〈軍人〉☞p.97
軍隊　군대〈軍隊〉☞p.106
計画　계획〈計劃〉☞p.58
経験　경험〈經驗〉☞p.31, 55
経済　경제〈經濟〉☞p.116
計算　계산〈計算〉☞p.52
携帯電話　핸드폰〈hand phone〉☞p.100, 118

ケーキ　케이크〈cake〉☞p.54, 86, 98

K-POP　케이팝〈K-POP〉☞p.29, 48

怪我する　다치다 動 ☞p.87

消しゴム　지우개 ☞p.52

化粧　화장〈化粧〉☞p.34

化粧する　화장하다〈化粧—〉動 ☞p.26

(電気を)消す　끄다 動 ☞p.121

ケチだ　인색하다 形 ☞p.114

結果　결과〈結果〉☞p.29, 32, 79

結局　결국〈結局〉副 ☞p.107

結婚　결혼〈結婚〉☞p.84

結婚する　결혼하다〈結婚—〉動 ☞p.56, 58

決心　결심〈決心〉[-씸] ☞p.108

欠席　결석〈缺席〉[-썩] ☞p.30

月末　월말〈月末〉☞p.84

原因　원인〈原因〉☞p.94

ケンカ　싸움 ☞p.53

ケンカする　싸우다 動 ☞p.113

見解　견해〈見解〉☞p.108

玄関　현관〈玄關〉☞p.109

研究室　연구실〈研究室〉☞p.19

健康　건강〈健康〉☞p.67, 99

検索する　검색하다〈檢索—〉動 ☞p.31, 60

現実　현실〈現實〉☞p.119

研修　연수〈研修〉☞p.55

厳粛だ　엄숙하다〈嚴肅—〉形 ☞p.116

現代人　현대인〈現代人〉☞p.124

現地　현지〈現地〉☞p.32, 70

建築　건축〈建築〉☞p.22

玄米　현미〈玄米〉☞p.56

子　아이 ☞p.36, 82, 86, 111

〜個　固 개〈個〉単名 ☞p.6

五　오〈五〉漢数、다섯 固数 ☞p.5, 6

公園　공원〈公園〉☞p.100

後悔　후회〈後悔〉☞p.48, 96

後悔する　후회하다〈後悔—〉動 ☞p.62, 64

合格する　합격되다〈合格—〉動 ☞p.55, 65

交換する　교환하다〈交換—〉動 ☞p.20, 28

交換留学　교환 유학〈交換留學〉☞p.67

好奇心　호기심〈好奇心〉☞p.108

高校　고등학교〈高等學校〉☞p.36

〜号室　漢 호실〈號室〉単位 ☞p.6

こうする　이러다 ㅓ動 ☞p.13, 51

こうだ　이렇다 ㅎ形 ☞p.13, 101

交通事故　교통사고〈交通事故〉☞p.53

行動　행동〈行動〉☞p.80

効能　효능〈效能〉☞p.124

後輩　후배〈後輩〉☞p.80

幸福　행복〈幸福〉☞p.59

公務員　공무원〈公務員〉☞p.19

交流　교류〈交流〉☞p.40, 66

交流する　교류하다〈交流—〉動 ☞p.40, 45

声　목소리 ☞p.100

コーヒー　커피〈coffee〉☞p.31, 34

語学研修　어학연수 [-항년-]〈語學研修〉☞p.72, 93

故郷　고향〈故鄕〉☞p.39, 40

国内外　국내외 [궁내-]〈國內外〉☞p.116

午後　오후〈午後〉☞p.19, 27, 57, 58

ここ　여기 代名 ☞p.55, 78, 84

ここに　여기 代名 ☞p.21, 52, 86

九つ　아홉 固数 ☞p.6

心　마음 ☞p.40

心安らかに　마음 편히 副 ☞p.119

心を開く　마음을 열다 動 ☞p.55

五十　오십〈五十〉漢数、쉰 固数 ☞p.5, 6

午前　오전〈午前〉☞p.27, 92

固定観念　고정관념〈固定觀念〉☞p.114

こと　것 依名 ☞p.36、일 ☞p.31, 114, 122

今年　올해 ☞p.68, 93

今年の〜　올 〜 連体 ☞p.74

〜ごとに　〜마다 助 ☞p.50, 52, 116, 124

言葉　말 ☞p.49, 69, 110、소리 ☞p.102、(目上の人の) 말씀 ☞p.82

子供　아이 ☞p.41, 82, 113

この〜　이 〜 連体 ☞p.12, 21

このあいだ　저번에〈—番—〉☞p.32

このへんで、これで　이만 副 ☞p.16

～時間　固 시간〈時間〉単名 ☞p.21, 111

志願者　지원자〈志願者〉☞p.111

事業　사업〈事業〉☞p.66, 119

しきりに　자꾸 副 ☞p.102

試験　시험〈試驗〉☞p.45, 52, 55, 64

～時限目　漢 교시〈校時〉単名 ☞p.24, 27, 34

事故　사고〈事故〉☞p.33

自己紹介　자기소개〈自己紹介〉☞p.14

仕事　일 ☞p.40, 60, 62, 80

事故を起こす　사고(를) 치다〈事故―〉動 ☞p.120

(し)さえする　-기까지 하다 動 {助詞追加} ☞p.114

指示　지시〈指示〉☞p.106

事実　사실〈事實〉☞p.106, 108

辞典、辞書　사전〈辭典〉☞p.55

事情　사정〈事情〉☞p.32, 70, 89, 107

自信　자신〈自信〉☞p.49, 50, 58, 80

自炊部屋　자취방〈自炊房〉[-빵] ☞p.14

静かだ　조용하다 形 ☞p.17

静かに　조용히 副 ☞p.17

自然災害　자연재해〈自然災害〉☞p.50

自然に、自然と　자연스럽게〈自然―〉副 ☞p.90

(し)た○○　動ㄴ/은 ○○ 尾 {過去連体} -았던/었던 ○○ 尾 {過去回想連体}

(し)た後で　動ㄴ/은 다음에 ☞ p.64、動ㄴ/은 뒤에 ☞ p.20. 64、動 ㄴ/은 후에〈― 後―〉☞ p.62, 64

(し)たい　-고 싶다 形 {希望} ☞p.10, 14, 36, 40

従う　따르다 動 ☞p.12, 41, 82, 119

従って　따라서 接 ☞p.12

(し)たくない -기 싫다 形 ☞p.41

(し)たことがある　動여/아/어 봤다 {経験} ☞p.80

(し)たことがある・ない　動ㄴ/은 적이 있다 存・없다 存 {経験} ☞p.53

(し)たこともある　動ㄴ/은 적도 있다 存 ☞p.50

親しい　친하다〈親―〉形 ☞p.14, 36

親しく　친하게〈親―〉副 ☞p.14

親しくなる　친해지다〈親―〉動 ☞p.36

(し)たせいか　-여서/아서/어서 그런지 ☞p.50

(し)た途端、[する]やいなや　-자마자 尾 {同時} ☞p.104, 110

(し)たのだ　動ㄴ/은 것이다 指、-였던/았던/었던 것이다 指 ☞p.101, 114 {背景説明}

(し)たので　-여서/아서/어서 {原因・先行動作} ☞p.10

(し)たものと思う・思わない　動ㄴ/은 줄 알다 動・모르다 動 {思い込み} ☞p.98

(し)た様子だ　動ㄴ/은 모양이다 指 {状況推測} ☞p.89

(し)たように思う、(し)たみたいな気がする　動ㄴ/은 것 같다 形 {推察} ☞p.56、-였던/았던/었던 것 같다 形 {推察} ☞p.57

(し)たら -면/으면　尾 {条件} ☞10、-니까/으니까 尾 ☞p.33, 36, 42, 43, 82 {きっかけ}、-였더니/았더니/었더니 尾 ☞43, 104 {結果出現の契機}

(し)たら/できたらいいなと思う　-였으면/았으면/었으면 좋겠다 {婉曲希望} ☞p.45

(し)たり　-거나 尾 {複数動作例示} ☞p.28

(し)たりする　-곤 하다 {動作例示} ☞p.51

視聴する　시청하다〈視聽―〉動 ☞p.109

実現される　실현되다〈實現―〉動 ☞p.46

実際に　실제로 [-쩨-]〈實際―〉☞p.62, 119

実社会　실사회〈實社會〉☞p.80

叱責　질책〈叱責〉☞p.43

(し)つつ　-며/으며 尾 {動作の並列・並行} ☞p.119

失墜させる　실추시키다〈失墜―〉動 ☞p.80

じっとしている　가만있다 存 ☞p.82

実は　사실은〈事實―〉副 ☞p.107、(ところが) 実は　알고 보니 ☞p.114

失望させる　실망시키다〈失望―〉動 ☞p.80

実力　실력〈實力〉☞p.36, 79

失礼だ　무례하다〈無禮―〉形 ☞p.80

失恋する　실연당하다〈失戀當―〉動 ☞p.111

(し)て　-고 尾 {並列}、-여서/아서/어서 尾 {原因・先行動作} ☞p.26

(し)ていく　-여/아/어 나가다 動 {推進} ☞p.70

(し)ていた○○　-였던/았던/었던 ○○ 尾 {過去回想連体形} ☞p.86

(し)ていた○○　動던 ○○ 尾 {回想連体形} ☞p.86

(し)ていた、だった -였었/았었/었었- 補幹 {大過去の補助語幹} ☞p.113

(し)ていたのだ -였던/았던/었던 것이다 指 {背景説明} ☞p.108

(し)ていってあげる、(し)てきてくれる -여다/아다/어다 주다 {動作後移動} ☞p.114

(し)ているうちに、(し)ていて -다가 尾 {途中移行} ☞p.82, 87

(し)ている -여/아/어 있다 存 {状態☞p.97

(し)ている -고 있다 存 {進行中} ☞10, 14, 62, 66

(し)ておく -여/아/어 두다 動 {準備} ☞p.62, 69

(し)ておられる -고 계시다 存 (-고 있다の尊敬表現) ☞p.82

(し)てから〈期間〉 動ㄴ/은 지〈期間〉☞p.14

(し)てください -여/아/어 주세요 {依頼} ☞p.85

(し)てくる {これまで} -여/아/어 오다 動 {継続} ☞p.69, 72

(し)てくれと -여/아/어 달라고 {依頼引用} ☞p.85

(し)てくれる・あげる -여/아/어 주다 動 {相手のために} ☞p.69

(し)てくれるかどうか -여/아/어 줄지 ☞p.104

(し)てさしあげる、お〜する -여/아/어 드리다 動 {目上の人のために} ☞p.69

(し)てしまう -여/아/어 버리다 動 {残念ながら} ☞p.69

(し)てはいけない -면/으면 안 되다 動 {禁止} ☞p.100, 102

(し)てばかりする -기만 하다 ☞ p.60

(し)てみる -여/아/어 보다 動 {試みに} ☞p.69

(し)ても、(く)ても -여도/아도/어도 尾 {譲歩} ☞p.72, 79, 102

自転車 자전거〈自轉車〉☞p.54

自動車学校 운전 학원〈運轉學院〉☞p.67, 84

(し)ない、(く)ない -지 않다 動形 ☞p.9, 24, 62, 70、안 … 副 ☞p.94 {否定} ☞p.21, 29, 45

(し)ないでください -지 마세요 {制止} ☞p.85

(し)ながら -면서/으면서 尾 {動作並行} ☞p.31

(し)なくちゃ (なと思う) -여야겠다/아야겠다/어야겠다 {言い聞かせ} ☞p.99

(し)なくていいと -지 말라고 {制止引用} ☞p.82, 85

(し)なければならない -여야/아야/어야 하다・되다 {義務} ☞p.67

品物 물건〈物件〉☞p.28, 78, 114

(し)に(行く・来る) -러/으러 (가다・오다) 尾 {往来の目的} ☞p.9

(し)にくい -기 어렵다 ㅂ形 ☞p.41, 124

(し)始める -기 시작하다〈—始作—〉動 ☞p.36

(し)はする -기는 하다 ☞p.75、-긴 하다 ☞p.72 {助詞追加}

自分 자기〈自己〉☞p.120

自分で 직접〈直接〉副 ☞p.24, 46

島 섬 ☞p.40

閉まる、閉められる 닫히다 [다치-] 動 ☞p.97, 121

市民 시민〈市民〉☞p.40

閉める 닫다 動 ☞p.11, 76, 121

地面 땅 ☞p.124

(し)もする -기도 하다 {助詞追加} ☞p.72, 75

社会 사회〈社會〉☞p.14

社会学 사회학〈社會學〉☞p.14

弱点 약점〈弱點〉☞p.50

写真 사진〈寫眞〉☞p.42, 52, 100

写真館 사진관〈寫眞館〉☞p.68

(し)やすい -기 쉽다 形 ☞p.41

若干 약간〈若干〉☞p.75

〜週 漢 주〈週〉単名 ☞p.124

十 십〈十〉漢数、열 固数 ☞p.5, 6

周囲 주변〈周邊〉☞p.108

〜週間 漢 주일〈週日〉単名 ☞p.23

習慣 습관〈習慣〉☞p.114

集合 집합〈集合〉☞p.55

集合する 집합하다〈集合—〉動 ☞p.118

充実している 알차다 形 ☞p.62

就職 취업〈就業〉☞p.64, 80

就職活動 취업활동〈就業活動〉☞p.64

就職する 취직하다〈就職—〉動 ☞p.62, 67

ジュース 주스〈juice〉☞p.28

順番 차례〈次例〉☞p.84

週末　주말〈週末〉☞p.19, 28, 45

住民　주민〈住民〉☞p.50, 66, 116

重要だ　중요하다〈重要—〉形 ☞p.96, 116

授業　수업〈授業〉☞p.24, 34, 52, 74

塾　학원〈學院〉☞p.41

宿題　숙제〈宿題〉☞p.26, 33, 84, 120

(試合に)出場する　출전하다〈出戰—〉動 ☞p.17, 19

出発　출발〈出發〉☞p.55

出発する　출발하다〈出發—〉動 ☞p.41

趣味　취미〈趣味〉☞p.19

瞬間　순간〈瞬間〉☞p.108

順序　순서〈順序〉☞p.94

準備　준비〈準備〉☞p.19, 69

賞　상〈賞〉☞p.53

(し)ようか　-ㄹ까/을까? 尾 {推量疑問} ☞ p.77

(し)ようか…　-ㄹ지/을지 … 尾 {文中の推量疑問} ☞p.72, 78

紹介　소개〈紹介〉☞p.80

紹介する　소개하다〈紹介—〉動 ☞p.16, 116

小学校　초등학교〈初等學校〉☞p.82, 86

状況　상황〈狀況〉☞p.59

上司　상사〈上司〉☞p.110

正直だ　솔직하다〈率直—〉[-찌카-] 形 ☞p.79

生じる　나다 動、생기다 動 ☞p.29, 82

上手に　잘 副 ☞p.50

小テスト　쪽지 시험〈—試驗〉☞p.52

(し)ようと思う、(し)ようとする　-려고/으려고 하다 動 ☞ p.62, 68、-고자 하다 動 {意図} ☞p.118

将来　앞으로 副 ☞p.60、장래 [-내]〈將來〉☞p.62

ジョギング　조깅〈jogging〉☞p.66

職員　직원〈職員〉☞p.80

食材　식재료〈食材料〉☞p.90

食事　식사〈食事〉☞p.24, 48, 60

食事する　식사하다〈食事—〉動 ☞p.64, 102

食感　식감〈食感〉☞p.90

知らず知らずのうちに　나도 모르게 ☞p.80

知らせる　알리다 動 ☞p.88、알려 주다 動 ☞p.43, 64, 85

知らない　모르다 르動 ☞p.4, 12, 41

調べる、調べてみる　알아보다 動 ☞p.94

知られる　알려지다 動 ☞p.106, 121

知りたい　궁금하다 形、알고 싶다 形 ☞p.94

資料　자료〈資料〉☞p.58, 99, 119

知る　알다 動 ☞p.26, 29, 32

白い　하얗다 ㅎ形 ☞p.13, 101

しわざ　짓 ☞p.88

新曲　신곡〈新曲〉☞p.17

神経痛　신경통〈神経痛〉☞p.124

進行する　진행되다〈進行—〉動 ☞p.108

人材　인재〈人材〉☞p.68

信じる　믿다 動 ☞p.11, 120

人生　인생〈人生〉☞p.96

慎重さ　조심성〈操心性〉☞p.120

心配　걱정 ☞p.72, 78, 104

心配する　걱정하다 動 ☞p.81, 82

心配になる　걱정(이) 되다 動 ☞p.82

新聞　신문〈新聞〉☞p.31, 34

心理　심리〈心理〉[-니] ☞p.14

図　그림 ☞p.44

水泳　수영〈水泳〉☞p.49, 50

スウォン(地名)　수원〈水原〉☞p.96

数日　며칠 ☞p.114, 124

スーパーマーケット　마트〈mart〉

スカート　치마 ☞p.39

姿　모습 ☞p.36, 124

(～が)好きだ　(～를/을) 좋아하다 動 ☞p.7, 32, 88

過ぎる　지나다 動 ☞p.36, 120

すぐ　금방〈今方〉副 ☞p.112、바로 副 ☞p.24, 34, 109

少なくとも　적어도 副 ☞p.70

すぐに　바로 副 ☞p.24, 34, 109

すごく　너무 副 ☞p.56

少し　조금 副 ☞p.62, 72

少しずつ　조금씩 副 ☞p.114

少し前　얼마 전〈—前〉、조금 전〈—前〉☞p.62

過ごす　지내다 動 ☞p.14, 34, 72, 82

涼しい　시원하다 形 ☞p.42

制作　제작〈制作〉☞p.64
正座する　무릎 꿇고 앉다 動 ☞p.102
青少年　청소년〈青少年〉☞p.14
成績　성적〈成績〉☞p.26, 109, 118
政府　정부〈政府〉☞p.108
西部　서부〈西部〉☞p.97
(学校の) 制服　교복〈校服〉☞ p.53
成分　성분〈成分〉☞p.124
整理する　정리하다 [-니-] 動
世界　세계〈世界〉☞p.70, 72, 116
世界一周　세계일주 [-쭈-]〈世界一周〉☞p.70
世界的な ～　세계적인 ～〈世界的—〉☞p.114
席　자리 ☞p.107
責任感　책임감〈責任感〉☞p.80
せっかく　모처럼 副 ☞p.72
摂取量　섭취량〈攝取量〉☞p.106
説明する　설명하다〈説明—〉動
責められる　질책받다〈叱責—〉動 ☞p.43
ゼロ　공〈空〉☞p.5, 6
千　천〈千〉漢数 ☞p.5
全員　전원〈全員〉☞p.118
前回　저번〈—番〉☞p.32
先月　지난달 ☞p.41
専攻　전공〈專攻〉☞p.14
選考、選抜　전형〈銓衡〉☞p.67
全国　전국〈全國〉☞p.50
選手　선수〈選手〉☞p.54
先週　지난주〈—週〉☞p.57
先週末　지난 주말〈—週末〉☞p.33
先生　선생님〈先生—〉☞p.18, 19, 38, 66, 82
先祖　조상〈祖上〉☞p.116
センター　센터〈center〉☞p.80
洗濯する　빨다 動 ☞p.20
銭湯　목욕탕〈沐浴湯〉☞p.124
先輩　선배〈先輩〉☞p.109
全部　다 副 ☞p.26, 42, 50
全力　온힘 ☞p.65
そうかと思えば　그런가 하면 ☞p.102
掃除する　청소하다〈清掃—〉動 ☞p.99
そうしようと思えば　그러려면 ←그러려고 하면 ☞p.70
そうする　그러다 ㅓ動 ☞p.13, 51, 62, 101
そうだ　그렇다 ㅎ形 ☞p.13, 101
増大する　커지다 動 ☞p.108
相談する　상담하다〈相談—〉動 ☞p.82、의논하다〈議論—〉動 ☞p.48
送付する　송부하다〈送付—〉動 ☞p.118
促進　촉진〈促進〉☞p.66
素質　소질〈素質〉☞p.49, 50
そして　그리고 接 ☞p.22, 70, 72
育てる　기르다 르動 ☞p.41
卒業式　졸업식〈卒業式〉☞p.55, 68
卒業する　졸업하다〈卒業—〉動 ☞p.21, 36, 58
外　밖 ☞p.56, 87
その～　그 ～ 連体 ☞p.32, 36, 46, 84
そのように、そんなに　그렇게 副 ☞p.58, 88, 107
その間、その後　그동안 副 ☞p.89
その場所　그곳 ☞p.114
その日　그날 ☞p.24
そのまま　그대로 副 ☞p.124
祖父　할아버지 ☞p.84
祖母　할머니 ☞p.124
素朴だ　소박하다〈素朴—〉形 ☞p.124
それでも　그래도 接 ☞p.124
それなりに　나름대로 副 ☞p.80
存在　존재〈存在〉☞p.114
そんな～　그런 ～ 連体 ☞p.82, 101, 111

た

～だ　～이다 指 ☞p.88
～台 (機械類)　固 대〈臺〉単名 ☞p.6, 42
ダイエット　다이어트〈diet〉☞p.66
タイガース　타이거즈〈Tigers〉☞p.98
大会　대회〈大會〉☞p.50, 53
大学　대학교〈大學校〉☞p.22, 65、대학〈大學〉☞p.72, 80
大学院生　대학원생〈大學院生〉☞p.14
大学生　대학생〈大學生〉☞p.106, 113

大規模　대규모〈大規模〉☞p.124
大事故　대형 사고〈大型 事故〉☞p.33
大丈夫だ　괜찮다 形 ☞p.77, 79, 88
大切さ　소중함〈所重—〉☞p.64
大切だ　소중하다〈所重—〉形 ☞p.64
大切に　소중히〈所重—〉副 ☞p.119
体調が悪い　(몸이) 아프다 形 ☞p.111
たいてい　대개〈大概〉副 ☞p.54、보통〈普通〉副 ☞p.24, 25
たいていの～　웬만한 ～ ☞p.50
大ヒットする　대박(이) 나다 動 ☞p.110
代表　대표〈代表〉☞p.38, 40
代表する　대표하다〈代表—〉動 ☞p.116
大部分　대부분〈大部分〉副 ☞p.113, 119
大変だ　힘들다 形 ☞p.31, 55, 89
太陽 해
体力　체력〈體力〉☞p.50
対話する　대화하다〈對話—〉動 ☞p.36, 46
倒れる、倒れ込む　쓰러지다 動 ☞p.110
高い　높다 形 ☞p.89 ⇔ 낮다 形
(値段が)高い　비싸다 形 ☞p.39, 48 ⇔ 싸다 形
互いに　서로 副 ☞p.36, 79
宝くじ　복권〈福券〉☞p.109
たくさん　많이 副 ☞p.17, 45, 55
タクシー　택시〈taxi〉☞p.65
～だけ　～만 助 ☞p.32, 36, 98
～だけでなく　～ 뿐만 아니라 ☞p.62
～だけとっても　～만 해도 ☞p.102
ダサい　촌스럽다〈村—〉ㅂ形 ☞p.75
確かに　확실히〈確實—〉副 ☞p.56
出す　내다 動 ☞p.30, 38, 48
助ける　돕다 ㅂ動、도와주다 動 ☞p.12
訪ねる、訪ねていく　찾아가다 動 ☞p.86, 96
尋ねる　묻다 ㄷ動、물어보다 動 ☞p.76, 78
ただ (とはいえ)　그런데 副 ☞p.50, 62, 80
ただ (無為に)　그냥 副
叩かれる　맞다 動 ☞p.121
叩く　치다 動 (物を) ☞p.49、때리다 動 (人を) ☞p.119

タダで (無料で)　공짜로〈空—〉☞p.104、그냥 ☞p.114
立つ　서다 動 ☞p.13, 42, 97
卓球　탁구〈卓球〉☞p.49
奉る 모시다 動 ☞p.116
建物 건물〈建物〉☞p.22, 97
立てる 세우다 動 ☞p.58
(だ)という　…고 하다 動 {引用} ☞p.84
(だ)という○○　…는 ○○ 尾 {引用連体} ☞p.106
例えば　예를 들어서〈例—〉☞p.124
他の～　다른 ～ 連体 ☞p.45, 70, 72
他のもの　다른 것 ☞p.32, 90
楽しい　재미있다 存 ☞p.92　즐겁다 ㅂ形 ☞p.60
楽しく　재미있게 副 ☞p.79
楽しみだ　기대(가) 되다〈期待—〉動 ☞p.72, 121
タバコ　담배 cf. 담배를 피우다 タバコを吸う ☞p.113
田畑　논밭 ☞p.84
(～の)たびに　～마다 助 ☞ p.50, 52, 116
食べさせる　먹이다 動 ☞p.90
食べていく　먹고 살다 動 ☞p.67
食べる　먹다 動 ☞p.19, 20, 24, 31
卵　계란〈鷄卵〉☞p.124
たまに　가끔 副 ☞p.25, 36
試す　시험하다〈試驗—〉動 ☞p.72
だめだ　안 되다 動 ☞p.100
(する)ため　-기 때문에 ☞p.24, 32, 33, 42
(する)ために　-기 위해(서) ☞p.62, 66
(～の)ために　(～를/을) 위해 (서) ☞p.46, 66
(～の)ための○○　(～를/을) 위한 ○○
(お金を)貯める　모으다 動 ☞p.66, 67, 70
足りない　부족하다〈不足—〉形 ☞p.78
誰、誰か　누구 ☞p.77, 96, 120
誰が　누가 ☞p.77, 86, 96
誰かが　누가 ☞p.56
誰も (→否定表現)　아무도 ☞p.48, 108, 117
～だろうが　～건/이건 助 ☞p.107、～든/이든 助 ☞p.114, 120 {不問}
(履修の) 単位　학점〈學點〉☞p.67
男女　남녀〈男女〉☞p.107, 120

誕生日　생일〈生日〉☞p.69

ダンス　댄스〈dance〉☞p.22, 49

だんだん　점점 副 ☞p.114

担当する　담당하다〈擔當—〉動 ☞p.32

担任　담임〈擔任〉☞p.82

地域　지역〈地域〉☞p.50, 66, 70, 116, 124

小さい　작다 形

チェーサ(韓国の先祖儀礼)　제사〈祭祀〉☞p.116

チェックする　체크하다〈check—〉動 ☞p.31

近い　가깝다 ㅂ形 ☞p.12, 107

違い　차이점〈差異點〉[-쩜] ☞p.94, 127

違いが生じる　차이가 나다〈差異—〉動 ☞p.102

違う　다르다 르形 ☞p.12, 41, 52, 114

近く　가까이 ☞p.53、근처〈近處〉☞p.14, 38

(～と)違い、違って　(～와/과) 달리 副 ☞ p.102, 116

地下鉄　지하철〈地下鐵〉☞p.32

力　힘 ☞p.66, 110

チキン　치킨〈chickin〉☞p.112

チケット　티켓〈ticket〉☞p.110

遅刻する　지각하다〈遲刻—〉動 ☞p.53, 100

父　아버지 ☞p.18, 19, 87

チマチョゴリ　한복〈韓服〉☞p.94

チャガルチ市場(プサンにある海鮮市場)　자갈치 시장〈—市場〉☞p.52

着実に　꾸준히 副 ☞p.70

着実だ　꾸준하다 形 ☞p.124

チャレンジ　도전〈挑戰〉☞p.72

茶碗　밥그릇 ☞p.102

ちゃんと　제대로 副 ☞p.78

～中　～ 중〈中〉依名 ☞p.18, 38

中国人　중국인〈中國人〉☞p.62

(行事などが)中止になる　취소되다〈取消—〉動 ☞p.43

昼食　점심〈點心〉☞p.24, 26, 28

中東　중동〈中東〉☞p.70

中毒になる　중독되다〈中毒—〉動 ☞p.108

中2(中学2年生)　중이〈中二〉☞p.86

注文する　시키다 動☞p.104, 107、주문하다〈注文—〉動 ☞p.104, 109

中学校　중학교〈中學校〉☞p.36, 50

兆　조〈兆〉漢数 ☞p.5

長距離　장거리〈長距離〉☞p.43

長時間　장기간〈長期間〉☞p.124

朝食　아침 식사〈—食事〉、아침 ☞p.24, 30

調理方法　조리 방법〈調理方法〉☞p.90

直接　직접〈直接〉副 ☞p.24, 30, 46, 87

ちょっと　좀 副 ☞p.48, 99, 112, 114

ちょっとずつ　조금씩 副 ☞p.62, 114

つい　그만 副 ☞p.87

(～に)ついて　(～에) 대해(서)〈—對—〉☞ p.14

ついて行く・来る　따르다 르動 ☞p.119

通過する　통과하다〈通過—〉動 ☞p.67

通じる　통하다〈通—〉動 ☞p.72

通訳　통역〈通譯〉☞p.46

使う　쓰다 動、사용하다〈使用—〉動 ☞p.114, 116

疲れ　피로〈疲勞〉☞p.124

疲れた、疲れている　피곤하다〈疲困—〉形 ☞p.43, 79

次　다음 ☞p.64, 84, 114

つき合う　사귀다 動 ☞p.21, 70, 98

付く　붙다 動、달리다 ㅅ動 ☞p.94

(電気が)つく　(불이) 켜지다 動 ☞ p.52, 97, 121

机　책상〈冊床〉☞p.87

尽くす　다하다 動 ☞p.65, 72

(食事を)作って食べる　해(서) 먹다 動 ☞ p.24

作られる　만들어지다 動 ☞p.116, 121

作る　만들다 動 ☞p.20, 21, 44、(料理を) 하다 動 ☞p.24、짓다 ㅅ動 ☞p.13, 122

(電気を)つける　켜다 動 ☞ p.42, 121

(風呂に)浸かる　(더운 물에) 몸을 담그다 動 ☞ p.124

浸ける　담그다 動 ☞p.124

伝えられる、伝わる　전해지다〈傳—〉動 ☞p.102

伝える　전하다〈傳—〉動 ☞p.102

拙い　서투르다 르形 ☞p.12, 36, 41, 120

務める　맡다 動 ☞p.118

繋ぐ、継ぐ　잇다 ㅅ動 ☞p.13, 122

繋がる、継がれる　이어지다 動 (←잇다＋ - 어지다) ☞p.116, 122

常に　항상〈恒常〉副 ☞p.60

積む　쌓다 動 ☞p.31, 119

強い　강하다〈强—〉形 ☞p.42

強くなる　강해지다〈强—〉動 ☞p.42

つらい　힘들다 形 ☞p.72

つらいと思う　힘들어하다 動 ☞p.60

連れて来てくれる、連れて行ってあげる　데려다 주다 動 ☞p.112

手　손 ☞p.41, 102

～で {手段・材料}　～로/으로 助 ☞p.36, 38, 44, 46

～で {場所}　～에서 助 ☞p.7、～서 助 ☞p.112

～であって {定義}　～로/으로 助 ☞p.118

～である○○　～인 ○○ ☞p.14

…である　… 말이다 指 {余剰要素} ☞p.104, 107

(する)うえに　-고 尾 ☞p.114

提供する　제공하다〈提供—〉動 ☞p.60

提出する　제출하다〈提出—〉動 ☞p.26

程度　정도〈程度〉☞p.34

丁寧に　정성스레〈精誠—〉副 ☞p.79

…できない　못 … 副 ☞p.5, 29, 32、못하다 動 {不可能} ☞p.14, 22, 49

できる 생기다 動 ☞p.46, 55, 77

(する)ことができる・できない　-ㄹ/을 수 있다 存・없다 存 {可能・不可能} ☞p.36, 44、-ㄹ/을 줄 알다 動・모르다 {技能の有無} ㄹ動 ☞p.54

できるだけ　될 수 있는 대로 ☞p.62, 70

…できればうれしい　-였으면/았으면/었으면 좋겠다 {婉曲希望} ☞p.62

出口　출구〈出口〉☞p.110

デザイン　디자인〈dezign〉☞p.22, 29

テジョン(地名)　대전〈大田〉☞p.39

～です　～입니다 ☞p.5, 17, 22

訪ねてくる　찾아오다 動 ☞p.78, 116

手伝う　돕다 ㅂ動、도와주다 動 ☞p.12

手続き　수속〈手續〉☞p.118

鉄分　철분〈鐵分〉☞p.124

徹夜する　밤을 새우다 動 ☞p.120

出ていく、出る　나가다 動 ☞p.50

出てくる、出る　나오다 動 ☞p.24, 38, 60, 104

テニス　테니스〈tennis〉☞p.49

では　그럼 副 ☞p.15

～ではない　～가/이 아니다 ☞p.5, 96, 102

デビュー　데뷔〈deview〉☞p.110

出前を取る　배달(을) 시키다〈配達—〉☞p.107

～でも {消極的選択}　～라도/이라도 助 ☞p.72, 79, 94、～나/이나 助 ☞p.28, 38, 90

～でも {不問}　～건/이건 助 ☞p.107、～든/이든 助 ☞p.116, 120

でも　그런데 副 ☞ p.80、하지만 接 ☞ p.60, 72 {逆接}

(電話に)出る　받다 動 ☞p.31, 44

出る、生じる　나다 動 ☞p.29, 82

テレビ　티브이〈TV〉☞p.26, 30

テレワーク　재택 근무〈自宅 勤務〉

点　점〈點〉☞p.5, 6, 67, 94, 116

展開する　전개하다〈展開—〉動 ☞p.66

天気、気候　날씨 ☞p.39, 40

電気(明かり)　불 ☞p.52, 97

転校する　전학(을) 가다・오다〈轉學—〉☞p.36

展示　전시〈展示〉☞p.38

展示される　전시되다〈展示—〉動 ☞p.97, 121

展示する　전시하다〈展示—〉動 ☞p.121

電車　전철〈電鐵〉☞p.30, 34, 44, 59, 100

天真爛漫に　천진난만하게〈天眞爛漫—〉副 ☞p.82

伝統的な　전통적인〈傳統的—〉☞p.94, 116

電話　전화〈電話〉☞p.31, 38

電話する　전화하다〈電話—〉動 ☞p.43, 100

～と {引用}　～라고/이라고 助 ☞p.7, 14、… 하고 助 ☞p.104

～と {列挙}　～와/과 助 ☞p.7, 14、～하고 助 ☞p.7

～度　㊥ 도〈度〉単名 ☞p.6

扉、ドア　문〈門〉☞p.44, 97

～という○○　～라는/이라는 ○○ ☞p.36、… 하는 ○○ ☞p.104 {引用連体形} ☞p.36

～と言えば　～라면/이라면 (←라고/이라고 하면) ☞p.52

トイレ　화장실〈化粧室〉☞p.114

トイレットペーパー　휴지〈休紙〉、화장실 휴지〈化粧室 休紙〉☞p.114

どう、どのように　어떻게 副 ☞p.78, 88

動画　동영상〈動映像〉☞p.109

唐辛子　고추 ☞p.102, 106

〜どうし　〜끼리 接 ☞p.113

搭乗　탑승〈搭乗〉☞p.118

搭乗口　탑승구〈搭乗口〉☞p.41

どうする　어쩌다 ㅓ動 ☞p.13, 51、어떻게 하다 動

同性　동성〈同性〉☞p.107

当然だ　당연하다〈當然—〉形 ☞p.114

どうだ　어떻다 ㅎ形 ☞p.13, 101

到着する　도착하다〈到着—〉動 ☞p.65

東南アジア　동남아시아〈東asia〉

導入される　도입되다〈導入—〉動 ☞p.114

どうやら(…し)ていたようだ　-였던/았던/었던 모양이다 指 {状況推測} ☞p.82

どうやら(…する/した)みたいだ　動나 보다 {状況推測(直感)} ☞p.82, 89

同様に　똑같이 副 ☞p.94

当惑する　당황하다〈唐慌—〉動 ☞p.114

十　열 固数 ☞p.6

遠い　멀다 形 ☞p.96

トーイック　토익〈TOEIC〉☞p.67

通過する　통과하다〈通過—〉動 ☞p.67

ドキドキする　쿵쾅거리다 動 ☞p.108

得意だ　잘하다 動 ☞p.49, 50

特技、得意なこと　특기〈特技〉☞p.50

独特だ　독특하다〈獨特—〉形 ☞p.94, 116

特に　특히〈特—〉副 ☞p.14

独立心　독립심 [동닙-]〈獨立心〉☞p.42

解ける　풀리다 動 ☞p.124

どこ(に)、どこか(に)　어디 ☞p.48

どこか、どこかに　어디론가 ☞p.110

(する)ところ　〜 데 依名 ☞ p.112、〜 곳 依名 ☞ p.114

ところが　그런데 副 ☞p.90

年　해

都市　도시〈都市〉☞p.22, 39

〜として{資格}　〜로/으로 助 ☞p.80, 90, 118

図書館　도서관〈圖書館〉☞p.34

歳(を)とる　나이(가) 들다 動 ☞p.107

どっと集まる　몰려들다 動 ☞p.110

トッポッキ(料理名)　떡볶이 ☞p.85

とても大きい　커다랗다 ㅎ形 ☞p.101, 114

届け出　신고서〈申告書〉☞p.30

留まる　머무르다 르動 ☞p.12, 41, 124

隣　옆 ☞p.56, 65

隣の家　옆집 ☞p.89, 98

止まる　서다 動 ☞p.42

共稼ぎ　맞벌이 ☞p.60

土曜日　토요일〈土曜日〉☞p.29, 38

ドラム　드럼〈drum〉☞p.49

取り消し　취소〈取消〉☞p.43

努力　노력〈努力〉☞p.46, 59

努力する　노력하다〈努力—〉動 ☞p.69, 79

採る、取る　따다 動 ☞p.62, 67, 99

撮る　찍다 動 ☞p.68, 100

ドル　달러〈dollar〉☞p.5

どれ　어느 것 ☞p.88, 92

豚骨ラーメン　돈코츠라면(日本語) ☞p.52

どんな〜　어떤 〜 連体 ☞p.72

どんなに、どのぐらい　얼마나 副 ☞p.46, 77, 88

な

ない　없다 存 ☞p.8, 24, 33, 96

〜内に(期限)　〜 내에〈内—〉☞p.26、〜 안으로 ☞p.68

治す　고치다 動 ☞p.124

(病気が)治る　(병이) 낫다 ㅅ動 ☞p.13, 122, 124

直る　고쳐지다 動 ☞p.90

中　속(奥) ☞p.108、안(内) ☞p.124

長い　길다 形 ☞p.56, 88, 94

仲が良い　친하다〈親—〉形 ☞p.14

仲直り　화해〈和解〉☞p.68

長年の〜　오랜 〜 連体 ☞p.17

仲良く　친하게〈親—〉副 ☞p.14

仲良くする　어울리다 動 ☞p.22, 41, 82

仲良くなる　친해지다〈親—〉動 ☞p.36

流れ　흐름 ☞p.114

流れる　흐르다 르動 ☞p.12, 41

〜なく、〜なしで　〜 없이 副 ☞p.46, 69

失くす　잃어버리다 動 ☞p.53, 87, 112

成し遂げる　이루다 動 ☞p.68

なぜ　왜 副 ☞p.94, 102

なぜか　왠지 副 ☞p.43

夏　여름 ☞p.26, 68

夏服　여름옷 ☞p.42

夏休み　여름 방학〈—放學〉[-빵-] ☞p.80

など　등〈等〉☞p.50

七　칠〈七〉漢数、일곱 固数 ☞p.5, 6

七十　칠십〈七十〉漢数、일흔 固数 ☞p.5, 6

七つ　일곱 固数 ☞p.6

何　무엇 代名 ☞p.31, 94、뭐 代名 ☞p.78, 88、(いかなること) 무슨 일 ☞p.69, 114

何か　뭔가 ☞p.43、무엇 代名、뭐 代名 ☞p.104

何を　뭘 (←무엇을) ☞p.77, 78

〜なのだが、〜なんですが　〜인데 ☞p.14

〜なので　〜라서/이라서 ☞p.72, 79, 94

名前　이름 ☞p.29, 108, 118

生ガキ　생굴 ☞p.109

〜なら　〜라면/이라면 助 ☞p.50

(〜に) なる　(〜가/이) 되다 動 ☞p.55

慣れる　익숙해지다 動 ☞p.114

悩み　고민〈苦憫〉☞p.89

何種類、何種類か　몇 가지 ☞p.90

なんでも　뭐든지 副 ☞p.60, 66, 84

なんとなく　그냥 副 ☞p.114

何ともない　아무렇지 않다 形 ☞p.102

何日、何日か　며칠 ☞p.116, 124

何の〜　무슨 〜 連体 ☞p.88, 89

(人) に　〜에게 助 ☞p.46

(目上の人) に　〜께 助 (에게の尊敬語) ☞p.82

〜に　〜에 助 ☞p.7

二　이〈二〉漢数、둘 固数 ☞p.5, 6

似合う　어울리다 動

苦手だ　못하다 [모타-] 動 ☞p.14, 22

苦手なこと　약점〈弱點〉☞p.50

憎い　밉다 ㅂ形 ☞p.12

二三 (の)〜　두세 〜 固数 ☞p.34

〜にしかならない　〜밖에 안 되다 ☞p.110

二十　스물, 스무 〜 固数 ☞p.6

日　일〈日〉☞p.5

日常　일상〈日常〉[-쌍] ☞p.24

日曜日　일요일〈日曜日〉☞p.17, 39, 52

〜について　〜에 대해(서)〈—對—〉☞p.14

日韓関係　한일 관계〈韓日關係〉☞p.108

日程　일정〈日程〉[-쩡] ☞p.43

似ている　비슷하다 [-스타-] 形 ☞p.94, 116

日本料理店　일식집〈日食〉[-찝-] ☞p.32

入学　입학〈入學〉☞p.65

入浴する　목욕하다〈沐浴—〉動 ☞p.124

〜によれば　〜에 의하면〈—依—〉☞p.102

〜人　固 명〈名〉単名 ☞p.6

人気　인기〈人気〉[-끼] ☞p.86, 92, 124

〜人で　固 이서 ☞p.14

脱ぐ　벗다 動 ☞p.122

抜ける　빠지다 動 ☞p.32, 108

濡れる　젖다 動 ☞p.57, 87

願う　바라다 動 ☞p.41

寝そべる　눕다 ㅂ動 ☞p.100

値段　가격〈價格〉☞p.48

根強い　꾸준하다 形 ☞p.124

眠くなる　잠이 오다 動 ☞p.109

眠り、眠気　잠 ☞p.42, 87

眠りにつく　잠(이) 들다 動 ☞p.87

〜年　漢 년〈年〉単名 ☞p.5, 21

〜年代　漢 년대〈年代〉単名 ☞p.40

〜年入学　漢 학번〈學番〉単名 ☞p.6

〜の　〜 것 依名 ☞p.36

〜の　〜의 助 ☞p.7

残る　남다 [-따] 動 ☞p.48

載せる　싣다 ㄷ動 ☞p.11, 76

〜のため (に)　〜를/을 위해(서) {目的} ☞p.62, 66

〜のための○○　〜를/을 위한 ○○

喉　목

延ばす　미루다 動 ☞p.120、연기하다〈延期—〉動 ☞p.121

伸びる　늘다 動 ☞p.36, 79

〜のみ　〜 뿐 依名 ☞p.104

〜のみならず　〜 뿐만 아니라 ☞p.62

〜のような○○　〜와/과 같은 ○○ ☞p.114

〜のように　〜와/과 같이

乗り換える　갈아타다 動 ☞p.34

(〜に) 乗る　(〜를/을) 타다 動 ☞ p.7, 26, 30

は

〜は　〜은/는 助 {主題} ☞p.7

歯　이 ☞p.34

場合　경우〈境遇〉☞p.60, 116

パーッと、グーンと　확 副 ☞p.109

〜杯（コップ・杯）　固 잔〈盞〉単名 ☞p.6, 29

〜倍　固 배〈倍〉単名 ☞p.106

配達する　배달하다〈配達—〉動 ☞p.109

売店　매점〈賣店〉☞p.20, 24

バイト代　알바비〈arbeit 費〉☞p.98

俳優　배우〈俳優〉☞p.107

入る　들다 動 ☞p.97、들어가다 動 ☞p.36, 64, 124、들어오다 動

〜ばかり　〜만 助 ☞p.87

測る　재다 動 ☞p.88

履く　(신발・양말을) 신다 [-따] 動 ☞p.26、(바지・치마를) 입다 動

〜箱　固 박스〈box〉単名 ☞p.6

始まる　시작되다〈始作—〉動 ☞ p.110

はじめて　처음、처음으로 ☞p.36, 104, 114

はじめは　처음에는 ☞p.36, 104, 114

始める　시작하다〈始作—〉動 ☞p.16, 55, 70

走る　뛰다 動 ☞p.79、달리다 動 ☞p.94

バス　버스〈bus〉☞p.30, 32, 34

恥ずかしい　부끄럽다 ㅂ形 ☞p.114

バスケットボール　농구〈籠球〉☞p.49

パスポート　여권 [-꿘]〈旅券〉☞p.53

パスワード　비밀번호〈秘密番號〉☞p.44

パソコン教室　컴퓨터실〈computer室〉☞p.100

働く　일하다 動 ☞p.67, 80

八　팔〈八〉漢数、여덟 固数 ☞p.5, 6

八十　팔십〈八十〉漢数、여든 固数 ☞p.5, 6

発音　발음〈發音〉☞p.72, 106

発達する　발달되다〈發達—〉[-딸-] 動 ☞p.121

発展　발전〈發展〉[-쩐] ☞p.66

発表　발표〈發表〉☞p.55, 58, 69

発表者　발표자〈發表者〉☞p.100

話　이야기 ☞p.46, 98、얘기 (←이야기) ☞p.106

話す　말하다 動 ☞p.84、이야기하다 動 ☞p.43, 77

華やかだ　화려하다〈華麗—〉形 ☞p.94, 116

母　어머니 ☞p.18, 22, 82

パフォーマンス　퍼포먼스〈performance〉☞p.108

はまる　빠지다 動 ☞p.22, 46

速い　빠르다 르形 ☞p.12, 41

はやく　빨리 (スピード) 副 ☞p.25, 85、일찍 (早い時間) 副 ☞p.19, 24, 25, 39, 67

腹　배 ☞p.79、속 ☞p.75, 102

払い戻しする　환불하다〈還拂—〉動 ☞p.28

腹を壊す　배탈(이) 나다 動 ☞p.109

春休み　봄 방학〈—放學〉[-빵-] ☞p.72

バレー　배구〈排球〉☞p.49

晴れる　개다 動 ☞p.57

半、半分　반〈半〉☞p.24, 27

番（順番）　차례〈次例〉☞p.84

〜番　漢 번〈番〉単名 ☞p.6

晩　저녁 ☞p.34, 100

晩ご飯　저녁 ☞p.30, 75、저녁 식사〈—食事〉☞p.24, 25

パン　빵 ☞p.20, 24, 58

繁栄　번영〈繁榮〉☞p.116

反省　반성〈反省〉☞p.114

反対する　반대하다〈反對—〉動 ☞p.108

火　불 ☞p.89

日　날 ☞p.36, 47

ピアノ　피아노〈piano〉☞p.49, 50

被害　피해〈被害〉☞p.50, 80

比較的　비교적〈比較的〉副 ☞p.116

東アジア　동아시아〈東asia〉☞p.70

ピカソ　피카소〈Picasso〉☞p.53

～匹　(固) 마리 単名 ☞p.6

(辞書を) 引く　찾다 動 ☞ p.55

(打楽器を) 弾く　치다 動 ☞ p.49, 50

飛行機　비행기〈飛行機〉☞p.44

久しぶり　오랜만 ☞p.42, 109

ひざまずく　무릎(을) 꿇다 動 ☞p.102

美術館　미술관〈美術館〉☞p.100

左　왼쪽

びっくりする　깜짝 놀라다 動 ☞p.26, 109, 114

引っ越す　이사하다〈移徙—〉動 ☞p.74、이사 가다 動 ☞p.89、이사 오다 動 ☞p.21

必需品　필수품〈必需品〉☞p.118

びっしょり　흠뻑 副 ☞p.87

必要だ、要る　필요하다〈必要—〉形 ☞p.88

激しい、ひどい　심하다〈甚—〉形 ☞p.90

ひとしきり　한참 副 ☞p.111

一つ　하나 固数 ☞p.6

一つか二つ　한두 가지 ☞p.102

一つの～　한 ～ 連体 ☞p.6

一目ぼれする　한눈에 반하다 動 ☞p.46, 108

ひとりで　혼자(서) 副 ☞p.15, 31, 41

ビニール袋　비닐봉지〈vinyl封紙〉☞p.114

皮膚病　피부병〈皮膚病〉[-뼝] ☞p.124

秘密　비밀〈秘密〉☞p.40, 98

百　백〈百〉漢数 ☞p.5

費用　비용〈費用〉☞p.78

～秒　(漢) 초〈秒〉単名 ☞p.5

病気　병〈病〉☞p.45, 124

開(ひら)く　열다 動 ☞p.44, 55, 69, 121

昼ご飯　점심〈點心〉☞p.24, 25, 28

昼休み　점심시간〈點心時間〉☞p.24

疲労　피로〈疲勞〉☞p.124

広げる　벌리다 動 ☞p.17

品質　품질〈品質〉☞p.48

頻繁に　자주 副 ☞p.22, 32, 40

ファン　팬〈fan〉☞p.40, 110

ファンの集い　팬미팅〈fan meeting〉☞p.46

ファンレター　팬레터〈fan letter〉☞p.46

不安だ　불안하다〈不安—〉形 ☞p.72, 108

風習　풍습〈風習〉☞p.116

風土　풍토〈風土〉☞p.94

増える　늘다 動 ☞p.36, 79

普及する　보급되다〈普及—〉動 ☞p.114

服　옷 ☞p.34, 75

複雑だ　복잡하다〈複雜—〉形 ☞p.94

服飾文化　복식 문화〈服飾文化〉[-씽-] ☞p.94

含まれる　함유되다〈含有—〉動 ☞p.124

袋　봉투〈封套〉☞p.97

不思議に思う　궁금하다 形 ☞p.94, 102

不足している　부족하다〈不足—〉形 ☞p.78

二つ、二つの～　둘, 두 ～ 固数 ☞p.6

二人で　둘이서 ☞p.14

普段　평소〈平素〉☞p.24

部長　부장님〈部長—〉☞p.19

普通　보통〈普通〉☞p.116

物価　물가〈物價〉[-까] ☞p.39

復旧　복구〈復舊〉☞p.50

太る (体重が増える)　살(이) 찌다 動 ☞p.79, 99

船　배 ☞p.44

不便だ　불편하다〈不便—〉形

冬　겨울 ☞p.26, 107

冬休み　겨울 방학〈—放學〉[-빵-] ☞p.39

ぶよぶよしている　말랑말랑하다 形 ☞p.90

ぶらさがる　달리다 動 ☞p.94

プリクラ　스티커사진〈sticker 寫眞〉☞p.113

(雨・雪が) 降る　오다 動 ☞p.43, 56, 57, 98、내리다 動

故郷 (ふるさと)　고향〈故鄕〉☞p.39, 40

フルマラソン　풀마라톤〈full marathon〉☞p.19

プレゼント　선물〈膳物〉☞p.69

風呂に入る　목욕하다〈沐浴—〉動 ☞p.124

風呂屋　목욕탕〈沐浴湯〉☞p.124

～分　(漢) 분〈分〉単名 ☞p.5, 6, 27

雰囲気　분위기〈雰圍氣〉☞p.124

文化　문화〈文化〉☞p.94, 104

文章　문장〈文章〉☞p.49

～へ {方向}　～로/으로 助 ☞p.36

平日 주중〈週中〉☞p.33

へえ (…する) んだ　(動)는구나 尾 {感心} ☞p.110

へえ (…い) んだ　(形)(存)구나 尾 {感心} ☞p.110

ページ　(漢) 페이지〈page〉単名 ☞p.84

(～が) 下手だ　(를/을) 못하다 動 ☞ p.9、(를/을) 잘 못하다 動 ☞ p.14, 22 ☞ p.49

ベッド　침대〈寢臺〉☞p.110

部屋　방〈房〉☞p.56, 69

便器　변기〈便器〉☞p.114

勉強　공부〈工夫〉☞p.49, 60

勉強する　공부하다〈工夫―〉動 ☞p.14, 36, 46

(メールに) 返事する、返信する　회신하다〈回信―〉動 ☞p.64

偏食　편식〈偏食〉☞p.90

ベンチ　벤치〈bench〉☞p.100

弁当　도시락 ☞p.20, 24

便利だ　편리하다〈便利―〉形 ☞p.74

保育園　어린이집

(～の) 方 (ほう)　～ 쪽 依名 ☞p.22、～ 편〈便〉依名 ☞p.49

貿易　무역〈貿易〉☞p.80

報告する　보고하다〈報告―〉動 ☞p.110

宝物　보물〈寶物〉☞p.97

ボーリング　볼링〈bowling〉☞p.49

ほか　외〈外〉☞p.102

ぽつんと　덩그러니 副 ☞p.97

ほとんど　대부분〈大部分〉副 ☞p.113, 119、거의[-이] 副

褒められる　칭찬받다〈稱讚―〉動 ☞p.121

褒める　칭찬하다〈稱讚―〉動 ☞p.111, 121

ボランティア　자원봉사〈自願奉仕〉☞p.50, 55

惚れる　반하다[動] ☞p.46, 107

～本　(固) 병〈瓶〉単名 (瓶の数)、(固) 줄 単名 (列・筋の数)、(固) 편〈編〉単名 (映画・ドラマ) ☞ p.6

本　책〈冊〉☞p.34, 55, 68

本社　본사〈本社〉☞p.74

盆正月　명절〈名節〉☞p.96

本当に　정말 副 ☞p.32, 50

本人　본인〈本人〉☞p.88, 96

ま

～枚　(固) 장〈張〉単名 (紙・布の数) ☞p.6, 67

毎日　매일 副 ☞p.34, 46

毎日毎日　맨날 副 ☞p.82

前　전〈前〉(時間的な) ☞p.27、앞 (空間的な)

前の道　앞길 ☞p.113

前もって　미리 副 ☞p.69

任せる　맡기다 動 ☞p.52

負ける　지다 動 ☞p.53

真心を込めて　정성스레〈精誠―〉副 ☞p.79

まさに　바로 副 ☞p.104

ましだ　낫다 ㅅ形 ☞p.13, 122

まず　먼저 副 ☞p.70, 99、우선〈于先〉副☞p.94

また　다시 副 ☞p.86、또 副 ☞p.104

まだ　아직 副 ☞p.14, 36, 45

待ち合わせ　약속〈約束〉☞p.42, 48

待つ　기다리다 動 ☞p.31, 39, 72

全く　전혀〈全―〉副 ☞p.82, 116

祭り　마쓰리 (日本語)、축제〈祝祭〉☞p.116

～まで、～までに　～까지 助 ☞p.34, 38

学ぶ　배우다 動 ☞p.31, 86, 111

間に合う　시간에 맞다〈時間―〉動 ☞p.65

免れる　면하다〈免―〉動 ☞p.33

回ってみる　돌아보다 動 ☞p.70

周り　주변〈周邊〉☞p.108

万　만〈萬〉漢数 ☞p.5, 38

漫画　만화〈漫畵〉☞p.49, 75

まんべんなく　골고루 副 ☞p.90

見える　보이다 動 ☞p.120, 121

磨く　닦다 動 ☞p.34, 72

ミカン　귤 ☞p.120

右　오른쪽 ☞p.38

短い　짧다 形 ☞p.56, 72

ミス　실수〈失手〉☞p.77, 80

水　물 ☞p.65, 112

自ら　스스로 副 ☞p.60

店　가게 ☞ p.97

未成年　미성년자〈未成年者〉☞ p.100

見せる　보이다 動 ☞ p.121

道　길 ☞ p.57, 69, 112

道に迷う　길을 잃어버리다 動 ☞ p.112

道端　길가 [-까] ☞ p.100

三つ、三つの～　셋, 세 ～ 固数 ☞ p.6

皆さん　여러분 ☞ p.14

見抜く　꿰뚫어 보다 動 ☞ p.82

見守る　지켜보다 動 ☞ p.65

魅力　매력〈魅力〉☞ p.46

見る　보다 動 ☞ p.42

民族性　민족성〈民族性〉☞ p.94

みんな　아이들 ☞ p.41, 43, 108

昔　옛날 [옌-] ☞ p.52, 84, 124

無意識のうちに　나도 모르게 ☞ p.80

むしろ　오히려 副 ☞ p.114

蒸す 찌다 動 ☞ p.124

難しい　어렵다 ㅂ形 ☞ p.12, 22, 106

娘　딸 ☞ p.89

夢中になる　푹 빠지다 動 ☞ p.22, 46

六つ　여섯 固数 ☞ p.6

胸　가슴 ☞ p.94

目　눈 ☞ p.42, 62, 120

命日　기일〈忌日〉☞ p.116

名簿　명단〈名單〉☞ p.118

メール　메일〈mail〉☞ p.21, 31, 38, 44

目が覚める　잠이 깨다 動 ☞ p.42

めがね　안경〈眼鏡〉☞ p.113

召し上がる（食べるの尊敬語）　드시다 動、잡수시다 動（먹다の尊敬語）☞ p.19

目につく　눈에 띄다 [-띠-] 動 ☞ p.62

メニュー　메뉴〈menu〉☞ p.28

メモ　메모〈memo〉☞ p.31

面倒を見る　챙기다 動 ☞ p.60

～も　～도 助 {追加} ☞ p.36, 44, 50、～나/이나 助 {予想超過} ☞ p.38, 39, 111

申し込み　신청〈申請〉

申し訳ない　죄송하다〈罪悚―〉形 ☞ p.33

もうちょっと、もう少し　좀더 副 ☞ p.74, 99

目標　목표〈目標〉☞ p.46, 68

模型　모형〈模型〉☞ p.64

文字　글 ☞ p.49、문자〈文字〉[-짜]

餅　떡 ☞ p.58

もちろん　물론〈勿論〉副 ☞ p.46, 60, 124

持つ　가지다 動 ☞ p.36, 80, 114、들다 動（手に持つ）☞ p.102

持っていく　가져가다 動 ☞ p.38

持ってきてくれる、持っていってあげる　갖다 주다 動 ☞ p.104, 112

もっと　더 副 ☞ p.36, 42, 94

最も　가장 副 ☞ p.96, 107

戻っていく　돌아가다 動 ☞ p.36

求める　구하다〈求―〉動 ☞ p.68

もともと　원래〈元來〉副 ☞ p.29, 124

問題　문제〈問題〉☞ p.56, 78

や

～や {例示}　～나/이나 助 ☞ p.24, 28, 90

野球　야구〈野球〉☞ p.49

約束　약속〈約束〉☞ p.42, 48, 65

役に立つ　도움이 되다 動 ☞ p.50

役割　역할〈役割〉☞ p.116

野菜　야채〈野菜〉☞ p.90, 124

易しい　쉽다 ㅂ形 ☞ p.12, 41, 92

休みの日　휴일〈休日〉☞ p.75, 119

（学校の長期の）休み　방학〈放學〉☞ p.67, 72, 80

休む　쉬다 動 ☞ p.75

痩せる　살(을) 빼다 動（体重を減らす）☞ p.68、살(이) 빠지다 動（体重が減る）

八つ　여덟 [-덜] 固数 ☞ p.6

やはり　역시〈亦是〉☞ p.42

やぼったい　촌스럽다〈村―〉ㅂ形 ☞ p.75

止める　그만두다 動 ☞ p.86

湯　뜨거운 물, 따뜻한 물, 물 ☞ p.124

憂鬱だ　우울하다〈憂鬱―〉形 ☞ p.43

勇気　용기〈勇氣〉☞ p.111

友好　우호〈友好〉☞ p.66

優秀だ　우수하다〈優秀―〉形 ☞p.118
優勝する　우승하다〈優勝―〉動 ☞p.53. 65
夕食　저녁 식사〈―食事〉☞p.24, 25、저녁 ☞p.30, 75
ユーチューブ　유튜브〈YouTube〉☞p.109
有能だ　유능하다〈有能―〉形 ☞p.68
有名だ　유명하다〈有名―〉形 ☞p.52, 116, 124
有料制　유료제〈有料制〉☞p.114
雪　눈 cf. 눈이 오다 雪が降る ☞p.45
譲ってもらう、譲られる　양보받다〈譲歩―〉動 ☞p.32
譲る　양보하다〈譲歩―〉動 ☞p.32, 107
ゆっくり　천천히 副 ☞p.24, 25
ゆったり　느긋하게 [-그타-] 副 ☞p.34
指輪　반지〈斑指〉☞p.87
夢　꿈 ☞p.70, 120 cf. 꿈(을) 꾸다 夢(を)見る
由来する　유래되다〈由來―〉動 ☞p.94
揺れる　흔들리다 動 ☞p.108
良い　좋다 形 ☞p.29, 46, 55, 76
洋食　양식〈洋食〉☞p.60
様子　모양〈模様〉☞p.94
幼稚園　유치원〈幼稚園〉☞p.86
(し)ようと思う　-려고/으려고 하다 動 ☞p.62, 68 -고자 하다 動 ☞p.116, 118
ヨーグルト　요구르트〈yogurt〉☞p.28
ヨーロッパ　유럽〈Europe〉☞p.70
よく　잘 副 (うまく) ☞p.29, 44、자주 副 (頻繁に) ☞p.22, 40
横　옆 ☞p.56
四つ、四つの～　넷, 네 ～ 固数 ☞p.6
予定　예정〈豫定〉☞p.58
夜中　새벽 ☞p.100, 109
四人で　넷이서 ☞p.15
呼ぶ　부르다 르動 ☞p.12, 108
読む　읽다 動 ☞p.42, 106、보다 動 ☞p.26, 34
～より　～보다 助 {比較の基準} ☞p.7
寄る　들르다 動 ☞p.12, 41, 87
(～に)よれば　(～에) 의하면〈―依―〉☞p.102
四　사〈四〉漢数、넷 固数 ☞p.5, 6
四十　사십〈四十〉漢数、마흔 固数 ☞p.5, 6

ら

ラーメン　라면 ☞p.28, 38
来月　다음 달 [-딸] ☞p.40
来週　다음 주 [-쭈] ☞p.57
来年　내년〈來年〉☞p.58, 78
ライン　라인〈Line〉☞p.34
楽だ　편하다〈便―〉形 ☞p.32, 102
楽に　편히〈便―〉副 ☞p.102, 119
ラジウム　라디움〈radium〉☞p.124
リーグ戦　리그전〈league戰〉☞p.65
理解する　이해하다〈理解―〉動 ☞p.104
陸上競技　육상경기〈陸上競技〉☞p.50
履修　이수〈履修〉☞p.66
理想　이상〈理想〉☞p.119, 120
リボン　리본〈ribbon〉☞p.94
理由　이유〈理由〉☞p.46, 107
留学　유학〈留學〉☞p.58
留学する　유학(을) 가다〈留學―〉動 ☞p.66, 67, 74、유학하다〈留學―〉動 ☞p.58, 106
留学生　유학생〈留學生〉☞p.17, 40, 70
寮　기숙사〈寄宿舍〉☞p.53
両国　양국〈兩國〉☞p.108
両親　부모님〈父母―〉☞p.14, 22, 60, 67
利用する　이용하다〈利用―〉動 ☞p.32, 124
療養する　요양하다〈療養―〉動 ☞p.124
料理　음식〈飲食〉☞p.45、요리〈料理〉☞p.49, 60
旅館　여관〈旅館〉☞p.124
旅行　여행〈旅行〉☞p.62, 70
旅行に出かける　여행(을) 가다〈旅行―〉動 ☞p.58, 65, 74
リンゴ　사과〈沙果〉☞p.120
隣国　이웃나라 [-운-] ☞p.94
零　영〈零〉☞p.5
零下　영하〈零下〉☞p.107
歴史　역사〈歴史〉☞p.70
レポート　리포트〈report〉☞p.26, 67, 99
連休　연휴〈連休〉☞p.74
練習　연습〈練習〉☞p.32, 70

練習する　연습하다〈練習―〉動 ☞p.65, 79

連絡　연락 [열-]〈連絡〉☞p.17, 36

連絡先　연락처 [열-]〈連絡處〉☞p.20

六　육〈六〉漢数、여섯 固数 ☞p.5, 6

六十　육십〈六十〉漢数、예순 固数 ☞p.5, 6

路面電車　전차〈電車〉☞p.113

わ

若い　젊다 [점따] 形 ☞p.10, 126

若い人　젊은 사람 ☞p.92

若者　젊은이 ☞p.77

わからない　모르다 르動 ☞p.4, 12, 41

(聞いて)わからない　못 알아듣다 [모다라-] 動 ☞ p.76

わかる　알다 動 ☞p.55、알아듣다 ㄷ動 (聞いてわかる) ☞p.46, 72, 76

別れる　헤어지다 動 ☞p.64

涌き上がる　솟아나다 動 ☞p.110, 124

ワクワクする　설레이다 動 ☞p.72

和食　일식〈日食〉[-씩] ☞p.60

忘れる　잊다 動、잊어버리다 動 ☞p.88

わたしに、わたしにとって　제게 (←저에게) (目上の人の前で)、내게 (←나에게) (自分と同年配以下の人の前で) ☞p.46

わたし　저 代名 (目上の人の前で)、나 代名 (自分と同年配以下の人の前で) ☞p.5

わたしが　제가 (目上の人の前で) ☞p.5, 32、내가 (自分と同年配以下の人の前で) ☞p.5, 36

わたしの～　제 ～ 連体 (←저의) (目上の人の前で) ☞p.5, 16、내 ～ 連体 (←나의) (自分と同年配以下の人の前で) ☞p.5

和服　기모노 ☞p.54, 94

割引　할인〈割引〉☞p.79

我知らず　나도 모르게 ☞p.80

～を　～를/을 助 ☞p.7

長谷川由起子（はせがわ　ゆきこ）

大阪外国語大学朝鮮語学科卒業、同大学院修士課程修了。

現在、九州産業大学教授。朝鮮語教育学会世話人。

主な著書に『韓国語スタート！』（アルク；台湾でも翻訳出版される）、

『コミュニケーション韓国語　聞いて話そうⅠ』、『コミュニケーション韓国語　聞いて話そうⅡ』、

『コミュニケーション韓国語　読んで書こうⅠ』（白帝社；本書姉妹図書）があるほか、

NHKラジオ「まいにちハングル講座」講師（2010年10月～2011年3月）を務めた。

コミュニケーション韓国語　読んで書こうⅡ

2021年9月1日　初版発行

著　者　　長谷川由起子

発行者　　佐藤康夫

発行所　　株式会社　白帝社

〒171-0014 東京都豊島区池袋 2-65-1

電話 03-3986-3271　FAX 03-3986-3272

http://www.hakuteisha.co.jp

組　版　　（株）アイ・ビーンズ

印刷・製本　ティーケー出版印刷

本文イラスト　わたなべまき

表紙デザイン　（株）アイ・ビーンズ

Printed in Japan〈検印省略〉　ISBN 978-4-86398-417-2

＊定価は表紙に表紙してあります。